高等教育学优秀博士论文丛书

高校教师信息化教学能力的结构框架与培训应用研究

GAOXIAO JIAOSHI XINXIHUA JIAOXUE NENGLI DE
JIEGOU KUANGJIA YU PEIXUN YINGYONG YANJIU

葛文双⊙著

广东高等教育出版社
Guangdong Higher Education Press
·广州·

图书在版编目（CIP）数据

高校教师信息化教学能力的结构框架与培训应用研究/葛文双著. —广州：广东高等教育出版社，2021.11

（高等教育学优秀博士论文丛书）

ISBN 978 - 7 - 5361 - 7145 - 9

Ⅰ．①高…　Ⅱ．①葛…　Ⅲ．①高等学校 - 计算机辅助教学 - 教学能力 - 师资培养 - 研究 - 中国　Ⅳ．①G434

中国版本图书馆 CIP 数据核字（2021）第 218245 号

出版发行	广东高等教育出版社
	地址：广州市天河区林和西横路
	邮编：510500　营销电话：（020）87551597
	http://www.gdgjs.com.cn
印　　刷	广州市穗彩印务有限公司
开　　本	787 毫米 ×1 092 毫米　1/16
印　　张	14.5
字　　数	276 千
版　　次	2021 年 11 月第 1 版
印　　次	2021 年 11 月第 1 次印刷
定　　价	46.00 元

内 容 提 要

本书主要关注高校教师信息化教学能力的理论与实践问题，以构建信息化教学能力结构框架为目标，面向教学一线实践，研究促进高校教师信息化教学能力提升的培训项目，并提供测量教师信息化教学能力水平的工具。本书将从为什么研究教师信息化教学能力，如何开展研究以及如何将研究成果应用到教学实践一线等方面来展开。

随着数字化学习方式融入社会生活，学习者开始突破以往教学的线性束缚，学习方式的灵活性、学习时间的碎片化、学习空间的多样性以及知识建构的主动性，给教师教学带来了更大的挑战。特别是学习环境在技术的驱动下变得越来越智能，如何建立与数字信息社会发展相适应的教师教学能力标准，并促进教师不断发展，成为当前高校亟待解决的关键问题。

本书聚焦于数字时代高校教师信息化教学能力结构的理论框架，从测量工具和教师培训两个方面开展信息化教学的实践应用探索。本书通过对高校教师教学能力结构要素文献以及 IBSTPI、UKPSF 等的专业教学标准的比较分析，发现目前针对高校教师教学能力结构框架的研究已经相对成熟，但面对"互联网＋"带给教育领域的技术与思维的冲击，教师原有的教学能力结构要素需要重组。在比较分析 5 个典型教师信息化教学能力标准的基础上，提出数字时代高校教师信息化教学能力的结构框架要着眼于技术与教学融合式的创新，需要面向技术重组的学习环境来提供有效教学策略，从信息技术融入教学的意识、素养、能力和研究等 4 个维度进行建构，并促进教师信息化教学实践的发展、深化与不断创新。

本书聚焦于教师信息化教学能力测量工具的研究。在借鉴以往教师信息化教学能力测量研究的基础上，笔者基于本书中提出的能力结构框架设计开发了高校教师信息化教学能力测量问卷，通过问卷编制前期的意见征询、试测阶段问卷的题项分析、探索性结构因素分析，形成了可供测量的初步问

卷。再对28所院校的1 147名教师进行了样本调查，通过样本调查数据进一步进行验证性分析、正态分布性验证和信度检验，对测量问卷效度、区分度和信度进行了验证，确定测量问卷可作为高校教师教学能力水平测量工具进行应用。

本书聚焦于高校如何开展教师培训的项目实践，以能力结构框架构建促进高校开展混合教学改革的教师培训项目，采用基于设计的研究方法，通过两轮24所院校的迭代实践应用，对教师培训项目的效果进行了验证，并改进了培训模式和内容。通过应用研究，对28所院校的1 147名高校教师的信息化教学能力水平差异进行了分析，对两个阶段中采用新培训方式培训的院校教师的课程应用水平同采用传统培训方式培训的院校教师的课程应用水平进行了量化的统计对比，并对1所院校12名教师一年信息化教学能力水平发展进行了质性分析，初步证明了新培训方式对教师信息化教学能力的提升具有显著作用，为各高校基于教育信息化2.0背景下深入开展混合教育教学改革提供了理论与实践的参考路径。

全书共包括十章，具体如下：

第一章"绪论"主要对高校教师信息化教学能力的研究背景、研究目标和研究价值进行了说明，并对教师教学能力、教师信息化教学能力、教师教学发展、教师培训、教师信息化教学能力培训等关键概念和术语进行了界定。

第二章"高校教师教学能力、信息化教学能力文献综述"通过分析高校教师教学的关键研究领域界定了高校教师教学能力与发展是重要研究领域，并对高校教师信息化教学能力概念进行了重点文献内容分析，确定要将高校教师信息化教学能力结构作为研究起点。

第三章"高校教师信息化教学能力的研究问题和方法"对本书重点关注的3个研究问题进行了说明，着重介绍了定性与定量相结合的混合研究和基于设计的研究两种研究方法，并提出了总体研究设计思路。

第四章"高校教师信息化教学能力结构框架的理论研究"从理论视角通过对已有能力结构要素研究和专业标准的比较分析，提出了4个维度的高校教师信息化教学能力的结构框架。

第五章"高校教师信息化教学能力测量问卷的工具研发"以能力结构框

架为基础，设计与开发了高校教师信息化教学能力测量问卷，并进行了试测和样本调查，对问卷的信效度进行了分析，证明其具有较好的适用性。

第六章"高校教师信息化教学能力培训项目的设计与实施"以结构框架为基础设计开发了培训项目实施方案，并在全国 15 所院校进行了第一轮的实践应用。

第七章"高校教师信息化教学能力培训的改进与第二轮实施"通过第一轮的教师的调查数据，提出了高校教师信息化教学能力发展的路径预测模型，对培训项目模式进一步进行了改进和优化，在全国 9 所高等院校进行了第二轮的实践应用。

第八章"高校教师信息化教学能力水平调查分析"针对全国 28 所本科和高职院校的 1 147 名教师进行了信息化教学能力水平调查。调查研究的结果表明：第一，目前，国内高校教师整体上已经具备了信息化教学的基本应用能力，但是具备较高应用水平的教师比例偏低；第二，教师借助信息技术创新教学模式的能力和信息化教学研究的能力尚待提升；第三，新入职教师的能力水平要明显高于在职教师，获得博士学位的教师的能力水平要显著高于其他教师，理工科和医科教师的能力水平高于文科教师；第四，本科院校教师在信息化教学设计和教学研究能力方面表现出较高水平，而高职院校教师则在信息化教学意识和项目化教学方面表现更优。

第九章"高校教师信息化教学能力培训效果的实证分析"通过对参加培训后的教师开展混合教学应用课程数量的量化分析和对 1 所院校 12 名教师信息化教学能力水平跟踪的质性分析，来进一步验证高校教师信息化教学培训项目对教师信息化教学能力的提升作用。

第十章"研究结论与未来展望"提出，技术的不断创新为数字时代高校教师的教与学带来了智慧基因，如何深入研究和发展教师信息化教学能力标准实践，成为高校教师发展探索的进一步追求。随着"互联网＋"时代在线学习技术的不断发展，我们需要从学习测评的起点出发，思考教与学的核心价值，由此来构建更加注重交互性、体验感和个性化的学习模式，并对未来在线学习发展进行前瞻性的思考。

目　录

第一章 绪 论

我们生活的世界正在飞速地变化着，这一点已经不言而喻。我们眼下的任务就是：把握并利用各种趋势。这一点在哪个领域也没有比在教育领域更为至关重要的了。在教育领域中，我们必须迎接这样的挑战：为世界所有公民提供高质量的教育。

——美国教育学者加斯东·卡珀顿（Caston Caperton）

互联网技术全面融入社会生活的各个方面，信息技术正在对教育产生前所未有的冲击。以大班教学、教师知识教授为主，基于教材进行学习的工业时代教育支撑体系已不能满足信息时代人才的培养需求，未来社会需要的人才不仅仅需要基础知识与核心价值观的养成，还需要生活就业、学习创新和信息素养方面的技能。在这种教育体系亟待重构的背景下，以学习者为中心的信息时代教育支撑体系开始成为教育的进一步追求。

第一节 问题缘起

近年来，以 MOOCs（massive open online courses，大规模开放性在线课程）、SPOCs（small private online courses，小规模私有性在线课程）等为典型的"互联网＋教育"模式在高等教育中的地位和作用变得越来越重要。教育部提出的"课堂革命"和"教育信息化 2.0 行动计划"，都对未来教育和人才培养提出了根本性变革的目标。特别是 2018 年全国教育大会召开后，高等教育的教学质量问题开始受到前所未有的重视。教师的教学正在经受前所未有的挑战，教师需要与智能学习环境和信息社会相适应的教学应用能力。高校内部开始重视新型教学模式的改革与实践，在线学习与面对面课程教学相融合的混合教育正在逐渐成为教育教学改革的实践利器。

在探索教育变革的实施过程中，基于教师核心能力的提升成为关键内容。各高校纷纷依托自身内部的教师教学发展中心和各种外部机构开展大量

的信息化教学培训与工作坊，但从实际效果来看，教师在实际教学中的应用水平，与国家教育信息化 2.0 提出的教育变革性目标，还有较大的现实差距。当教师的思维方式在面对新教育教学体系时不能转换，技术融入教育的作用也得不到体现。放眼国际，西方发达国家的高等教育正在逐步基于科学标准去构建新型的信息化教学专业标准，以此作为评估教师教学能力和构建教师发展项目的基本依据。因此，构建我国高校教师信息化教学能力结构框架并进行有效的应用和推广，成为当前高等教育教师发展最为重要的问题。

数字经济时代，信息技术正在革新社会系统的各个方面，原有的社会结构正在重组，教育系统更是如此。历经半个世纪发展的教师专业化体系，由于信息技术的融入，正在发生着急剧的变革。本书提出了在"互联网 + 教育"的背景下开展教师信息化教学能力的研究，需要对其中相关的核心概念进行界定，并对该研究的重要理论与现实意义进行深入分析。

一、研究背景

斯隆报告（Sloan Consortium）指出：国外大学过去 10 年教育信息化对教学模式产生了重要影响，大学提供的在线课程注册学生数持续增长，达到整个高等教育注册学生数的三成[①]。MOOCs 使得在线学习进一步受到人们的关注，未来高校学习者的学习方式更加趋于灵活、多样。教学本身就是一个复杂且非线性的发展过程，过去教师惯用黑板、粉笔等传统教学工具，现在扩展到了互联网环境下的数字技术，这就大大增加了教师在教学中所要面对的问题类型和复杂程度；与此相对应的是，学习时间的碎片化、学习空间的多样性、学习内容的离散性、信息传递的灵活性和知识建构的主动性等非线性教学特征，为教师创新教学又提供了无限的可能。这也就使得数字时代教师教学能力问题自然而然进入了我们的研究视野。

与此同时，历数教育领域各级各类教育技术或信息技术应用式的教师能力提升培训或发展项目，虽投入巨大，但对于教学实践的影响远没有达到人们期望的效果。即使 2012 年引发整个社会"海啸"并号称能变革高等教育的 MOOCs，在短暂的辉煌过后，亦没有获得应有的重视。面对国家提出的"信息技术与教育教学深度融合"的愿景，我们究竟该如何破解，这成为我们必须正视的现实问题。在这样的背景下，教师的教学不再是技术与教学方法的简单叠加，而是一种面向更加复杂的学习环境的技术与教学的融合式创

---

① ALLEN I E, SEAMAN J. Grade change: tracking online education in the United States [EB/OL]. (2014-01-01) [2020-08-30]. https://www.onlinelearningsurvey.com/reports/gradechange.pdf.

新。"互联网＋"概念促使移动互联网、云计算、大数据等新兴技术与传统产业相结合，教育领域也不例外，学习环境将在技术驱动下逐渐走向智能，而与之相适应的教师教学能力的标准框架、测量工具、发展模式等关键问题都亟须教育工作者做出创新性的回应。

2015 年 10—11 月，笔者走访了国内 15 所高校，访谈了相关主管教学副校长、教务处长或教师教学发展中心主任，发现他们不约而同地提出了一个共同的关键问题：随着教育信息技术日益发展，学校在数字校园建设方面投入了很大精力。从未来课程教学发展来看，在线学习与课堂教学将日益结合。那么如何在信息化环境中有效组织教学？普通高校急需面向教师信息化教学能力提升的系统性解决方案．但目前普通高校内部缺少专业教学与技术团队，而教育市场外部的供给与学校系统性变革的需求又相距甚远。基于这样一种现实，有必要以支持院校系统性教育教学变革为出发点，将教师信息化教学专业发展作为突破点，切实推动院校课程教学质量的提升。笔者对本研究团队服务、合作院校的 9 名专家和讲师进行了访谈，主要针对合作院校实施的教师混合教学能力培训工作存在的问题进行交流，总结如下：

（1）高校目前普遍对于教师教学能力发展特别是当前数字时代教师信息化教学能力发展非常关注，而目前教育市场或教育培训机构能够给高校提供的培训更多集中在信息技术工具应用、MOOCs 或微课视频制作，以及开设宣扬信息技术变革教育教学的报告讲座，高校教师反映它们对于课程教学实践的帮助微乎其微，亟须一种系统性的培训提升方法。

（2）我们团队目前给合作院校提供的教师混合教学能力提升培训，以混合教育理念的专家报告和网络教学平台的教学应用方法这两大部分为主，弥补教学实践策略方法的内容研究的不足。

（3）高校机构领导经常询问我们当前信息社会教师教学能力到底有没有一种基本的要求或教学标准，能够指导教师在课程教学中有效地应用技术，希望我们研究团队能够给予关注。

基于上述访谈内容，笔者觉得有必要从教育供给侧进行系统性反思，以互联网与信息社会变革的大视角切入，研究与数字时代发展相适应的高校教师信息化教学能力问题。

二、研究目标

本书期望通过对教育界学者关于高校教师教学能力结构要素的已有研究进行分析，并对国内外典型的教师信息化教学能力标准开展比较研究，提出与数字时代发展相适应的高校教师信息化教学能力的结构框架，以此作为开

展高校教师信息化教学发展实践的理论基础，开发具有较高信效度的高校教师信息化教学能力水平测量工具问卷，对全国高校教师信息化教学能力水平进行测评分析。与此同时，本书以高校教师信息化教学能力结构框架为依据，设计适合高等院校开展促进高校教师信息化教学能力提升的培训项目，通过不断实践应用来探索高校提升教师信息化教学能力发展的有效实践路径。

三、研究价值

本书的研究工作突破传统技术哲学视野下教师教育技术能力、信息技术应用能力与信息化教学能力的局限，从数字时代教师教学实践的能力变革出发，研究影响教师信息技术深度融入教学的能力结构特征，为探索与数字时代发展相适应的高校教师信息化教学能力结构特征提供了具有现实借鉴意义的理论框架。

基于从本研究中提出的高校教师信息化教学能力结构框架，设计与开发了适用于数字信息社会中高校教师信息化教学能力水平发展的测评工具，并对全国 1 000 余名高校教师的信息化教学能力开展了基本调查，对目前高校教师信息化教学能力水平状况做出了基本分析。

基于从本研究提出的高校教师信息化教学能力结构框架，设计了与高等院校教师教学发展中心、教务处及独立学院教学人员发展机构相适应的高校教师信息化教学能力提升培训项目，通过在全国 24 所院校两轮迭代实践应用[①]，提供了多个可供借鉴的实践发展案例，并且为高校系统性开展教师信息化教学的培训工作提供了整体性的解决方案。

第二节　关键概念与术语界定

数字经济时代对于人才能力需求的转变，使得教师必须革新教育教学方式来应对人才培养的挑战，因此教师的教学专业能力面临着重构。笔者从信息社会发展需求的大视角出发，关注"互联网与教育融合的数字环境"的教师信息化或数字化教学能力标准框架、测量方式和发展路径等内容，从整体

---

①　参与第一轮实践应用的院校有 15 所，时间为 2016 年 1 月 30 日—2016 年 8 月初；参与第二轮实践应用的院校有 9 所，时间为 2016 年 10 月 8 日—2017 年 1 月 10 日。每所院校只参与一轮实践应用，名单详见本书第 116 页表 6 - 3 和第 130 页表 7 - 3。

忹变革视角去看待数字经济时代教师教学能力的重构与发展。

一、能力与教学能力

有关能力的概念，国外很多学者将其视为个人技能或造诣，同行为效率相关[①②]。Preston 等在 1995 年将能力界定为在一定实践环境中为达到一定绩效的个人特质的整合。整合不是组合和简单的叠加关系，整合之后是一个整体，是不可分的。个体具备的特质能推测个体可能具备形成能力的潜质，行为绩效能证明个体具备了哪些能力，但是个体实际的能力大小又不是完全等同于特质推测的结果和行为绩效展现的结果[③]。Gupta 等在 1999 年指出，能力是能够成功完成工作所必须具备的知识、技能、态度、价值观、动机和信念等[④]。Westera 在 2001 年将能力视为个人在专业情境中成功表现出的策略与行为能力[⑤]。Stoof 等[⑥]在 2002 年和 Tigelaar 等[⑦]在 2004 年均将能力定义为个人特征、知识、技能和态度的综合水平。国内学者王宪平在 2006 年将能力界定为个体在一定活动情境中，基于一定知识和技能，直接影响活动目标达成的个性心理特征，包括：能力是一定活动情境下的，离开了活动就无所谓能力；能力是知识和技能的有机融合，需要一定的知识和技能来支撑；能力是直接影响活动目标达成及成效的个性心理特征[⑧]。经济合作与发展组织（Organization for Economic Co-operation and Development，简称 OECD）下属的教育、就业、劳动和社会事务署在 2005 年将能力解读为成功完成任务所需

① SPENCER L M, SPENCER M. Competence at work: models for superior performance [M]. New York: John Wiley & Sons, Inc., 1993: 4 – 5.

② ERAUT M. Concept of competence [J]. Journal of inter professional care, 1998, 12 (2): 127 – 139.

③ PRESTON B, KENNEDY K J. The national competency framework for beginning teaching: a radical approach to initial teacher education [J]. Australian educational researcher, 1995, 22 (2): 27 – 62.

④ GUPTA K, LEE H. A practical guide to needs assessment [J]. Performance improvement, 2001, 40 (8): 40 – 42.

⑤ WESTERA W. Competences in education: a confusion of tongues [J]. Journal of curriculum studies, 2001, 33 (1): 75 – 88.

⑥ STOOF A, MARTENS R, MERRENBOER J J G V, et al. The boundary approach of competence: a constructivist aid for understanding and using the concept of competence [J]. Human resource development review, 2002 (1): 345 – 365.

⑦ TIGELAAR D, DOLMANS I, WOLFHAGEN I, et al. The development and validation of a framework for teaching competencies in higher education [J]. Higher education: the international journal of higher education and educational planning, 2004, 48 (2): 253 – 268.

⑧ 王宪平. 课程改革视野下教师教学能力发展研究 [D]. 上海：华东师范大学，2006.

的知识、技能和态度的一系列复杂活动①。

　　教学能力作为能力的下位概念，首先要从能力的内涵出发来进行界定。从哲学层面来看，能力是人确立对象关系和对象化的手段、过程和结果，是置于主客体关系下的概念②，因此研究教学能力问题首先需要从师生关系的辩证视角去看待。从心理学层面来看，能力是一种符合活动要求、影响活动效果的个性心理特征，教学能力被视作个体顺利完成教学活动所必须直接影响教学活动效率的心理特征，是在具体学科教学活动中所表现出来的一种特殊专业能力③。从组织行为学层面来看，能力是衡量个体工作绩效高低的、潜在的、持久的胜任力特征④，教学能力被视为不同教学情境下的专业态度、知识和技能，以及个体满足他们自身角色和有效影响学习者学习过程的集合⑤。

　　本书中关于教师教学能力的研究主要从微观课程教学视角出发，侧重于关注高校教师在课程教学实践过程中用以促进学习者有效学习，并能够促进自身专业教学发展的核心能力。本书主要研究数字时代信息社会变革视角下的教师教学能力，进一步将其明确界定为教师的信息化教学能力。教师专业化体系由于信息技术的融入，正在发生着急剧的变革。信息社会中人们逐渐适应数字化的学习、工作与生活方式，这种信息技术在各个领域的融入发展使得人类要突破传统社会的思维束缚。从学习领域来看，学习者将突破传统教学的线性束缚，从学习视角、学习方式、学习空间到学习知识体系都将进行系统性的重组，教师的教学也将变得与以往不同。

　　因此，我们需要从信息化的视角来研究教师如何进行教学，信息化教学能力也成为未来教师教学能力的重要方面，甚至成为新时代视角下教师教学能力的指代名词。这种信息化教学能力主要指向教师应用信息技术来有效促进课程教学的能力，这种能力不是技术工具的简单应用能力，而是面向技术重组学习环境提供有效教学策略的能力。

　　① OECD. The definition and selection of key competencies: executive summary [EB/OL]. (2005 – 05 – 27) [2020 – 09 – 30]. http://www. oecd. org/pisa/35070367. pdf.

　　② 吕勇江. 哲学视野中的能力管理 [D]. 北京：中共中央党校，2006.

　　③ 余承海，姚本先. 论高校教师的教学能力结构及其优化 [J]. 高等农业教育，2005（12）：53 – 56.

　　④ VAZIRANI N. Review paper competencies and competency model: a brief overview of its development and application [J]. SIES journal of management, 2010, 7 (1): 121.

　　⑤ LONG C S, IBRAHIM Z, KOWANG T O. An analysis on the relationship between lecturers' competencies and students' satisfaction [J]. International education studies, 2014, 7 (1): 37 – 46.

二、教师信息化教学能力

随着社会与时代的发展，科学技术的进步使得信息技术开始全面融入教师教学的全过程，信息化教学能力从教师教学能力的关键要素逐渐发展成为数字信息社会背景下的教师教学能力，成为国内外教师教学发展中普遍关注的内容。从宏观普遍认同的观点来看，教师的信息化教学能力主要是指教师将信息技术整合课程教学的应用能力。

目前信息化教学能力一般被人们理解为信息技术应用于教学实践，但是在具体概念的代表程度上存在着很大的差别。如部分教师认为多媒体环境下使用PPT进行教学就是信息化教学；部分教师认为课程中应用了信息技术的手段或方式就是信息化教学，哪怕是使用在线签到的功能，也被视为一种信息化教学；部分教师认为现阶段信息化教学应该指向翻转课堂、混合教学、移动学习等教学应用模式；还有部分教师认为只有MOOCs才能更好体现信息化教学的概念。

鉴于人们对于信息化教学认识程度的差异，为了能够更好地体现当前与数字时代社会发展相适应的技术融入教学的本质特征，本研究的教师信息化教学能力指向于当前信息社会数字环境下高校教师信息化或数字化教学能力的概念范畴。

国内外学者在描述教师数字化或信息化教学能力时，主要关注信息通信技术（ICT）应用能力、教育技术能力、信息素养（数字素养）或信息化教学能力等概念。为了更好地阐述本研究有关数字时代教师教学能力的概念范畴，首先对上述概念的出现情况做一个简单区分①：国内外学者早期使用信息通信技术应用能力来描述诸如计算机操作技能、安装维护、文字处理、网络技能等信息技术能力。后来随着技术与教学整合程度的加深，设计学习环境、课程资源等技术与课程教学整合能力被视为信息技术应用能力，但始终没有逃脱"技术工具论"的概念范畴。进入21世纪，国内外学者更多从教育技术的学科定义出发对教师数字时代的教学能力进行界定，体现在将其视为针对教学资源和教学过程的设计、开发、利用、管理和评价的能力。中国中小学教师教育技术能力标准和美国国家教师教育技术能力标准（NETS）的构建充分体现了这一时期带有教育技术典型学科特征。随着技术促进教学实践的发展，国内外的诸多学者发现从教育技术学科出发定义数字时代教师

---

① 葛文双，韩锡斌. 数字时代教师教学能力的标准框架 [J]. 现代远程教育研究，2017（1）：59－67.

教学能力的内涵显得过于单一，因此国内学者提出了指向技术促进学科实践性知识体系的信息化教学能力概念。与此同时，国外学者 Koehler 等在 2008 年针对技术、课程内容与教学方法的整合性知识发展提出了 TPACK（Technological Pedagogical Content Knowledge，整合技术的学科教学知识）技术整合框架，将数字时代教师教学能力指向了具体学科课程中的技术促进教学的能力范畴①。而随着数字时代技术对人们社会工作和学习方式的改变，信息素养和数字素养的概念逐渐获得学者们的关注，美国大学与图书馆研究联合会（Association of College and Research Libraries，简称 ACRL）将信息素养定义为利用大量信息工具及主要信息源使问题得到解答的技能，实质上表现为理解驾驭信息、利用信息技术开展高效学习和展现数字化公民道德意识与责任的能力，将概念延伸到了技术促进教师终身学习与知识创造的范畴②。

可以看出，虽然国内外学者在不同时代对教师信息化或数字化教学能力的界定不尽相同，但实质上都期望将技术应用于教学实践层面上。本书中提出数字时代高校教师信息化教学能力的概念主要是指向教师应用信息技术来有效促进课程教学的能力，这种能力不是技术工具的简单应用能力，而是面向技术重组学习环境并提供有效的教学策略，是高校教师在信息化或数字化学习环境下基于课程教学实践中技术、组织与模式等能力维度框架下的应用、深化与创新式的发展③。

三、高校教师信息化教学能力的结构框架

本书中提出的高校教师信息化教学能力结构框架，主要是指面向数字时代高校教师应用信息通信技术融入教学的意识、素养、能力和研究等四个不同结构维度，面向应用、深化与创新等三个不同发展阶段的指导性框架，可以作为研究高校教师信息化教学能力发展的理论框架。为了更加方便读者阅读，本书将统一使用"能力结构框架"来指代"数字时代高校教师信息化教学能力的结构框架"。

---

① KOEHLER M J, MISHRA P. Introducing TPACK. AACTE Committee on Innovation & Technology [M] //HERRING M C, KOEHLER M J, MISHRA P. Handbook of technological pedagogical content knowledge (TPACK) for educators. New York：Routledge，2008：3 - 29.

② ACRL. Information literacy competency standards for higher education [EB/OL]. (2016 - 06 - 25) [2020 - 05 - 30]. https：//alair. ala. org/bitstream/handle/11213/7668/ACRL% 20Information% 20Literacy% 20Competency% 20Standards% 20for% 20Higher% 20Education. pdf?sequence = 1&isAllowed = y.

③ 葛文双，韩锡斌. 数字时代教师教学能力的标准框架 [J]. 现代远程教育研究，2017 (1)：59 - 67.

四、高校教师教学发展

教师教学发展作为研究教师教学能力的实践落脚点，主要包括职前教师培养和在职教师发展两个阶段。我国高校教师职前培养主要是纯粹的学科专业培养模式，缺少教育教学方法与学科教学实践等系统性培养，因此高校教师教学发展更多指向入职后的教育教学方法与学科教学实践技能方面的发展。从高校教师发展途径来看，一般包括学校群体组织发展与自我个体指导发展两种方式。

（一）学校群体组织发展

为了促进高校教师的教学能力发展，期望教师将教学研究上升到一种学术研究的地位，美国密歇根大学在 1962 年成立了世界上第一个教师教学发展中心，作为提升教师教学能力的专业发展研究机构，类似于一个促进教师教学的"专业发展学校"，简称 CRLT，从学校整体发展的视角来研究和规划教师整体性教学能力提升和发展的方案①，由此开启了高校成立专门的促进教学发展的机构，来促进教师群体的教育教学能力的发展与提升的方式。

从 2000 年开始，我国部分知名大学借鉴国外的这种模式，成立了一些教学发展中心，但由于投入与重视不足，并没有发挥显著的作用。教育部高等教育司在 2012 年发布了《关于批准厦门大学教师发展中心等 30 个"十二五"国家级教师教学发展示范中心的通知》，在全国范围内批准设立了 30 家高校教师教学发展示范中心，期望高校重视和研究教师教学发展与提升工作②。由此，国内各级高校开始相继成立高校教师教学发展中心，或作为独立的教育管理机构或者研究机构，或作为附属管理机构设立在教务处、人事处或教师教育处等，或作为一种研究中心设置在教育学院、教师教育学院等二级学院，但对于高校教师教学发展的研究工作尚处于探索之中。目前绝大多数高校教师教学发展中心，一般采用定期组织教师参加教学学术报告、教学技能与方法培训或教学工作坊等方式，来促进教师教学能力的专业化发展。

（二）自我个体指导发展

丹尼斯·斯帕克斯（Dennis Sparks）和苏珊·劳克斯－霍斯利（Susan

---

① 有关 CRLT 的资料，可查询网址 http://www.crlt.umich.edu/。
② 教育部高等教育司. 关于批准厦门大学教师发展中心等 30 个"十二五"国家级教师教学发展示范中心的通知［EB/OL］.（2012－11－14）［2020－08－30］. http://www.moe.gov.cn/s78/A08/tongzhi/201211/t20121116_144591.html.

Loucks-Horsley）将教师自我指导专业发展作为教师个人专业成长的重要模式①。一般传统上，教师可以通过提升学历、访学交流或参加外部机构的职业技能培训课程来寻求自身发展；教师自身还可以通过行动学习的方式，从教学实践行动中进行反思，由此形成新的教学计划，再进行实践应用，再从中反思，这样从教学实践行动的反复循环中得到教学能力的提升。而数字时代教师自我发展方式由于技术的发展而得到了更大程度的支持，教师可以通过自我制定个人规划，借助互联网各种学习资源，如开放教育资源（OERs）、开放在线课程（MOOCs）或各种在线职业技能培训课程（E-training）等，来促进自身教学能力的提升与不断发展。

五、高校教师培训

教师培训要着眼于教师发展，关注与教师发展有关的态度、知识与技能，关注教师现有工作绩效与组织变革和外在环境变化所要求到达的绩效差距②。由此，教师培训作为教师教学最传统的发展途径，通过指导教师获得课堂教学可以模仿或借鉴的知识与技能，来促进其自身教学能力提升，改善教学行为。目前高校中常见的培训主要包括专家教学学术报告和入职教师教学技能培训两大类，主要通过集中面授或网络研修两种方式进行。袁振国教授在2017年就提出：我国当前教师培训的实效亟待提高，急需专门的知识与能力和专门的培训方法，教师培训要走量身定制的道路，"以学定教"，而非"以教定学"，呼唤信息化平台与手段的适时介入③。

（一）教师培训需要以培训学员为中心去创新培训方式与方法

美国学者鲍勃·派克（Bob Pike）从多年培训实践经验出发，提出了"以培训学员为中心来创新培训技术"，指出培训过程中要引导培训学员自己发现知识、技能，并提升学习态度，通过最大化的参与和讨论，让培训学员能够以自身最优化的方法和程序来增强记忆速度、强化学习效果和提升应用迁移程度，为培训构建一个基于真实问题情境的动态培训体系④。目前很多这种基于真实问题的培训采纳了4C教学法，即要求培训教师在设计课程内

① 斯帕克斯，劳克斯-霍斯利. 教师专业发展的五种模式 [M] //奥恩斯坦，贝阿尔-霍伦斯坦，帕荣克. 当代课程问题. 余强，译. 3版. 杭州：浙江教育出版社，2004：414 - 450.

② 鱼霞，毛亚庆. 论有效的教师培训 [J]. 教师教育研究，2004，16（1）：14 - 19.

③ 袁振国. 教师培训的历史转型 [EB/OL]. （2017 - 02 - 15）[2020 - 05 - 30]. http://mp.weixin.qq.com/s/j0nqBOlFLB8Aeklf5BlWIw.

④ 派克. 重构学习体验：以学员为中心的创新性培训技术 [M]. 孙波，庞涛，胡智丰，译. 南京：江苏人民出版社，2015.

容和活动时，紧密围绕知识点来创新培训逻辑主线，采用"联系（connection）—概念（concept）—应用（concrete practice）—归纳（conclusion）"四个步骤[①]，让培训学员能够更好地主导培训课堂，更加主动建构性地来开展培训活动，从而让培训更加聚焦真实和关键的问题。

（二）教师培训需要信息化手段、方式和适当技术工具的介入

教师培训从传统课堂教室环境下的培训逐渐发展成为"互联网＋教师培训"的发展模式，可以说，随着信息技术融入教师培训的深度发展，基于线上与线下相结合的模式（online & offline，简称"O2O"）开始成为培训的未来发展主流和趋势。2018 年，教育部等五部门联合发布了《教师教育振兴行动计划（2018—2022 年)》的通知，明确指出要充分利用云计算等新技术，推动以自主、合作、探究为主要特征的教学方式变革。信息技术有效融入培训方式之中，可以构建更为灵活、主动的培训模式，更加适合以培训学员为中心的组织模式和培训方法的应用与推广。

（三）教师培训需要更为关注教师在信息化环境中的有效教学

信息技术对于教学的作用越来越显著，教师如何有效提升信息化或数字化学习环境下的教学能力，思考如何重构课程教学的新模式，将成为当前高校教师培训的重要内容。教师首先需要具备在互联网支撑的教学平台开展混合式教学的能力，同时在教师培训中需要关注系统化模块内容和专题生成性内容如何在课程教学中有效展开。此外，培训课程内容需要侧重于教师如何基于信息技术工具或平台开展协作分组教学，如何开展基于课程数据的精准学习支持与测评监控，如何开展基于信息化的多元过程性评价。

上述这些信息化教学问题将成为高校教师教学实践中面对的关键挑战。因此，高校教师信息化教学能力提升培训项目的构建，对于未来高等教育机构的教学改革与人才培养都至关重要。

六、高校教师信息化教学能力提升培训

《教师教育振兴行动计划（2018—2022 年)》提出，在教师培养培训方面，我国将启动实施"互联网＋教师教育"创新行动，充分利用云计算、大数据、虚拟现实、人工智能等新技术，推进教师教育信息化教学服务平台建设和应用。2018 年 4 月 13 日，教育部正式颁布了《教育信息化 2.0 行动计

---

① 波曼. 4C 法颠覆培训课堂：65 种反转培训策略［M］. 杨帝，译. 北京：电子工业出版社，2015.

划》，其中明确指出：推动教师主动适应信息化、人工智能等新技术变革，积极有效开展教育教学；发展基于互联网的教育服务新模式，加强教师信息素养教育和信息化教学能力培训。随着信息社会的快速发展，人类的社会生活和工作技能对于信息化的需求变得更加突出。对于高等院校的教育教学而言，教师培训中面向信息化教学能力提升的培训项目将变得越来越重要，甚至成为高校教师专业化发展的关键推动力量。

笔者通过历史回溯，针对国际范围内有较大影响力的高校教师信息化教学培训项目进行了研究，发现美国"Intel 未来教育项目"① 对于构建我国当前教师信息化能力提升培训具有非常典型的借鉴作用。"Intel 未来教育项目"作为一个能够帮助教师将信息技术融入课程教学的培训项目，其采用的"互联网 + 教师"的专业发展培训体系为培训项目的应用和推广奠定了基础。"Intel 未来教育项目"最早诞生于美国，随后逐渐推向全球，目前已经成功应用到世界各地的教师培训和学习之中。此项目在我国也开展了多年的培训应用，为高校教师提供了很多有效的教学技术工具和教学资源，并通过线上线下相结合的混合式培训模式，帮助教师快速将所学的知识和技能应用到他们的课程教学实践之中。从该项目的实施过程中，我们可以总结发现有效实施高校教师信息化教学能力培训的几个重要方面。

（一）信息通信技术的有效融入

信息通信技术在课程教学中如何有效融入，成为教师未来专业化发展与提升的关键，特别是人工智能、大数据等新兴技术如何有效融合于课程教学实践之中，成为重要内容和发展动向。

（二）系统专业化的解决方案

解决方案是很多高校教学管理机构急需的内容要素，也将成为未来培训的聚焦点。教师的信息化教学培训项目不只是简单的技术性培训，还需要更多高质量的教学实践性的知识或方法，需要指导教师如何将信息技术用于他们的课程实践。特别是很多高校在开展新入职教师或教师专业提升的培训项目中，需要保证培训的时效性和迁移性。因此，提供系统成熟的解决方案是开展教师信息化教学能力培训的关键前提。

（三）教师专业发展组织的不断涌现

通过针对信息化教学问题的不断研究，教师会更加关注研究教学，协作

---

① 关于未来教育项目，可参见网址 https://www. intel. com/content/www/us/en/education/intel － education. html。

交流于是成为未来发展的有效手段，信息化教学专业化发展组织的建立就显得尤为关键。目前，我国针对高校教师的专业发展组织"高校教学发展网络"①（Chinese Higher Education Development Network，简称 CHED），正在致力于促进教学工作者之间的交流、分享、协作和互动，推动高等教育领域教与学的质量提升。从高校教学发展网络近三年的会议主题和工作坊主题不难看出，围绕数字信息时代教学创新或信息化教学的研究议题变得越来越多。在美国则有在线教育质量保障机构（Quality Matters，简称 QM），提供面向高校教师的在线和混合课程的教学设计、开发，并提供一系列基于标准认证的信息化教学能力培训②。这些专业化的组织，为高校教师讨论从实践中发展的真实问题提供了分享、交流和研究的机会，为高校信息化教学的专业学习共同体的建立提供了基础。

---

① 高校教学发展网络的网址为 http://ched. sjtu. edu. cn/portal。
② 美国在线教育质量保障机构的网址为 https://www. qualitymatters. org/why － quality － matters。

第二章　高校教师教学能力、信息化教学能力文献综述

本章主要通过文献综述法，对国内高校教师教学研究现状与发展趋势进行量化分析研究，从分析中得出了初步的结论：高校教师教学能力是目前教师发展中的一个相对薄弱和空白的领域。这为研究确定选题和重点提供了重要的价值依据。与此同时，本章也对教师教学能力研究的高被引文献进行了内容分析，进一步发现：数字时代信息化环境下的教师教学能力问题成为未来的研究发展方向，需要我们给予特别关注。在此基础上，本章还对教师信息化教学能力的外文文献和中文文献进行关键词和研究内容分析，初步提出了开展高校教师信息化教学能力的研究问题。

第一节　国内高校教师教学研究现状与趋势分析

谈及教师教学，就离不开教师发展。从国内外教师发展研究的文献来看，绝大多数为基础教育领域内的，高等教育相对来说比例要小得多。从教师发展研究的内容来看，基础教育领域内的专业发展指向教学层面的发展，一般是指整个教师职业生涯的学习与发展，包括职前教师培养的教育阶段、在职教师的学历提升教育和在职教师的培训发展等，而世界各国也都从国家层面制定了完善的教师教学专业能力标准或规范，并从教师培训、学历提升等方面构建了相对系统的发展体系。高等教育领域由于高校面向教学、科研和社会服务三大方面的职能，教师专业发展包括了更多的内涵，并且随着 20 世纪中期西方大学"教学反思思潮"的兴起，促使高校教师教学发展成为更为人们关注的重点。

美国密歇根大学在 1962 年成立了世界首个教师教学发展中心，将教师教学发展提升到了一个专业化的视角；美国卡内基教学促进会前主席厄内斯特·博耶（Ernest L. Boyer）1990 年提出了教学学术的思想，将大学教师教学发展提升到了一个更加重要的位置①；我国教育部在 2012 年 11 月颁布的《关于批准厦门大学教师发展中心等 30 个"十二五"国家级教师教学发展示范中心的通知》，将高校教师教学发展从国家政策层面落到实践行动中。

由此，我们在分析研究国内高校教师教学领域时，有必要对国内在高校教师教学方面的研究发展状况给予必要的关注。本研究采用关键词共词分析的方法，对国内现有高校教师教学研究文献的主体、内容进行量化分析和提取②，即主要以文献筛选、关键词分析和对高频关键词的聚类与多维尺度分析等方法来进行研究。

一、文献筛选

笔者在中国知网（CNKI）数据库中分别以"本科教师教学""大学教师教学""高职教师教学""高校教师教学"为主题对高等教育领域的本科教育、职业教育中教师教学领域的文献进行检索，检索文献类型不进行选定，时间截止到 2020 年 5 月 20 日，初步获取文献 1 165 篇，再对上述文献进行筛选，去除通讯类、消息类等无效文献 52 篇，最终筛选获得1 113篇有效文献。

二、关键词分析

笔者采用关键词分析法，对高校教师教学的研究热点与趋势进行分析。

（一）获取有效关键词

首先，将中国知网的文献保存成为 NoteFirst（ANSI 编码）的文本格式，分别按照年份保存成 18 个文本文件，其中 2000 年以前的综合统计为 1 个文件，2000 年开始的每年单独统计为 17 个文件，使用 Bicomb 2.0 共词分析软件，提取关键词 4 369 个。其次，经过对词义相近或相同的词进行修改与合并，去除"教师""教学""高校教师教学""高职教师""专任教师""高校教师""大学教师"等本体性的关键词，去除"成人高校""价值判断""人才培养目标""启示"等不相关或无效的关键词，最终获取有效关键词3 262个。

---

① 王玉衡. 美国大学教学学术运动 [J]. 清华大学教育研究，2006，27（2）：84－90.
② 李中国，黎兴成. 我国高校教师教学研究的热点状况分析：基于 2005—2015 年 CNKI 文献的共词分析 [J]. 教育研究，2015（2）：59－66.

（二）确定高频关键词

对所有有效关键词进行词频统计，根据高频词和低频词的临界值计算公式进行计算，公式为 $n = \dfrac{1}{2}(-1 + \sqrt{1 + 8I})$[①]，确定大于 10 的为高频关键词。由此，按照出现频次从高到低进行排序，确定了教学质量（209）、教学评价（160）、教学能力（143）、教学质量评价（57）、教学学术（44）、教师发展中心（43）等 35 个高频关键词。

三、对高频关键词进行聚类分析

使用 Bicomb 2.0 共词分析软件生成高频关键词的词篇矩阵和共现矩阵，将结果数据导入 SPSS 20.0 统计软件，并生成相似矩阵，在相似矩阵的基础上，采用"Average Linkage（between groups）"聚类方法对矩阵中的高频关键词进行聚类分析[②]，由此得到如图 2－1 所示的聚类树。

图 2－1 的聚类结果将高校教师教学研究领域分为了四个部分：一是教学质量、教学评价和教学水平领域；二是高校青年教师、教学技能和教学管理领域；三是教学影响因素、教学实践与反思领域；四是教学学术、教师教学能力发展、教学研究和教学设计领域。

---

① 冯璐，冷伏梅. 共词分析方法理论进展［J］. 中国图书馆学报，2016（2）：88－92.
② 李中国，黎兴成. 我国高校教师教学研究的热点状况分析：基于 2005—2015 年 CNKI 文献的共词分析［J］. 教育研究，2015（12）：59－66.

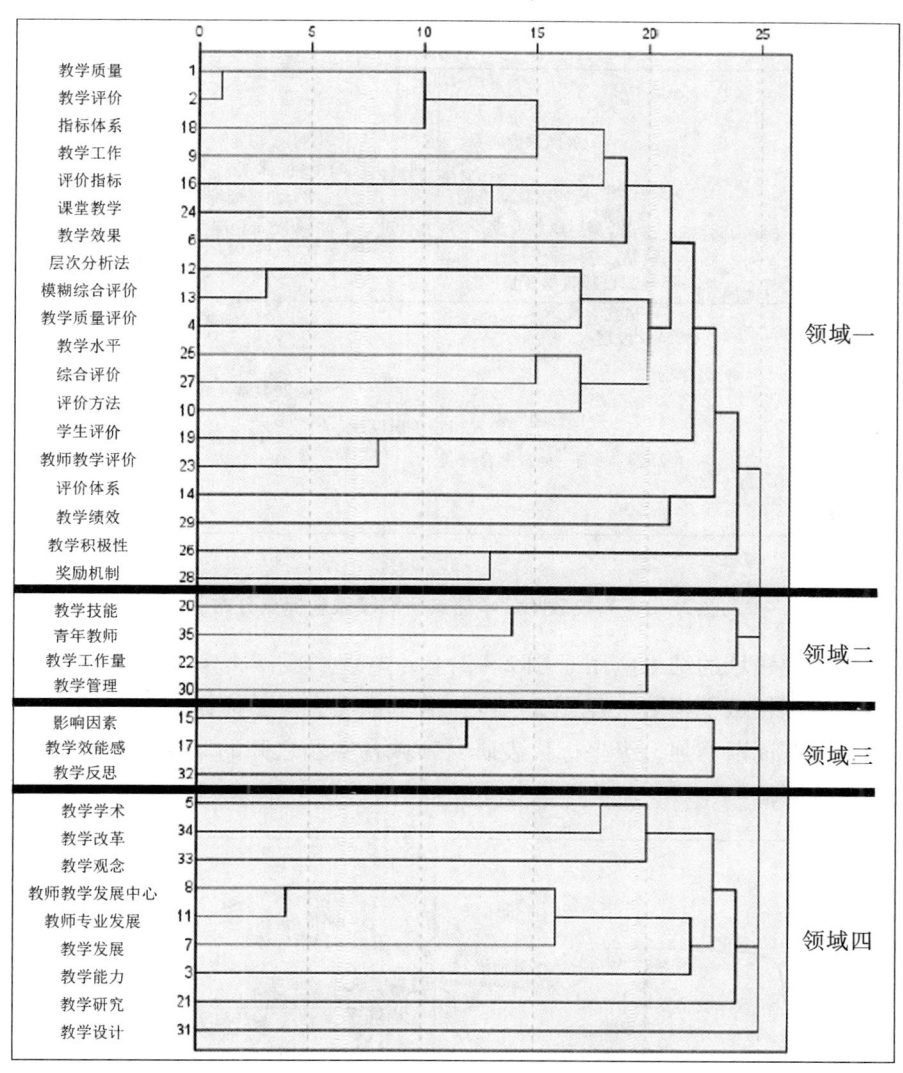

图 2-1 高校教师教学领域聚类树

四、对高频关键词进行多维尺度分析

将前述生成的相似矩阵转化为相异矩阵，算法公式为"相异矩阵数值 = 1 - 相似矩阵数据值"，将生成的相异矩阵导入 SPSS 20.0 统计软件，采用多维尺度（ALSCAL）分析进一步挖掘[①]，得到高校教师教学热点研究领域坐

---

① 李中国，黎兴成. 我国高校教师教学研究的热点状况分析：基于 2005—2015 年 CNKI 文献的共词分析 [J]. 教育研究，2015（12）：59 - 66.

标点分布图，如图 2 - 2 所示。

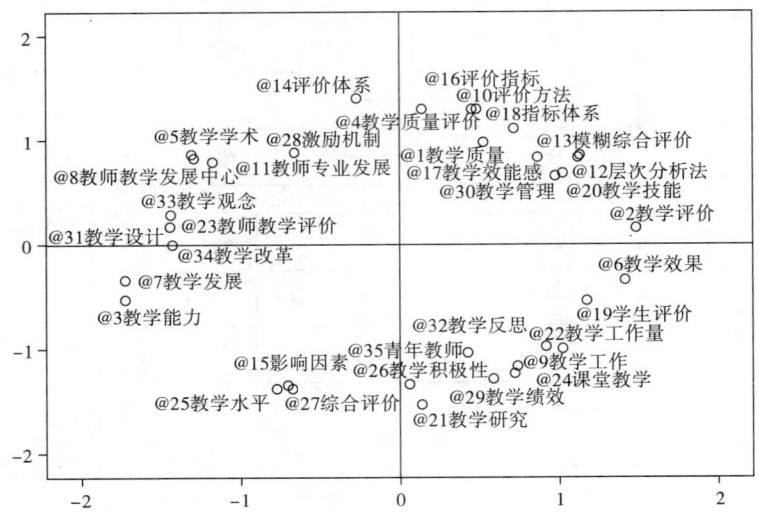

图 2 - 2　高校教师教学热点研究领域坐标点分布图

　　将聚类领域的结果应用于图 2 - 2 上，整理形成四个象限的高校教师教学热点研究领域坐标图（见图 2 - 3），横坐标代表对整体研究领域的影响作用从左至右逐渐增强，纵坐标代表研究领域各主题之间的联系紧密程度从上到下逐渐降低①。

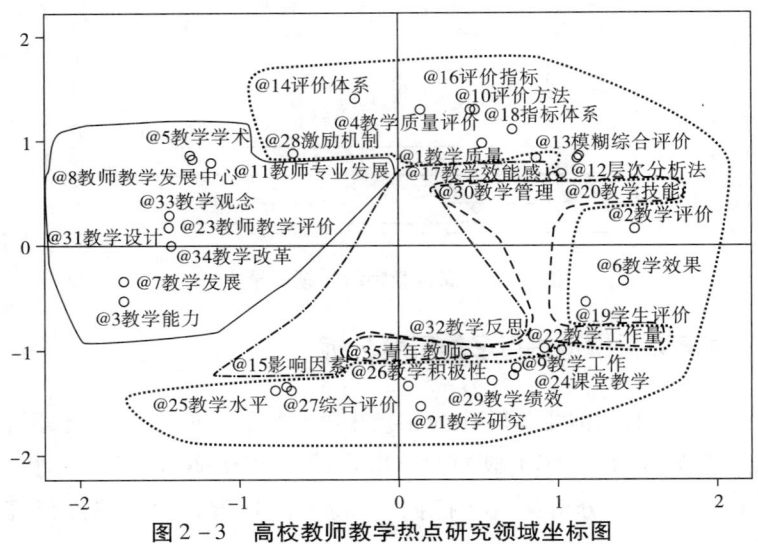

图 2 - 3　高校教师教学热点研究领域坐标图

①　冯璐，冷伏梅. 共词分析方法理论进展 [J]. 中国图书馆学报，2016（2）：88 - 92.

从图 2-3 中我们可以看出：领域一的范围最大，在四个象限都有分布，说明教学质量、教学评价和教学水平领域整体上非常成熟；而这中间主要针对教学水平评价体系方面的研究位于第三象限，说明该子领域研究还不成熟。领域二高校青年教师、教学技能和教学管理方面的研究主要分布在第一和第四象限，说明已经形成了相对集中的研究体系。领域三对教学影响因素、教学实践与反思方面的研究相对比较成熟，已经成为教学研究的重要领域，但还存在研究主题关联度不够集中的问题。领域四主要分布在第二和第三象限，说明教学学术、教师教学能力发展、教学研究和教学设计方面的研究已初步形成了一定的规模，但对于整体教学领域研究贡献还较低，特别是有关教学发展和教学能力的子领域还极不成熟，需要给予重点关注。

因此，通过上述分析可以看出：高校教师教学能力方面的研究相对不多，已有研究成果并不成熟，我们需要进行系统化的研究和探索。上述文献量化聚类和多维尺度分析的结果，为笔者将高校教师教学能力作为研究内容提供了依据。

第二节 国内高校教师教学能力研究的 高被引文献内容分析

笔者在中国知网数据库中，以"本科教师教学""大学教师教学""高职教师教学""高校教师教学"为主题进行文献检索，期刊检索范围为"全部文献"，对检索文献按照被引频次由高到低进行排序，选取排名前 50 的文献，对其研究内容进行分析，来进一步确定高校教师教学能力研究中的关键点。在选取的这 50 篇高被引文献中，按照研究内容可以划分为五个研究主题，如图 2-4 所示。

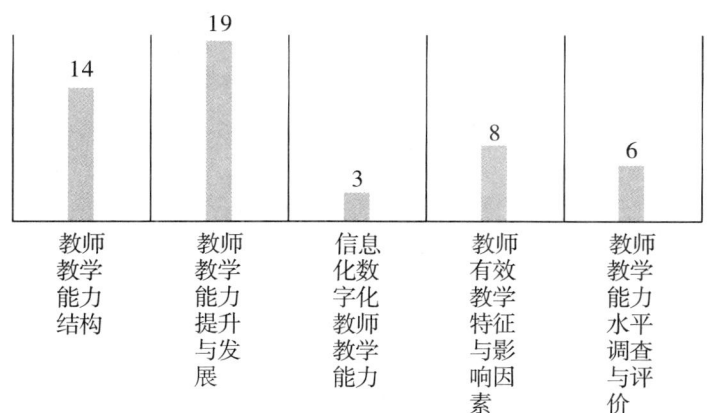

图 2-4 50 篇高被引文献的研究内容主题分类

从图 2-4 可以看出，有关教师教学能力提升与发展这个研究主题的文献数量最多，有 19 篇。其中以林永柏（2008）①、毛洪涛（2011）② 和沈文淮等（2012）③ 发表的期刊、文献为典型代表，主要研究内容包括高校教师教学能力的提升发展机制、培养方式，以及结合高校教师教学能力发展中心促进教师教学能力发展。这一主题的研究数量虽然较多，但是研究内容更多以学者经验或思辨性论证为主，针对教师教学发展有效机制、具体途径的实证研究非常少，只有林一钢等学者在 2008 年结合学校教师教学评价体系探索系统性提升教学能力的 1 篇期刊文献④。因此，从文献内容的研究分析来看，虽然这个主题受到了学界学者的普遍关注，但还缺少具有实践维度的有价值的成果。

教师教学能力结构研究主题文献数量也比较集中，共有 14 篇。从整体来看，目前国内学者对于高校教师教学能力结构或能力维度的研究相对比较深入，而且形成了系统性的理论框架，尤其以余承海等（2006）⑤、吕纪增等（2002）⑥、王少良（2010）⑦ 和徐继红等（2012）⑧ 的研究最具有借鉴参考价值。这些文献对高校教师教学能力的结构基础从基本理论层面进行了深入研究，对于本书开展高校教师信息化教学能力结构的研究具有很好的借鉴作用。

教师有效教学特征与影响因素研究主题文献有 8 篇。研究内容主要是从高等教育发展趋势引入，对高校教师教学的特征和影响教师有效教学的因素进行分析，在一定程度上为研究教师信息化教学实践中如何进行有效的应用提供了实证支持，并且从已有的数据中可以归纳有效的影响因素。

教师教学能力水平调查与评价研究主题文献有 6 篇，主要集中在博士、硕士的研究论文上。研究内容主要是通过构建不同的调查问卷，对大学教师

---

① 林永柏. 浅谈高校教师教学能力的构成及其养成 [J]. 教育与职业, 2008 (9): 121-122.

② 毛洪涛. 高校教师教学能力提升的机制探索 [J]. 中国高等教育, 2011 (23): 35-37.

③ 沈文淮, 谢幼如, 柯清超, 等. 高校教师教学发展中心促进教师教学能力发展的机制与模式 [J]. 中国电化教育, 2012 (12): 66-70.

④ 林一钢, 张根福. 基于教学评价改革的高校教师教学能力发展系统研究 [J]. 浙江师范大学学报 (社会科学版), 2008, 33 (6): 69-72.

⑤ 余承海, 姚本先. 高校教师教学能力形成及发展的影响因素探析 [J]. 高等农业教育, 2006 (3): 48-50.

⑥ 吕纪增, 张予英. 高校教师教学能力分析 [J]. 河南教育学院学报 (哲学社会科学版), 2002, 21 (3): 100-103.

⑦ 王少良. 高校教师教学能力的多维结构 [J]. 沈阳师范大学学报 (社会科学版), 2010, 34 (1): 110-113.

⑧ 徐继红, 董玉琦. 我国高校教师发展研究现状与进展分析 [J]. 中国高教研究, 2012 (4): 77-80.

和高职教师的教学能力水平状况进行调查分析，为开展更有深度的研究提供了基础水平状况的分析。

信息化数字化教师教学能力研究主题文献有 3 篇。其中李晓东在 2014 年发表的《"慕课"对高校教师教学能力的挑战与对策》① 以及莫甲凤在 2014 年发表的《MOOC 时代如何提升大学教师教学能力》②，分别针对"慕课"背景下高校教师教学能力的特征变化进行了研究分析。这两篇文章受到了诸多学者的研究关注，分别被引用 343 次和 124 次，这就说明信息化或数字化背景下高校教师教学能力的变化与发展已经成为教师发展领域的研究热点，正在受到普遍关注。

因此，结合上述高被引文献的内容分析结果，笔者将数字时代高校教师信息化教学能力作为研究起点，从适合数字信息社会发展的视角来研究教师的教学发展变化，能够对教师信息化教学的应用特点和能力结构进行深入分析，进一步形成促进高校教师信息化教学能力实践发展的有效路径。

第三节　教师信息化教学能力的国内外研究进展分析

笔者从国内外有关教师信息化教学能力研究的重要文献入手，在 Web of Science 核心数据库中 SSCI 的 20 种期刊数据和中国知网的 CSSCI 期刊数据中进行搜索，分别遴选出了 55 篇外文文献和 210 篇中文文献进行比较分析，从中进一步发现高校教师信息化教学能力研究领域的热点和研究趋势，为有针对性地开展深度研究、确定研究内容提供指导。

一、教师信息化教学能力研究重要外文文献分析

笔者研究团队首先从 Web of Science 核心数据库中的 SSCI 数据库分别选择教师教育和教育技术领域的 20 种期刊，其中教师教育领域包括 *Journal of Teacher Education*，*Teaching and Teacher Education*，*Technology Pedagogy and Education* 和 *Teaching in Higher Education* 等 4 种期刊，教育技术领域包括 *Computers & Education*，*Internet and Higher Education*，*International Journal of Computer Supported Collaborative Learning*，*Distance Education*，*Computer Assisted*

---

① 李晓东. "慕课"对高校教师教学能力的挑战与对策 [J]. 南京理工大学学报（社会科学版），2014，27（2）：89 – 92.
② 莫甲凤. MOOC 时代如何提升大学教师教学能力 [J]. 中国地质大学学报（社会科学版），2014，14（3）：129 – 133.

Language Learning，*Learning Media and Technology*，*Journal of Computer Assisted Learning*，*British Journal of Educational Technology*，*Language Learning & Technology*，*Interactive Learning Environments*，*Educational Technology Research and Development*，*IEEE Transactions on Learning Technologies*，*Educational Technology and Society*，*Ausralasian Journal of Educational Technology*，*Journal of Educational Computing Research* 和 *Journal of Computing in Higher Education* 等 16 种期刊。然后以 "teaching competency" "TPACK/TPCK competency" "teachers' ICT competency" "teachers' ICT capacity" "teachers' ICT ability" "educational technology standards" 为关键词，在上述 20 种期刊中进行主题检索，检索时间截止到 2020 年 1 月，并经过筛选，剔除不相关文献，共获得有效文献 55 篇。

（一）对外文文献年度发文量的态势分析

首先对获取的重要外文文献的发文趋势进行统计，国外教师信息化教学能力研究重要文献按年度发文的分布态势如图 2-5 所示。

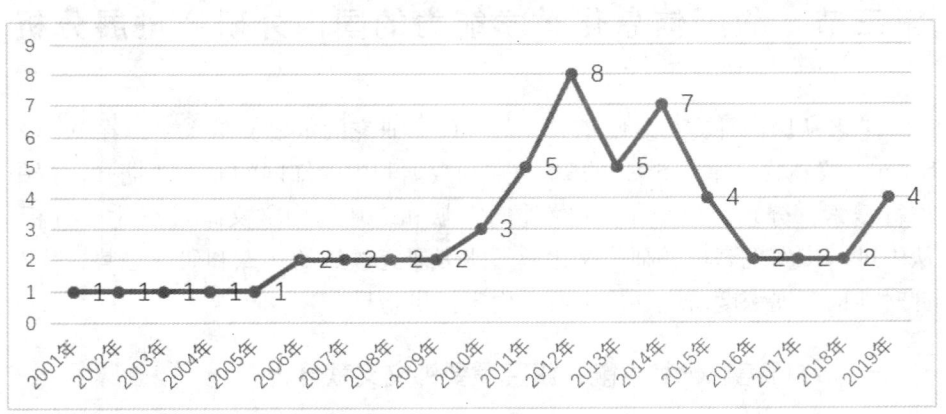

图 2-5　国外教师信息化教学能力研究重要文献年度发文分布

最早的研究文章是 Peter Goodyear，Gilly Salmon 和 Michael Spector 等学者在 2001 年发表的 "Competences for online teaching：a special report"，主要是由国际培训、绩效教学标准委员会（The International Board of Standards for Training Performance and Instruction，简称 IBSTPI）2000 年在英国发起有关教师在线教学能力讨论的内容整理而成。作为一篇被引频次高达 86 次的重要文献，其主要对在线学习环境中教师角色变化以及教学关键挑战性的特征进行了明确阐述，并初步界定了教师在线教学技能的相关标准框架，这为教师信息化教学能力领域确立了研究起点[①]。Baylor 和 Ritchie 在 2012 年对美国 4 个州 94 个课堂教师应用 ICT（信息通信技术）进行教学做了量化统计分析，揭示了教师在教学中应用 ICT 的态度、技能等特征性的影响因素，为研究教师信息化教学能力结构特征提供了实证性的分析报告[②]。

从 2003 年到 2008 年，国外学者主要针对基础教育（K12）领域职前教师或在职教师的 ICT 教学应用能力标准开展相关实践性研究，包括：针对职前教师设计与开发有针对性的提升 ICT 教学技能的课程；针对教师 ICT 教学应用状况进行调查，研究促进教师 ICT 教学的有效影响因素；对以 K12 教师 ICT 教学应用能力标准构建的教师能力提升培训体系的实践与效果调查；等等。Villar 和 Alegre 在 2008 年发表的文章基于欧洲高等教育质量保证体系中的"教师课程教学能力标准"[③]，设计了一个 ICT 融入教学应用的在线培训课程，来促进大学教师教学能力的发展。由此，学者开始关注高校教师信息化教学能力的提升，这为高校开展信息化教学能力的研究提供了最早的研究依据。

从 2009 年到 2011 年，教师信息化教学方面的研究成为热点，文献数量明显增多，并且大多数文献将关注重点放在教师整合技术的学科教学知识（TPACK）的能力发展方面。此外，针对教师在教学中如何有效使用在线同步交互系统、电子交互白板等新型信息技术也成为这个时间段的研究重点。

从 2012 年到 2014 年，教师信息化教学方面的研究重点针对 Web 2.0 技术环境下教师信息化教学应用技能，并且开始研究各种数字化移动设备或技术工具对于信息化教学环境的变革的影响。

从 2015 年到 2016 年，国外学者重点关注在日趋智能、灵活的学习环境中的能力变革维度，强调基于混合学习、泛在学习等模式下教师教学能力的提升。与此同时，部分学者也开始深入研究教师教学实践中技术融入程度的变化，希望能够找到有效提升教师信息化教学能力发展的路径。

从 2017 年开始，随着在线学习融入课程进程的加剧，面向基础教育和高等教育中教师在线教学或混合教学能力的标准和测评工具的研究提上日程。Tondeur 等在 2017 年针对职前教师的信息技术教学应用能力开发了一个

① GOODYEAR P, SALMON G, SPECTOR J M, et al. Competences for online teaching: a special report [J]. Educational technology research and development, 2001, 49 (1): 65 – 72.

② BAYLOR A L, RITCHIE D. What factors facilitate teacher skill, teacher morale, and perceived student learning in technology-using classrooms? [J]. Computers & education, 2002 (39): 395 – 414.

③ VILLAR L M, ALEGRE O M. Measuring faculty learning in curriculum and teaching competence online courses [J]. Interactive learning environments, 2008, 16 (2): 169 – 181.

自评工具，通过在比利时佛兰德斯地区的 931 名职前教师进行应用检验，发现了两个重要的结构因素：一是在课堂内教师支持学生开展信息化教学的能力；二是应用信息技术开展教学设计的能力①。

Pulham 和 Graham 在 2018 年针对国外 K12 领域中教师的在线教学和混合教学能力开展了比较研究，提出教师的信息化能力从模型结构来看包括方法、管理、测评、技术、教学设计、部署和改进，并且指出未来教师的混合教学技能应该更加关注学习者的灵活性、个性化以及知识掌握程度的学习，并且能够对学习数据进行有效描述和分析，关注学习系统的数据存储、在线交互和软件工具的管理等方面能力的提升②。

Tondeur 等在 2018 年进一步对职前教师信息技术应用能力的培训实践问题进行了多维发展分析，结果发现有效的培训提升策略包括：教师教育者反思技术在教育中的作用，关注应用技术的设计策略，与同伴更好地合作，以及针对真实性的技术问题搭建解决框架，并持续性地反馈③。这为教师信息化教学能力培训项目提供了实证性的数据支持。

从 2019 年的研究来看，更多高等教育研究者开始关注从教学与学习环境的时代变革视角来研究能力的发展变化。这些研究更多将信息化教学能力作为教育技术应用的一项技能标准来看待，对于信息化实践教学策略的研究还不够深入。Jonathan 和 Graham 在 2019 年进一步针对在线教学能力构建了观察性的评价量规，来促进机构层面对教师教学进行质量评判④，这促使信息化教学能力的研究更加深入。

（二）对外文文献研究的主题与内容范畴分析

为了更有效地分析所获取外文文献的研究主题和内容，笔者按照基础教育和高等教育两个不同主题，对 55 篇研究文献进行分类量化统计分析。其中，基础教育领域的文献有 42 篇，占总体数量的 76.4%；高等教育领域的文献有 7 篇，只占 12.7%；另外 6 篇是通用类型的，占 10.9%。笔者在这里将通用类型的文献也归入高等教育主题，从基础教育和高等教育两个领域对

① TONDEUR J, AESAERT K, PYNOO B, et al. Developing a validated instrument to measure preservice teachers' ICT competencies: meeting the demands of the 21st century [J]. British journal of educational technology, 2017, 48 (2): 462 –472.

② PULHAM E, GRAHAM C R. Comparing K – 12 online and blended teaching competencies: a literature review [J]. Distance education, 2018, 39 (3): 411 –432.

③ TONDEUR J, AESAERT K, PRESTRIDGE S, et al. A multilevel analysis of what matters in the training of pre-service teacher's ICT competencies [J]. Computers & education, 2018, 122 (1): 32 –42.

④ JONATHAN E, GRAHAM C R. Online teaching competencies in observational rubrics: what are institutions evaluating? [J]. Distance education, 2019, 40 (1): 114 –132.

上述文献进行内容性分析。

（1）对基础教育教师信息化教学能力研究的内容分析。

首先，笔者对 42 篇基础教育分类下的外文文献按照同一作者或同一研究团队完成的文章进行汇总，结果发现国内外有 6 个代表性的研究学者及其团队发表了系列性研究文章，共计 17 篇，具体统计分析见表 2 - 1。

表 2 - 1　研究学者及其研究团队发表的系列性文章数量统计

最高被引频次	学者及其研究团队	文章数量
165	Charoula Angeli，Nicos Valanides	3 篇
52	Jo Tondeur	4 篇
22	Joke M. Voogt	4 篇
11	Dj. Kadijevich	2 篇
10	Yu - Ta Chien，Chun - Yen Chang	2 篇
8	Graham Charles R.	2 篇

从表 2 - 1 中我们发现，塞浦路斯学者 Angeli 在 2005 年开始关注中小学教师的信息化教学能力实践，设计了促进 K12 职前教师信息技术与课程教学整合的教师教育培养课程①，并对这门课程对于职前教师教学能力的提升效果进行了分析，开始将研究重点放到技术促进教学应用上面来。后来，Angeli 及其研究团队在 2009 年发表的颇具影响力的一篇研究文献 "Epistemological and methodological issues for the conceptualization, development, and assessment of ICT - TPCK：advances in technological pedagogical content knowledge（TPCK）"中，根据 TPACK 的框架开展系统性分析，在此基础上提出了信息技术融入 TPACK 的 ICT - TPACK 框架，并且对将 ICT - TPACK 基于情景化的"技术—教学—内容"知识体系的核心认识论与价值观进行了阐述②。2013 年，Angeli 及其研究团队又发表了研究文献 "Technology mapping：an approach for developing technological pedagogical content knowledge"，通过使用 MANOVA 工具对 21 名小学职前教师进行了调查，从调查数据中挖掘建构了职前教师 TPACK 能力提升发展的路径模型，

---

① ANGELI C. Transforming a teacher education method course through technology：effects on preservice teachers'technology competency ［J］. Computers & education, 2005（45）：383 - 398.

② ANGELI C, VALANIDES N. Epistemological and methodological issues for the conceptualization, development, and assessment of ICT - TPCK：advances in technological pedagogical content knowledge （TPCK）［J］. Computers & education, 2009（52）：154 - 168.

这为基础教育中教师的信息化教学能力结构奠定了理论基础①。

荷兰学者 Joke M. Voogt 及其研究团队共发表了 4 篇学术文献。2010 年，Voogt 通过应用 SITES - 2006 教师调查问卷，对影响中学科学教育教师技术整合于课堂教学变革的实践因素进行了研究分析②，通过两个对比组的实验数据揭示了教师将信息技术整合于教学的实践发展变化；2011 年，Voogt 及其研究团队对加纳地区中小学教师在教学中有效应用信息技术的实践发展水平状况进行了调查研究，对中小学教师的信息化教学能力进行了更加深入的分析③；2013 年，Voogt 带领研究团队系统分析了数字时代教师教学能力的变革特征，针对 21 世纪教学技能、技术素养以及课程发展所要面对的一系列挑战进行了前瞻性的分析，并对数字时代中小学教师的教学能力特征进行了内涵归纳④；2015 年，Voogt 及其研究团队对中小学数学职前教师在教学实习中的 TPACK 能力发展进行了质性跟踪，对 TPACK 能力水平的变化进行了深入的分析，进一步揭示了教师将信息技术融入教学的发展阶段⑤。

比利时学者 Jo Tondeur 及其研究团队发表了 4 篇研究文献。他们最早在 2007 年开始关注信息技术融入课程的教学实践问题⑥。接着在 2016 年针对中小学职前教师的教育技术应用能力测评工具和测评方法进行了调查实证研究⑦。随后，Tondeur 等在 2017 年从 21 世纪人才技能需求视角，进一步开发了测评中小学职前教师 ICT 能力水平的有效测评工具量表，来更加有针对性

① ANGELI C, VALANIDES N. Technology mapping: an approach for developing technological pedagogical content knowledge [J]. Journal of educational computing research, 2013, 48 (2): 199 - 221.

② VOOGT J. Teacher factors associated with innovative curriculum goals and pedagogical practices: differences between extensive and non-extensive ICT-using science teachers [J]. Journal of computer assisted learning, 2010, 26 (6): 453 - 464.

③ AGYEI D D, VOOGT J M. Exploring the potential of the will, skill, tool model in Ghana: predicting prospective and practicing teachers' use of technology [J]. Computers & education, 2011, 56 (1): 91 - 100.

④ VOOGT J, ERSTAD O, DEDE C, et al. Challenges to learning and schooling in the digital networked world of the 21st century [J]. Journal of computer assisted learning, 2013, 29 (5): 403 - 413.

⑤ AGYEI D D, VOOGT J. Pre-service teachers' TPACK competencies for spreadsheet integration: insights from a mathematics-specific instructional technology course [J]. Technology, pedagogy and education, 2015, 24 (5): 605 - 625.

⑥ TONDEUR J, BRAAK J V, VALCKE M. Curricula and the use of ICT in education: two worlds apart? [J]. British journal of educational technology, 2007, 38 (6): 962 - 976.

⑦ TONDEUR J, BRAAKD J V, SIDDIQ F, et al. Time for a new approach to prepare future teachers for educational technology use: its meaning and measurement [J]. Computers & education, 2016 (94): 134 - 150.

地评价职前教师信息化教学能力水平发展①。2018 年，Tondeur 等在职前教师信息技术应用能力培训项目的实施过程中开展了多维度的分析，对中小学职前教师的信息技术应用能力标准开展了更加深入的测评研究②。

中国台湾学者 Yu – Ta Chien 和比利时学者 Tondeur 及其研究团队早期的研究思路基本趋于一致，针对职前教师或在职教师构建了信息技术整合于课程教学的能力标准框架，在此框架基础上来提升教师的教学能力和促进教学应用实践③。

美国学者 Dj. Kadijevich 于 2006 年分别就美国 K12 教师和欧洲 K12 教师在执行教育技术国家能力标准时，对应用技术的态度、兴趣和支持性要素之间构建了一个相关性的路径模型，来揭示教师教学中对于信息技术的接纳程度④⑤。

美国伯明翰大学 Graham 及其研究团队将远程教育中教师开展教学的能力标准同面对面环境下的教学标准进行了综述性的分析，结合数字时代教师开展在线教学的角度进一步扩展了信息化教学能力标准，并从能力标准结构分析学校机构如何去评价教学质量的标准，对中小学教师信息化教学能力的评价问题开展了更为前沿性的研究⑥⑦。

其次，我们将剩下的 25 篇文献进行分析，发现可以将其归纳为四类研究。第一类主要是针对中小学教师或职前教师教学中应用信息技术的调查研究，大多是从构建教师能力测评问卷工具来解释能力水平的发展变化，共有 9 篇，如表 2 – 2 所示。

---

① TONDEUR J, AESAERT K, PYNOO B, et al. Developing a validated instrument to measure preservice teachers' ICT competencies: meeting the demands of the 21st century [J]. British journal of educational technology, 2017, 48 (2): 462 –472.

② TONDEUR J, AESAERT K, PRESTRIDGE S, et al. A multilevel analysis of what matters in the training of pre-service teacher's ICT competencies [J]. Computers & education, 2018, 122 (1): 32 –42.

③ CHANG C Y, CHIEN Y T, CHANG Y H, et al. MAGDAIRE: a model to foster pre-service teachers'ability in integrating ICT and teaching in Taiwan [J]. Australasian journal of educational technology, 2012, 28 (6): 983 –999.

④ KADIJEVICH D. Achieving educational technology standards: the relationship between student teacher's interest and institutional support offered [J]. Journal of computer assisted learning, 2006, 22 (6): 437 –443.

⑤ KADIJEVICH D, HAAPASALO L. Factors that influence student teacher's interest to achieve educational technology standards [J]. Computers & education, 2006, 50 (1): 262 –270.

⑥ PULHAM E, GRAHAM C R. Comparing K-12 online and blended teaching competencies: a literature review [J]. Distance education, 2018, 39 (3): 411 –432.

⑦ JONATHAN E, GRAHAM C R. Online teaching competencies in observational rubrics: what are institutions evaluating? [J]. Distance education, 2019, 40 (1): 114 –132.

表 2 - 2 第一类研究范畴的 9 篇文献

被引频次	作者	发表时间	文章概要
109	Amy L. Baylor & Donn Ritchie	2002 年	对美国 94 个学校课堂教师 ICT 应用水平状况进行调查
23	Yalın Kılıç Türel & Tristan E. Johnson	2012 年	对土耳其教师使用交互白板进行教学的信念与应用状况的访谈，揭示技术整合于教学的发展过程
11	Feride Karaca, Gulfidan Can, Soner Yildirim	2013 年	对土耳其初中学校教师的技术能力进行数据调查，建构教师将技术有效整合于教学的路径发展模型
9	Hyeonjin Kim	2012 年	从韩国中小学教师教育中促进教师 ICT 能力发展的三个案例，阐述了发展教师 ICT 能力的路径
8	Joyce Hwee Ling Koh, Ching Sing Chai, Lee Yong Tay	2014 年	从 TPACK 实践行动视角分析，通过访谈新加坡 24 名小学教师，揭示教师 TPACK 知识发展的变化过程
5	I. Kabakci Yurdakul & A. N. Coklar	2014 年	通过发放 TPACK - deep 调查问卷，构建土耳其职前教师的能力标准模型
2	Denise D. Holland, Randy T. Piper	2014 年	通过访谈 33 名小学教师和 23 名中学教师，建构了一种技术整合于教学的数据模型
1	Chung - Yuan Hsu，et al.	2017 年	调查了职前教师在应用游戏化学习中的信念和 TPACK 能力水平
1	Eimear Dolan	2015 年	针对大学本科师范生的健康科学中混合式课程教学，开发了针对科学教育学科职前教师教学能力的评价方法

　　Baylor 和 Ritchie 在 2002 年发表的研究具有非常大的影响力，他们在 21 世纪初期就开始针对课堂教室中教师应用信息技术教学的主要影响因素开展相关研究，这为如何测评教师的信息技术教学应用能力提供了重要的测量维度[①]。土耳其学者 Yalın Kılıç Türel、Feride Karaca 和韩国学者 Hyeonjin Kim 等开始深入研究教师应用 ICT 能力水平调查工具，从 ICT 工具能力的视角来开发实证性的测评工具。随着 TPACK 逐渐在教师信息化教学能力发展中获得认同，部分学者也开始从 TPACK 框架的不同维度开发相关的调查测评工具，来调查中小学或职前教师的信息化教学能力水平变化发展。

　　第二类主要是设计教师应用信息技术开展教学的能力培训项目与专业发展研究，共有 4 篇，具体如表 2 - 3 所示。

表 2 - 3　第二类研究范畴的 4 篇文献

被引频次	作者	发表时间	文章概要
31	Gary Beauchamp	2004 年	开发促进英国小学教师有效使用电子交互白板进行教学应用的培训模式
12	Geoff Romeo, et al.	2012 年	对澳大利亚 TTF 培养未来教师培训项目中要发展提升教师的能力
6	Cher Ping Lim	2012 年	为印度尼西亚大学 K12 职前教师设计 ICT 教学应用能力的发展方案
3	Yu - Ju Lan, et al.	2012 年	使用 CoCAR 在线同步培训系统促进汉语教师 ICT 应用技能的发展培训模式

　　上述 4 篇研究文献中，最早是英国学者 Beauchamp 于 2004 年针对英国中小学教师将交互电子白板应用于教学的教师培训项目，开始研究教师的信

---

　　① BAYLOR A L, RITCHIE D. What factors facilitate teacher skill, teacher morale, and perceived student learning in technology-using classrooms? [J]. Computers & education, 2002 (39): 395 - 414.

息化教学发展问题①；随后三篇文献分别是 Cher Ping Lim②、Romeo③ 和 Yu - Ju Lan④ 等在 2012 年针对职前教师和中小学教师应用信息技术技能类的培训发展模式研究。

第三类主要是国内外学者设计与实践信息技术整合性课程教学方面的研究文献，共有 7 篇，如表 2 - 4 所示。

表 2 - 4　第三类研究范畴的 7 篇文献

被引频次	作者	发表时间	文章概要
26	S. S. C. Young	2003 年	对中国台湾职业高中英语课程设计了技术整合性的课程，并进行了应用
21	Siu Cheung Kong	2014 年	对中国香港某初级中学课堂开展了一个学期的翻转课堂教学模式应用，说明数字化教室中教师的信息素养和实践技能
19	Jaime Sánchez, Alvaro Salinas	2008 年	对智利某中学中教师 ICT 教学应用模式进行介绍
12	Yuksel Goktas, Turgay Demirel	2012 年	将 Blog 引入职前师范生的课程教学，通过设计和实践，说明技术融入课程教学的关键技能
8	Chee - Kit Looi	2014 年	设计了将信息技术有效整合于中小学科学教育的课程，并进行了实践应用

① BEAUCHAMP G. Teacher use of the interactive whiteboard in primary schools: towards an effective transition framework [J]. Technology, pedagogy and education, 2004, 13 (3): 327 - 348.

② LIM C P, PANNEN P. Building the capacity of indonesian education universities for ICT in pre-service teacher education: a case study of a strategic planning exercise [J]. Australasian journal of educational technology, 2012, 28 (6): 1061 - 1067.

③ ROMEO G, LLOYD M, DOWNES T. Teaching teachers for the future (TTF): building the ICT in education capacity of the next generation of teachers in Australia [J]. Australasian journal of educational technology, 2012, 28 (6): 949 - 964.

④ LAN Y J, CHANG K E, CHEN N S. CoCAR: an online synchronous training model for empowering ICT capacity of teachers of Chinese as a foreign language [J]. Australasian journal of educational technology, 2012, 28 (6): 1020 - 1038.

续上表

被引 频次	作者	发表 时间	文章概要
6	Ya – Ting Carolyn Yang，et al.	2013 年	为中国台湾小学教师设计了一个课堂教学与在线学习相结合的小学英语课程，并进行了实践应用
1	9Hatice Sancar Tokmak，Yelken，et al.	2013 年	为职前师范生课程"教学设计与技术"设计了五个关键性活动，来发展职前教师能力

这类将信息技术有效整合于课程教学的实践研究，最早是 Young 在 2003 年针对中国台湾职业高中进行了信息技术整合课程的实践，探索基于 Internet 来进行英语课程教学有效性研究①；智利学者 Sánchez 和 Salinas 在 2008 年对高中课堂中如何更好地应用计算机多媒体设备进行了教学方法的研究，总结了教师在教室环境中应用信息技术的教学方法策略②。

Goktas 和 Demirel 在 2012 年基于 Web 2.0 媒体的 Blog 进行了课程教学应用整合性的研究，开始更加关注互联互通的社会媒体技术工具对于教学的改进作用③。

Ya – Ting Carolyn Yang 等在 2013 年对中国台湾地区小学英语课堂如何更好地将在线学习技术与方式应用到课堂教学中，进一步提升课程的教学效果④进行研究。

Tokmak 等在 2013 年通过对职前教师开设的提升和发展职前教师信息化教学能力的教学设计与技术课程，从课程实践的视角来研究信息技术有效整合的方法⑤。

Chee – Kit Looi 则在中小学的科学课程中开展研究，探索信息技术的有

① YOUNG S S C. Integrating ICT into second language education in a vocational high school [J]. Journal of computer assisted learning，2003，19（4）：447 –461.

② SÁNCHEZ J, SALINAS A. ICT & learning in Chilean schools：lessons learned [J]. Computers & education，2008，51（4）：1621 –1633.

③ GOKTAS Y, DEMIREL T. Blog-enhanced ICT courses：examining their effects on prospective teachers' ICT competencies and perceptions [J]. Computers &education，2012，58（3）：908 –917.

④ YANG Y T C, CHUANG Y C, LI L Y, et al. A blended learning environment for individualized English listening and speaking integrating critical thinking [J]. Computers & education，2013（63）：285 –305.

⑤ TOKMAK H S, YELKEN T Y, KONOKMAN G Y. Pre-service teachers' perceptions on development of their IMD competencies through TPACK-based activities [J]. Educational technology & society，2013，16（2）：243 –256.

效整合方式来提升科学课程的教学效果①；中国香港学者 Siu Cheung Kong 在 2014 年针对翻转课堂这种教学模式，在中国香港初中课堂开展信息技术融入课程教学的有效性实践，从中总结了教师在数字化教室中关键的信息素养和技术能力②。

第四类主要是对教师课程教学中整合信息技术的方法或策略的经验分享与总结，共有 5 篇，如表 2 - 5 所示。

表 2 - 5　第四类研究范畴的 5 篇文献

被引频次	作者	发表时间	文章概要
15	A. Guzman, M. Nussbaum	2009 年	对中小学教师将技术整合于课堂教学中的能力特征进行系统性分析
12	Euline Cutrim Schmid	2010 年	对在外语语言教学中教师应用交互式白板进行教学的技术应用策略进行了分析
11	Matt Bower	2011 年	对教师将同步交互会议室应用到课堂教学的技术策略进行了分析
5	Terry Haydn, Roy Barton	2007 年	对英国教师将 ICT 应用于教学的经验进行了总结
5	Ya - Ting Carolyn Yang	2015 年	分析教师使用虚拟教育游戏来提升学生的高阶思维能力和学习效果，来总结有效应用虚拟教育游戏的方法

英国学者 Haydn 等在 2007 年最早针对国内中小学教师如何应用各种 ICT 的教学经验进行了总结，提出了教师在课堂中有效应用 ICT 的策略③。

---

① LOOI C K, SUN D, SEOW P, et al. Enacting a technology-based science curriculum across a grade level: the journey of teachers' appropriation [J]. Computers & education, 2014, 71 (1): 222 - 236.

② KONG S C. Developing information literacy and critical thinking skills through domain knowledge learning in digital classrooms: an experience of practicing flipped classroom strategy [J]. Computers & education, 2014, 78 (1): 160 - 173.

③ HAYDN T, BARTON R. "First do no harm": developing teachers' ability to use ICT in subject teaching: some lessons from the UK [J]. British journal of educational technology, 2007, 38 (2): 365 - 368.

Guzman 等在 2009 年提出了教师将信息技术有效整合于课程教学的重要因素，包括技术工具、课程教学方法、教育理念价值、评价方法、沟通交流技能和个人的态度认知等六个方面，以此开展教师培训来提升教师专业能力发展①。Schmid 在 2010 年针对中小学外语语言教师在课堂有效应用电子交互式白板进行教学的方法和策略进行了实践经验的总结②。随后 Bower③ 和 Yang④ 针对在线学习环境下的教学经验进行了总结和分析。

通过对这 42 篇基础教育教师信息化教学能力外文文献的系统性梳理，我们可以发现：国际基础教育领域中针对教师的信息化教学能力结构或标准的研究主要以技术、内容和教学法整合的 TPACK 知识框架为理论依据，诸多学者基于 TPACK 的框架设计信息技术整合性的课程或开发教师能力水平测量的工具，同时部分学者基于信息技术的工具应用特征开展信息化培训项目的研究。通过上述研究的内容特点，我们可以发现，针对教师信息化教学的研究要关注信息技术与课程内容整合的教学实践环节，能够形成具有理论深度和实践效度的教师规范或专业标准。

（2）对高等教育教师信息化教学能力研究的内容分析。

涉及高等教育领域教师信息化教学能力研究的外文文献共有 13 篇，笔者在这里将其按照理论研究、课程教学效果实证和专业发展培训项目等三个方面进行分类研究。

一是高校教师信息化教学能力的理论研究。Goodyear 等最早在 2001 年开展教师网络教学研究，针对在线学习环境下教师角色变化和能力特征要求进行了前瞻性的理论分析⑤。Baran 等在 2011 年比较分析了过去已有的相关文献，提出设计帮助高校教师深入应用信息技术的在线教学标准和相关能力，并根据关键的能力来构建能力驱动型的专业发展提升项目，以此来促进

① GUZMAN A, NUSSBAUM M. Teaching competencies for technology integration in the classroom [J]. Journal of computer assisted learning, 2009, 25 (5)：453 –469.

② SCHMID E C. Developing competencies for using the interactive whiteboard to implement communicative language teaching in the English as a foreign language classroom [J]. Technology, pedagogy and education, 2010, 19 (2)：159 –172.

③ BOWER M. Synchronous collaboration competencies in web-conferencing environments：their impact on the learning process [J]. Distance education, 2011, 32 (1)：63 –83.

④ YANG Y T C. Virtual CEOs：a blended approach to digital gaming for enhancing higher order thinking and academic achievement among vocational high school students [J]. Computers & education, 2015 (81)：281 –295.

⑤ GOODYEAR P, SALMON G, SPECTOR J M, et al. Competences for online teaching：a special report [J]. Educational technology research and development, 2001, 49 (1)：65 –72.

教师的在线教学能力与水平的提升①。Abdous 在 2011 年从课程教学过程的视角进一步分析了教师在线教学能力在不同阶段的发展变化，提出了教学前（计划、准备和设计）、教学中（促进、互动、提供和收集学生反馈）和教学后（对课程效果的反思和再思考）的过程导向框架，以此作为促进教师信息化教学能力的发展框架②。Warin 等则在 2011 年从自适应学习系统的视角来研究教师的信息技术与教学的整合问题，对高校教师在教学中应用信息技术的能力发展变化过程进行了深入的研究，在此基础上提出了支持教师技术整合教学能力发展自适应理论模型③。Parrish 和 Sadera 在 2020 年针对一对一数字化环境下以学习者为中心的教学实践进行了质性研究分析，对 37 位高校信息化教学专家的教学过程进行了跟踪分析，从而对教师的信息化教学能力标准进行了理论总结归纳，为信息化教学能力的标准研究提供了更加实证的深度数据支持④。Kan 和 Murat 在 2020 年从高校职前教师所需的教育技术能力方面进行了自我效能的调查研究，结果发现不同性别的教师教育技术能力和信念具有明显差异，并且职前教师的教育技术能力与自主学习能力呈现显著的正相关⑤。

二是高校教师课程教学效果实证研究。Konak 等在 2014 年发表的研究主要聚焦于虚拟实验技术如何有效应用于改变传统计算机实验室的教学。在计算机信息教学中，参与实践的学习体验非常重要。这篇文献研究基于 Kolb 的体验式学习循环及设计基于虚拟计算机实验技术的实践教学活动，并对教学应用效果进行了验证。该研究受到一定范围和程度的关注⑥。Sevillano - Garcia 等在 2015 年发表的研究中对高校教师将数字移动设备有效应用到课堂

① BARAN E, CORREIA A P, THOMPSON A. Transforming online teaching practice: critical analysis of the literature on the roles and competencies of online teachers [J]. Distance education, 2011, 32 (3): 421 – 439.

② ABDOUS M. A process-oriented framework for acquiring online teaching competencies [J]. Journal of computing in higher education, 2011, 23 (1): 60 – 77.

③ WARIN B, KOLSKI C, SAGAR M. Framework for the evolution of acquiring knowledge modules to integrate the acquisition of high-level cognitive skills and professional competencies: principles and case studies [J]. Computers & education, 2011, 57 (2): 1595 – 1614.

④ PARRISH A H, SADERA W A. Teaching competencies for student-centered, cne-to-cne learning environments: a delphi study [J]. Journal of educational computing research, 2020, 57 (8): 1910 – 1934.

⑤ KAN AÜ, MURAT A. Examining the self – efficacy of teacher candidates' lifelong learning key competences and educational technology standards [J]. Education and information technologies, 2020, 25 (2): 707 – 724.

⑥ KONAK A, CLARK T K, NASEREDDIN M. Using Kolb's experiential learning cycle to improve student learning in virtual computer laboratories [J]. Computers & education, 2014, 72 (1): 11 – 22.

的教学方法进行了分析。此项研究对三所西班牙公立大学的 419 名学习者从接受程度、阻碍性因素和应用平板电脑、智能手机等移动设备的水平进行了量化分析，发现有效的变革因素主要在教学模式、研究学习主题和普遍性的技术应用能力等三个方面，对于数字时代教师如何开展有效信息化教学提供了很好的借鉴①。Ion 等在 2016 年开发了评估课程教学效果的在线评估系统，通过跟踪学习者博客的学习活动数据来帮助学习者有效反思，对学习者及时提供反馈，并将该系统在西班牙六所大学的七个学科中进行了实验应用，通过教师和学生对于系统的反馈数据，得出该系统现实应用效果满意度较高的结论②。

三是高校教师专业发展培训项目研究。Villar 和 Alegre 在 2008 年设计了支持大学教师课程教学能力提升的在线培训课程，通过对五所西班牙大学的教师在线学习的课程数据分析，提出核心的措施是要保正在线课程与活动的质量，并能被教师有效理解，从设计、实施和评价一门教师教学能力提升在线培训课程的关键点进行了分析③。Guasch 等在 2010 年对大学教师面对在线虚拟学习环境应具备的教学能力进行了分析，基于教师培训经验的认识论，设计了对教师进行在线教学进行支持性评价的能力框架，以此来设计有针对性的培训来提升教师的在线教学能力④。Tai 主要基于台湾师范大学蔡今中教授在 2015 年提出的 TPACK 行动发展模型理论，从教学者激发性的构建、分析，到教学者与学习者合作性的示范，再到学习者为中心的应用、反思，来构建促进教师语言教学能力提升的培训工作坊，并对培训工作坊对教师教学能力提升的效果进行了验证⑤。Wang 等在 2019 年针对 89 名新入职高校教师的培训项目进行了在线教学能力标准的跟踪性研究，从教师在线教学能力提

---

① Sevillano – Garcia M L，Vázquez – Cano E. The impact of digital mobile devices in higher education [J]. Journal of educational technology & society，2015，18（1）：106 – 118.

② ION G，CANO E，CABRERA N. Competency assessment tool（CAT）：the evaluation of an innovative competency-based assessment experience in higher education [J]. Technology，pedagogy and education，2016，25（5）：631 – 648.

③ VILLAR L M，ALEGRE O M. Measuring faculty learning in curriculum and teaching competence online courses [J]. Interactive learning environments，2008，16（2）：169 – 181.

④ GUASCH T，ALVAREZ I，ESPASA A. University teacher competencies in a virtual teaching/learning environment：analysis of a teacher training experience [J]. Teaching and teacher education，2010，26（2）：199 – 206.

⑤ TAI S J D. From TPACK-in-action workshops to classrooms：cal competency developed and integrated [J]. Language learning & technology，2015，19（1）：139 – 164.

升的视角总结了教师必备的在线教学关键能力要素①。

（3）教师信息化教学能力研究外文文献总结。

从上述针对基础教育教师信息化教学能力研究的高被引的 42 篇外文文献的内容分析来看，国内外学者对基础教育领域中小学教师的信息化教学专业发展关注较早，深入分析中小学教师的信息化教学能力的已有理论和实践案例，将为高校教师信息化教学能力的研究提供深度的借鉴。从目前国内外中小学教师信息化研究内容的热点和关注点，可以发现：一是教师信息化教学能力的研究要立足于关注技术对教师课程教学的应用实践。二是研究教师信息化教学能力要从符合时代特征的教师教学能力结构视角开展有针对性的、系统性的研究工作。三是能够提出解决教师教学实践问题的理论框架，并以此框架为起点研究有效促进教师信息化教学能力提升的实践路径。

从针对高等教育教师信息化教学能力研究的高被引的 13 篇外文文献的关注内容来看，高校教师信息化教学的理论研究深度同中小学教师信息化教学的理论研究深度还有较大差距。高校领域中，更多研究者是从一种单独的教师教学能力维度来看待信息化教学，将其视为相对独立的教育技术的应用能力。这种研究视野对于高校信息化教学的专业发展会有相对的局限性，需要进行反思。Goodyear 等学者从时代驱动下的学习技术环境变革入手，从在线学习如何融入传统教学的过程这个方面研究高校教师的信息化教学能力，为我们提出了新的视角和方向；Guasch，Tai 和 Wang 等学者针对这种高校教师信息化教学的必备研究能力构建了能力标准指导下的教师培训项目，这对于高校教师信息化教学应用的普及和推广具有重要的现实作用，需要予以关注。因此，我们可以得出这样一个研究起始问题：对于高校教师教学最大的挑战在于学习技术环境飞速变革所导致的学习方式变革，因此教师传统教学能力不能满足数字时代学生的学习诉求，这就要求要从数字时代考虑对教师信息化教学环境下教学能力进行重构。

二、教师信息化教学能力研究重要中文文献分析

我们选择中国知网的 CSSCI 数据库，以"教师教学能力""信息化教学能力""数字化教学能力""信息技术应用能力""教育技术能力""互联网＋教学"为关键词按照"篇名"进行检索，检索时间截止到 2019 年 12 月

① WANG Y, WANG Y X, STEIN D, et al. Examining Chinese beginning online instructors' competencies in teaching online based on the activity theory [J]. Journal of computers in education, 2019, 6 (3): 363 – 384.

30 日，经过筛选，剔除不相关文献，共获取有效中文文献 210 篇。我们按照基础教育和高等教育两个领域对上述文献进行了分类统计，其中基础教育领域文献为 172 篇，高等教育领域文献为 38 篇。我们按照 2002—2013 年、2014—2016 年和 2017—2019 年等三个不同的时间段来对基础教育和高等教育领域中的教师信息化教学研究中文文献进行统计分析，结果如表 2 - 6 所示。

表 2 - 5　教师信息化教学研究中文文献分类

类别	各时期中文文献数量（比例）			总数（比例）
	2002—2013 年	2014—2016 年	2017—2019 年	
基础教育	117（55.7%）	38（18.1%）	17（8.1%）	172（81.9%）
高等教育	20（9.5%）	14（6.7%）	4（1.9%）	38（18.1%）

按照上述分类，我们可以发现，基础教育领域的文献占了大多数，比例达到了文献总数的 81.9%，高等教育领域文献中的研究总量不到 20%，说明中文文献更加关注中小学教师的信息化教学发展问题，对高等教育领域教师的信息化教学关注度不高。针对中文文献的这种研究发展趋势，我们有必要分别从基础教育领域和高等教育领域对其内容展开分析。

（一）对基础教育领域文献研究的内容分析

由于我们获取的 210 篇中文文献中，研究基础教育教师信息化教学能力的占据了绝大多数，因此首先对基础教育的相关文献研究现状进行综述性分析，以此来为研究高校教师的信息化教学能力提供借鉴。从这 172 篇文献的整体内容来看，可以从四个阶段来区分基础教育领域针对教师信息化教学发展的研究状况。

第一阶段的研究：从 2002 年到 2008 年，以构建中国的中小学教师专业信息化教学能力标准——《中小学教师教育技术能力标准（试行）》为基本目标，何克抗①、祝智庭②、顾小清③、闫寒冰④等大批教育技术学者针对中小学教师的教育技术能力标准开展了深入的研究与实践应用，系统阐述了教师教育技术标准的内涵、课程教材和培训发展项目，并开始探索利用更为先

---

① 何克抗. 关于《中小学教师教育技术能力标准》[J]. 电化教育研究, 2005 (4)：37 - 40, 44.
② 祝智庭，黎加厚. 走向中国教育改革实践的英特尔未来教育 [J]. 电化教育研究, 2003 (4)：3 - 8, 13.
③ 顾小清. 信息时代的教师专业发展：理念、方法 [J]. 电化教育研究, 2005 (2)：35 - 39.
④ 闫寒冰，褚文培. 教师远程培训模式的研究与实践 [J]. 中国电化教育, 2004 (11)：19 - 22.

进的远程学习方式来提升教师的信息化教学专业素养，充分体现了这一阶段信息技术与课程整合中教师应用信息通信技术（ICT）能力的发展特征。

第二阶段的研究：从 2009 年到 2013 年，部分学者受到国外 TPACK 整合框架的影响，开始反思教育技术能力标准驱动的发展路径，认为教师从单一的教育技术专业标准并没有有效深入到课程层面，需要构建教师信息技术深入到学科教学内容知识体系。这个阶段以赵健①、郭绍青②、王卫军③、杨宁④等针对信息化教学能力的研究最具代表性，提出了将信息技术深入于课程教学实践的发展体系，但研究实践内容始终没有脱离职前师范生教育技术课程体系的束缚，面向在职教师的信息化教学能力实践体系研究仍然存在着较明确的不足。

第三阶段的研究：从 2014 年到 2016 年，学者们以构建面向数字时代的能力标准"中小学教师信息技术应用能力"为主要目标，开发面向在职中小学教师的课程培训教材和培训项目，并进一步创新教师培训发展的方式与方法。这一阶段以祝智庭⑤、郭绍青⑥、张屹⑦等学者的研究为主要代表。他们从教师能力水平现状、标准内涵、培训教材与培训发展等内容进行了系统性研究，以该标准为代表的教师能力研究成为当时中小学领域学者研究的主流范式。虽然从实践效果来看，中小学信息技术应用能力已经被纳入"国家中小学教师培训项目体系"，信息技术应用能力也被视为中小学教师开展教学的必备技能，但是从部分学者对这一阶段的实践反思来看，结果并不尽如人意。如左明章等⑧在 2016 年对信息技术应用能力的国培项目进行了反思性的思考，指出现有的教师培训对于培训后期教师实际应用技术的状况没有持续跟踪，需要将理论学习、教学实践、集中培训和日常的教学教研进行有效的贯通。

第四阶段的研究：从 2017 年至今，以互联网为特征的教与学变得更

---

① 赵健，郭绍青. 信息化教学能力研究综述 [J]. 现代远距离教育，2010 (4)：28 – 31.

② 郭绍青，张乐，陈莹. 网络环境支持的参与式教师培训策略研究 [J]. 中国电化教育，2011 (12)：28 – 33.

③ 王卫军. 教师信息化教学能力发展策略研究 [J]. 电化教育研究，2012 (5)：103 – 109.

④ 杨宁. 面向信息化的教师专业知能现状调查与培训思考：基于福建省中小学骨干教师教育技术能力现状的调查 [J]. 电化教育研究，2009 (4)：93 – 96.

⑤ 祝智庭，闫寒冰. 《中小学教师信息技术应用能力标准（试行）》解读 [J]. 电化教育研究，2015，36 (9)：5 – 10.

⑥ 郭绍青. 《中小学教师信息技术应用能力培训课程标准（试行）》解读 [J]. 电化教育研究，2015，36 (9)：11 – 15.

⑦ 张屹，马静思，周平红，等. 中小学教师信息技术应用能力现状及培训建议 [J]. 中国电化教育，2015 (1)：104 – 110.

⑧ 左明章，卢强，雷励华. 困惑与突破：区域教师信息化教学能力培训实践研究 [J]. 中国电化教育，2016 (5)：104 – 111.

加突出，学习环境也变得更加智能，这就使得教师的专业能力发展进入了全新的阶段。《教育信息化2.0行动计划》的出台进一步助推教师信息化教学应用的深度融合。其中，张屹①、魏非②、孔晶③、杜玉霞④等基于中小学教师信息技术应用能力标准，分别开始依托教师发展培训项目，提出了更为深入的实证研究和理论思考，使得中小学教师的信息化教学能力更加突出"互联网＋"的特色，并开始基于新兴的信息技术，构建大数据支持下的教师发展与测评体系，由此来构建更为实证的能力发展路径。此外，部分学者开始研究一些伴随时代发展而新生长的信息化教学能力。如尹睿等⑤在2018年就提出将设计思维作为一种教师面向复杂学习环境变革的能力，这为教师开展信息技术融合式的教学创新提供了新思路；衷克定等⑥在2019年基于教师网络培训平台的学习数据，对教师信息化教学能力不同维度的阶段发展特征进行了深入研究，为我们基于教育数据来研究教师信息化发展提供了借鉴。

在这个阶段，我们也发现国内学界开始更为关注职前师范生的能力发展建设，其中教育部教师工作司司长任友群教授牵头建设的《师范生信息化教学能力标准》，为教师适应未来教与学的变革提供了准备⑦，面向该标准的师范生信息化教学能力的项目实践与测评分析开始成为重要的研究内容。如周东岱等⑧基于新标准对当前师范生的信息技术应用能力水平现状进行了调查分析，闫寒冰等⑨构建了具有较高信效度的针对职前师范生的测评工具。

---

① 张屹，陈蓓蕾，范福兰，等. 基于实证测评的教师信息技术应用能力提升发展规划研究：以广东省惠州市某区为例 [J]. 中国电化教育，2017 (4)：31－40.
② 魏非，闫寒冰，祝智庭. 基于微认证的教师信息技术应用能力发展生态系统构建研究 [J]. 电化教育研究，2017 (12)：92－98.
③ 孔晶，赵建华. 教师信息技术应用能力发展模型及实现路径 [J]. 开放教育研究，2017，23 (3)：87－95.
④ 杜玉霞. 基于"互联网＋"的中小学教师信息化教学能力提升研究 [J]. 中国电化教育，2017 (8)：86－92.
⑤ 尹睿，张文朵，何靖瑜. 设计思维：数字时代教师教学能力发展的新生长点 [J]. 电化教育研究，2018 (8)：109－113，121.
⑥ 衷克定，王慧敏. 基于在线平台数据分析的教师教学能力发展阶段探究 [J]. 现代远程教育研究，2019，31 (3)：49－56.
⑦ 任友群，闫寒冰，李笑樱.《师范生信息化教学能力标准》解读 [J]. 电化教育研究，2018 (10)：5－14，40.
⑧ 周东岱，匡哲君，于颖，等. 基于新标准的师范生信息技术应用能力现状与提升策略 [J]. 中国电化教育，2017 (7)：42－46，66.
⑨ 闫寒冰，李笑樱，任友群. 师范生信息技术应用能力自评工具的开发与验证 [J]. 电化教育研究，2018 (1)：98－106.

（二）对高等教育领域文献研究的内容分析

我们获取的中文文献中，研究高等教育教师信息化教学能力的一共有38篇，以下按照时间发展顺序对相关研究的阶段特点和不同内容展开分析。

（1）高校教师教育技术能力的相关研究。

中文文献中，最早有关教师信息化教学能力的研究是张一春等①在2004年发表的有关高校教育技术能力标准模型构建的文章。文中提出可以借鉴国内外中小学教师教育技术能力标准，从技术、资源和教学等三个方面对高校教师教育技术能力结构与要求进行系统性的论证。

马宁等②的研究提出了《国家高校教师教育技术能力指南》，由全国高校教育技术协作委员会推出，用于指导各高校现代教育信息技术中心的教师教育技术能力培训工作，为高校现代教育信息技术中心技术人员和教师的培训工作提供了支持。该指南在此后几年间成为国内高校开展教育技术能力相关工作的研究依据，高校很多学者都依据该标准开展了有针对性的教师专业能力发展工作。例如：陶祥亚等③在《国家高校教师教育技术能力指南》基础上，设计开发了高校教师教育技术能力评价体系；杨琳④在分析《美国中小学教师的教育技术能力标准（NETS. T－2008）》和《国家高校教师教育技术能力指南》的基础上，结合Web 2.0的技术特点设计了Web 2.0背景下的高校教师教育技术能力评价指标；方明建⑤、张晓娟等⑥也纷纷在该指南基础上对高校教育技术能力培训模式进行了设计与应用实践。与此同时，部分学者对教师信息化教学能力的结构特点进行了相关研究，尝试构建高校教师将信息技术有效整合于教学的能力结构，但是从研究结论来看，主要还是依据了教育部提出的《中小学教师教育技术能力标准（试行）》，而且研究的能力指标也没有超越《国家高校教师教育技术能力指南》的范畴。因此，可以说，高校对于教师教育技术能力的研究与探索，为教师信息化教学能力的

---

① 张一春，杜华，王琴，等. 高校教师教育技术能力标准的模型建构之研究 [J]. 中国电化教育，2004（5）：26－30.

② 马宁，陈庚，刘俊生，等.《国家高校教师教育技术能力指南》的研究 [J]. 远程教育杂志，2011（6）：3－9.

③ 陶祥亚，江卫东，樊华. 高校教师教育技术能力评价体系研究 [J]. 中国大学教学，2010（11）：78－80.

④ 杨琳. 基于Web 2.0的高校教师教育技术能力评价指标体系研究 [J]. 中国电化教育，2013（1）：57－62.

⑤ 方明建. 基于成人学习理论的教师信息化教学能力培养原则和模式研究 [J]. 现代教育技术，2012，22（10）：33－36.

⑥ 张晓娟，胡承军，侯建民. TfU在高校教师教育技术能力培训中的应用研究 [J]. 现代教育技术，2012，22（9）：50－52.

研究在特定阶段发挥了重要作用，但是这种教育技术能力指标体系下的教师发展并没有将能力有效指向学科教学的应用实践层面。

（2）高校教师信息化教学能力发展凸显的新问题。

随着研究的深入，部分学者开始从高校教师信息化教学的实践状况和实际水平入手开展深入的调查研究。例如李雨潜①对大学教师信息化教学能力应用水平进行了调查，梁云真等②对职业院校教师信息化教学能力进行了水平分析。

但从研究的结论来看，对于技术应用的维度关注过多，而缺乏对于信息通信技术融入课程教学的知识、能力与素养层面的深入分析。由此产生了高校教师信息化教学能力研究的新问题：如何构建有效的信息化教学能力发展框架，并促进教师将信息技术与课程教学的融合深入于教学实践之中。这也是教育变革发展要直面的核心问题。

（3）高校教师信息化教学能力特征的新诠释。

部分学者在近年来也结合数字社会发展的时代背景，对当前高校教师信息化教学的能力特征进行了新的诠释。王竹立等在 2015 年从智能手机融入大学课堂教学的视角，分析了互联网时代教师教学的新思维和自我提升的新途径③；李颖在 2015 年结合英语课堂教学实践经验，对适合英语课程的翻转课堂教学任务与活动的各个环节进行了分析，由此提出了翻转课堂下英语课程教师教学能力维度的变化④；王胜清等在 2015 年尝试构建促进高校教师开展 MOOC 教学的能力提升培训体系，设计开发了模块化的培训课程，从 MOOC 平台技术操作、MOOC 教学设计、资源制作、MOOC 在线教学能力和翻转课堂教学能力等五个层面开展培训工作⑤；严文蕃等在 2016 年结合美国互联网时代的教学创新，提出教师如何应用慕课和翻转课堂应对教学的挑战，以此来促进学习者深层次的学习⑥；张广君在 2016 年提出教学与互联网有机融合，基于并超越技术属性，不仅生成了新的教学关系，更创造了新的

---

①　李雨潜."互联网＋"背景下师范大学教师信息化教学能力现状调查［J］. 中国大学教学，2016（7）：87－91.

②　梁云真，蒋玲，赵呈领，等. 职业院校教师信息化教学能力现状及发展策略研究：以 W 市 5 所职业院校为样本［J］. 电化教育研究，2016（4）：107－113.

③　王竹立，李小玉，林津. 智能手机与'互联网＋'课堂：信息技术与教学整合的新思维、新路径［J］. 远程教育杂志，2015（4）：14－21.

④　李颖. 高校外语翻转课堂中的教师教学能力研究［J］. 中国外语，2015，12（6）：19－26.

⑤　王胜清，冯雪松. 面向教师教育技术能力提升的 MOOC 培训课程体系设计与实践［J］. 中国远程教育，2015（2）：56－60.

⑥　严文蕃，李娜. 互联网时代的教学创新与深度学习：美国的经验与启示［J］. 远程教育杂志，2016（2）：26－31

教学形式,其间多元的深度融合、教学系统与环境的平滑开放以及各类新型关系的可持续生成,正是这一轮基于新一代信息技术的教学变革的根本亮点①。

上述这些对于高校教师信息化教学特征的全新阐释,为笔者确定研究的主要内容和重点研究方向提供了理论借鉴。在此基础上,笔者及韩锡斌在2017年提出了数字时代教师教学能力的标准框架,针对高校教师信息化教学能力的结构与发展阶段特征进行了深入的研究,提出了高校教师信息化教学发展的理论路径②。

从2017年开始,笔者针对高校教师信息化教学研究又进行了汇总,部分学者针对互联网特征下教与学的变革特征做出了趋势性的分析。如李芒等在2017年从"互联网+"的时代特征论述了高校教师的教学价值、教学个人内在财富、精准定制、孵化成功和"持续—全景—卓越"等五个特征③;高瑜珊和汪琼在2017年从教师培训发展视角入手,针对MOOC如何有效提升高校教师的教学能力进行研究,对9门课程参与培训教师的学习体验和课程效果进行了实证性分析研究④;李爽和林君芬在2018年从"互联网+教学"的教学范式结构变革出发,提出"互联网+教学"要推动教学范式的转变与创新,技术驱动的改革要深入引发教学思维与观念的转变,突破传统的思维与观念束缚,形成引领技术环境下的教学理论与实践上的系统性变革⑤。

剩下的研究文献主要是笔者和所在研究团队的一些成果,包括针对高校教师信息化教学的结构框架特征,从有效的测评工具的研制出发,对全国高校教师信息化教学能力水平发展状况进行分析,针对高校教师参与信息化教学培训后的教学迁移应用状况进行分析,从而为高校教师信息化教学关键能

① 张广君.“互联网+教学”的融合与超越[J]. 教育研究,2016(6):12-14.
② 葛文双,韩锡斌. 数字时代教师教学能力的标准框架[J]. 现代远程教育研究,2017(1):59-67.
③ 李芒,周溪亭,李子运.“互联网+”时代高校教师的教学新理念[J]. 中国电化教育,2017(2):1-4.
④ 高瑜珊,汪琼. 教师教学能力提升类MOOC的探索与实践[J]. 电化教育研究,2017(10):124-128.
⑤ 李爽,林君芬.“互联网+教学”:教学范式的结构化变革[J]. 中国电化教育,2018(10):31-39.

力结构维度的构建进一步进行实证性的研究分析①②③。

　　因此，通过对教师信息化教学能力国内外文献研究进展的分析，笔者初步推论：基础教育领域教师教学能力研究相对成熟，步伐较快，而且目前针对数字信息社会下技术驱动教学的新特点，国内外已经从中小学教师的信息化教学标准、培养及能力发展等方面进行了系统性的重构。而在高等教育领域，教师教学能力研究虽然是重点内容，但是涉及信息化教学方面的研究并不多见，只有少数国外学者在针对新技术环境驱动教学变革的维度下做出了一些尝试。国内目前针对高校教师信息化教学能力的研究更多停留在单纯教育技术学科特征下的技术应用层面，缺少技术变革课程教学实践的相关思考。开展基于数字时代下教师信息化教学能力的研究已经成为时代的使命，对于未来的教与学具有重要的理论与现实意义。

---

① 葛文双，韩锡斌. 数字时代高校教师教学能力测量问卷研究［J］. 电化教育研究，2017，38（6）：123 - 128.

② 韩锡斌，葛文双. 中国高校教师信息化教学能力调查研究［J］. 中国高教研究，2018（7）：53 - 59.

③ 姜蔺，韩锡斌. 高校教师信息化教学能力培训迁移的分析框架［J］. 中国电化教育，2018（4）：17 - 25.

第三章　高校教师信息化教学能力的研究问题和方法

本章主要对高校教师信息化教学能力的研究问题、方法和思路进行阐述，运用定量与定性相结合的混合研究方法，通过问卷调查、访谈以及网络教学平台跟踪教师培训和课程教学应用进行数据采集，基于设计的研究范式开展高校教师信息化教学能力实证发展探索。

第一节　研究问题

从对与高校教师教学能力相关的文献的综合分析中，笔者发现：高校教师教学能力的结构、标准、测量方法以及教学发展的实践路径是该研究领域的关键性问题。结合当前教育信息化进程发展的实际背景，笔者将研究重点关注于与高校教师信息化教学能力结构框架相关的以下三个问题。

（1）在数字化或信息化环境中，高校教师开展信息化有效教学实践的能力包括哪些结构性的维度特征？我们能否从中总结出具有数字时代特征的教师信息化教学能力结构维度？

（2）基于高校教师信息化教学能力结构框架的四个维度，能否设计开发有信效度的教师信息化教学能力水平测量问卷？应用采集的样本数据能否建构研究预设的四维度因子能力模型，从而证明研究理论的合理性和可行性？

（3）基于高校教师信息化教学能力结构框架构建的教师混合教学改革培训项目，能否有效提升教师混合环境下的教学能力，并促进教师开展有效的混合教学实践？

第二节　研究方法

一、定性与定量相结合的混合研究

美国学者 Johnson 和 Onwuegbuzie 在 2004 年提出在同一种研究中可以采用定性与定量研究相结合的技术，这是以实用主义为基础提出的概念方法，主张以实际问题为导向来选择独立研究方法，强调对于真实世界的改变，从不同方法和设计路径来对同一现象结果进行确认[①]。Bryman 在 2008 年针对部分期刊文献进行了研究分析，发现大多数融合定量和定性的研究是为了使用多种方法来采集更多的数据以提升研究水平，使用混合研究方法将使得研究的解释更加全面，并通过混合方法的三角测量，使之间的发现相互确认与证实[②]。传统研究往往认为两者之间是不能够互相融合的，而混合研究方法则提出两种方法有不同的研究倾向，定量方法更加注重通过收集客观世界的资料来解释问题，定性研究则更加强调意义解释与研究的动机与目的，适当地将这两种方法结合往往可以拓展研究的广度和深度。

（一）混合研究方法的概念

从教育研究方法的历史演进来看，可以归纳为四类典型的研究：第一种是基于哲学思辨式的方法，第二种是基于定量的方法，第三种是基于质性的方法，第四种就是将定量和定性相互结合的混合研究方法。Bergman 在 2008 年提出，关于定量和定性的方法分工应当被抛弃，需要将两者进行结合，由此提出了混合研究方法的应用原则：一是区分数据的收集与分析方法，对两种方法采集的数据进行分类处理；二是根据具体问题和目标来合理搭配相关的研究数据[③]。因此，混合研究方法可以被视作一种多策略的设计研究，在一种研究中可以收集、分析和整合包括定性和定量的数据，可以包括半结构

---

① JOHNSON R B, ONWUEGBUZIE A J. Mixed methods research: a research paradigm whose time has come [J]. Educational researcher, 2004, 33 (7): 14 - 26.

② BRYMAN. Why do researchers integrate/combine/mesh/blend/mix/merge/fuse quantitative and qualitative research? [M] //BERGMAN. Advances in mixed methods research: theories and applications. London: Sage, 2008, 87 - 100.

③ BERGMAN. The Straw Men of the Qualitative: quantitative divide and their influence on mixed methods research [M] //BERGMAN. Advances in mixed methods research: theories and applications. London: Sage, 2008, 11 - 21.

化访谈或工作场所测量的数据，从更多特殊维度进行多视角的数据采集，可以被认为是在一种研究中融合了多个定性或定量的方法集①。

（二）混合研究方法的类型

Creswell 和 Clark 在 2007 年将混合研究方法根据定量与定性的整合形式，提出了四种主要的设计类型②。

（1）三角互证设计：三角互证设计是指一个特定阶段的研究设计，在该设计中研究者同时、同等地使用量化和质性的方法，即收集量化和质性数据是同时进行的，针对同一主题采用不同而又相辅相成的数据来形成研究结论③。

（2）嵌套设计：嵌套型的混合设计方法，要求在量化和质性研究中选择一种作为主要方法，而将另一种方法作为辅助。这种研究方法没有优先次序，只是将另一种辅助研究方法插入到主要研究方法之中。采用这种研究设计，实质上主要是因为一种研究方法提供的数据信息可能不够充分，需要其他方法辅助采集数据来进一步完善研究结论④。

（3）顺序解释设计：是指采用质性研究的数据来进一步帮助解释量化数据的研究结论。在研究过程中，一般会优化使用量化研究方法来收集和分析数据，得出初步的结论；在此基础上，研究者进一步采用质性研究的方法对上一个阶段的研究结论进行验证，使用定性的研究结果进一步解释上述定量的结果⑤。这种顺序解释型的设计比较容易实施，但是也存在一定的问题。比如，由于这两个相对独立的阶段都需要研究者花费相当长的时间进行数据收集、分析和处理，因此这种研究就显得比较耗时和复杂，对研究者的能力要求较高。

（4）顺序探索设计：同顺序解释设计具有非常相似的特征，一般也是分为前后两个阶段实施。与顺序解释设计不同的是，这一方法首先对质性研究数据进行采集、处理和分析，在这个基础上再进行量化数据的采集与处理⑥。

---

① SCHIFFERDECKER K E, REED V A. Using mixed methods research in medical education: basic guidelines for researchers [J]. Medical education, 2009, 43 (7): 637 –644.

② CRESWELL J W, CLARK V L P. Designing and conducting mixed methods research [M]. London: Sage , 2007: 5.

③④ 张绘. 混合研究方法的形成、研究设计与应用价值：对 "第三种教育研究范式" 的探析 [J]. 复旦教育论坛, 2012, 10 (5): 51 –57.

⑤ FISHER J, KINNEAR M, REID F, et al. What supports hospital pharmacist prescribing in Scotland? A mixed methods, exploratory sequential study [J]. Research in social and administrative pharmacy, 2018, 14 (5): 488 –497.

⑥ ROSENKRANZ S K, WANG S Y, HU W. Motivating medical students to do research: a mixed methods study using self-determination theory [J]. BMC Medical education, 2015, 15 (1): 95.

这就使得质性方法在顺序探索研究中成为先导性的方法，而其后使用的量化方法进一步弥补质性方法中的客观性不够的缺点，可以对研究结论进行更好的整合处理。这种设计适用于探究教育现象的研究，对于研究一些新的问题提供了更好的帮助，并且也能够为一些新的研究领域发现创新的观点与问题。

二、基于设计的研究

基于设计的研究（design-based research）最早是美国学习科学领域在20世纪90年代初期兴起的一种新型研究范式，它强调将教育实证研究与理论驱动的学习环境设计融合在一起，是理解教育革新如何、何时以及为何在实践中起作用的重要方法论[①]。

（一）基于设计研究方法的概念

美国西北大学艾伦·柯林斯（Allen Collins）和加州大学伯克利分校安·布朗（Ann L. Brown）最早提出了基于设计研究的方法范式。早期他们将"基于设计的研究"称为"设计性实验"，这种设计性实验将课堂作为学习工作场所的概念变为了一个学习与理解的共同体。Blessing 和 Chakrabarti 在2009年将基于设计的研究视为一种方法或一系列支持性的方法与原则[②]。基于设计的研究摒弃了实验室条件下对媒体有效性的论证，探索在真实情境中整合技术和教学法的途径，以设计作为探究的手段，强调理论、情境和设计的结合，在形成性的过程中阐明有效的设计原则，具有更好的教育教学指导价值[③]。

（二）基于设计研究方法的特征

沙弗森（Shavelson）等在2003年提出了基于设计研究的主要特征，提出设计性研究具有迭代性、干预性和过程性的特点，并且强调研究者与实践者之间的合作对实践和理论都有成果性的产出贡献[④]。国内外的研究者对基于设计研究方法在教育应用中的基本特征达成了共识，将其基本特征总结为如下六个方面：第一，强调对于真实教育情境中引发的有意义变化，进行有

① 王文静. "基于设计的研究"在美国的兴起与新发展 [J]. 比较教育研究, 2009, 31（8）: 62 – 66.

② BLESSING L T M, CHAKRABARTI A. DRM, a design research methodology [M]. London: Springer-Verlag, 2009: 13 – 18.

③ 韩锡斌, 程建钢. 教育技术学科的独立性与开放性：斯坦福大学学习科学兴起引发的思考 [J]. 北京大学教育评论, 2013, 11（3）49 – 64.

④ SHAVELSON R J, PHILLIPS D C, TOWNE L, et al. On the science of education design studies [J]. Education researcher, 2003, 32（1）: 25 – 28.

效的干预；第二，教育研究者与实践者需要一起进行合作实践，形成良好的研究共同体；第三，教育设计研究是一个设计、实施、评价和完善的迭代性发展循环；第四，教育设计研究强调通过构建有力的干预模型，来促使研究过程更加清晰；第五，教育设计研究强调实证主义，关注具有教育实践倾向的研究，期望能够形成具有理论导向和实践借鉴的总结产出，能够对他人在应用时进行指导；第六，教育设计研究并不仅仅是解决一个具体情境的特定问题，还关注对于普遍意义的教学理论研究，期望通过研究一系列有意义的教学问题，通过应用推广的创新性实践，形成重要的理论成果①。

（三）基于设计研究方法的实施过程

基于设计的研究针对教育实践中的复杂问题，开发基于研究的解决方案，针对教育与学习的实践过程，发展和形成相关的理论，并形成一个系统性迭代的循环设计过程②。McKenney 在 2001 年提出设计性的研究过程③，如图 3 – 1 所示。

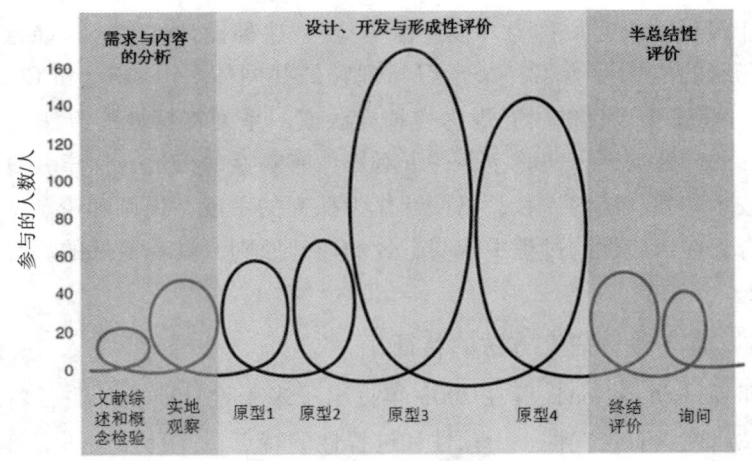

图 3 – 1　基于设计的研究过程

①　DISESSA A A，COBB P. Ontological innovation and the role of theory in design experiments ［J］. Journal of the learning sciences，2004，13（1）：77 – 103.

②　GUSTAFSON K L，BRANCH R M. Survey of instructional development models ［M］. 4th ed. Syracuse：ERIC clearinghouse on information & technology，2002：55 – 56.

③　MCKENNEY S. Computer-based support for science education materials developers in Africa：exploring potentials ［D］. Enschede：University of Twente，2001.

2012 年，McKenney 和 Reeves 进一步提出了教育设计研究的实施解决方案[①]，主要有以下几点：第一，项目介绍，包括项目名称、研究者和相关参与者、关键词和实施性摘要；第二，项目内容，包括阐明主要背景和实施问题，研究目的、目标和范围，针对研究做好文献综述，初步形成理论框架，最后提出研究问题；第三，研究设计，主要包括研究目标与思路、研究具体方法（研究对象、研究工具、研究过程和数据分析）；第四，研究参考、推广性和研究设计上的局限；第五，研究实施的步骤计划与经费预算；等等。

第三节　研究设计

首先，本研究从理论视角提出了数字时代高校教师信息化教学能力的结构框架，包括信息通信技术（ICT）融入教学的意识、信息通信技术（ICT）融入教学的素养、信息通信技术（ICT）融入教学的能力和信息通信技术（ICT）融入教学的研究等四个能力维度，按照应用、深化和创新等三个不同发展阶段实现专业能力的不断提升。

其次，本研究依据数字时代高校教师信息化教学能力的结构框架，开发了"数字时代高校教师信息化教学能力测量问卷"。2015 年 5 月，笔者对该测量问卷进行了测试，在 2016 年 7 月至 2017 年 1 月的教师培训项目中对参与培训项目的教师进行了问卷样本调查，研究结果表明：该问卷具有较好的信效度结构，由此建构了"信息通信技术（ICT）融入教学的意识—素养—能力—研究"的四维度因子结构模型，进一步验证数字时代高校教师信息化教学能力结构框架的合理性。

最后，本研究依据能力结构框架，启动了"清华教育在线"高校混合教改背景下教师信息化能力提升培训项目，通过 2016 年 1 月至 2017 年 1 月两个阶段 24 所院校的迭代实践应用，不断优化、完善了教师培训项目的内容和模式，并对参与培训项目教师开展混合教学应用的实践效果进行了迁移效果分析。通过培训项目的有效实践，进一步表明以能力结构框架建构的教师培训项目可以有效提升高校混合教学改革背景下的教师信息化教学能力。

---

① MCKENNEY S，REEVES T C. Conducting educational design research ［M］. London：Routledge Taylor & Francis Group，2012：78.

一、研究对象

本研究的对象为参与混合教学改革实验学校的教师，主要分为两部分：

（1）数字时代高校教师信息化教学能力测量问卷的研究对象：研究选取了来自山东、广西、福建、陕西、内蒙古、新疆、甘肃、河北、宁夏、重庆、新疆、广东、北京、湖北、浙江、江苏、辽宁、安徽等18个省、直辖市或自治区的28所院校，问卷试测阶段参与教师231名，样本调查阶段参与教师1 147名。

（2）高校混合教学改革背景下教师信息化教学能力提升项目的研究对象：第一轮从2016年1月—8月，参与培训项目的为15所院校的351名教师；第二轮从2016年10月—2017年1月，参与培训项目的为9所院校的223名教师。

二、数据收集

本研究将问卷调查、教师访谈和教师参加在线培训的网络教学平台作为研究数据的收集工具，包括数字时代高校教师信息化教学能力测量问卷、第一轮教师混合教学培训效果反馈表、第二轮教师混合教学培训效果反馈表、访谈数据和高校教师在线培训的网络教学平台学习记录。

（1）数字时代高校教师信息化教学能力测量问卷。

问卷（原始版）包括教师基本信息（见表3-1）和教师信息化教学能力水平测量（见表3-2）两部分。

表3-1 教师基本信息

题目	题项
A4 性别	A. 男 B. 女
A5 民族	A. 汉 B.（填写）：＿＿＿＿＿＿＿
A8 教龄	A. 1~5年 B. 6~10年 C. 11~15年 D. 15年以上
A9 学历/学位	A. 本科 B. 硕士 C. 博士 D. 其他：＿＿＿＿＿
A10 职称	A. 初级 B. 中级 C. 副高 D. 正高
A11 是否获得教学荣誉	A. 国家级教学名师 B. 省级教学名师 C. 校级名师 D. 无
A12 任教学科、专业	（填写）：＿＿＿＿＿＿＿＿＿＿＿＿＿＿＿＿＿＿
A13 电子邮箱	（填写）：＿＿＿＿＿＿＿＿＿＿＿＿＿＿＿＿＿＿
A14 学校	（填写）：＿＿＿＿＿＿＿＿＿＿＿＿＿＿＿＿＿＿

表 3 - 2 教师信息化教学能力水平测量维度和题项

维度	题目
意识	Aw1 我目前信息化教学应用水平与效果非常好
	Aw2 我愿意应用信息通信技术（ICT）来改善自身的教学
	Aw3 我应用适当信息化教学方法提升效率与质量
	Aw4 我设计开发的混合课程对学生的培养作用显著
	Aw5 我对混合教学的认识与理解非常深刻
素养	A1 我利用互联网检索、查询教学资源的熟练程度
	A2 我使用信息化办公工具软件的熟练程度
	A3 我对教室多媒体数字设备的操作使用程度
	A6 我根据教学需要选择合适技术去呈现不同内容的应用效果
	A7 我使用知识管理工具（如思维导图软件）的熟练程度
	A15 我使用网络教学平台建设在线课程栏目与学习单元的应用程度
	A18 我为自己课程设计、开发适合多种数字终端微视频资源熟练程度
	A19 我为自己课程设计、开发适合多种数字终端课件资源熟练程度
	A27 我使用网络教学平台上传微视频、文本等教学资源的熟练程度
	A28 我使用网络教学平台添加讨论区、小调查等教学活动的熟练程度
能力	A16 我有效使用课程评价技术的熟练程度
	A17 我为自己课程进行混合教学设计的应用程度
	A20 我使用合适技术对不同水平学生给予个性化指导的应用程度
	A21 我在自己教学过程中及时获取学生反馈信息的应用现状
	A22 我使用各种在线测试、作业对课程学习效果进行评价的应用程度
	A26 我在自己课程中针对项目合作任务实施多元评价的应用状况
	A29 我运用网络教学平台手机端 APP 来组织教学活动的熟练程度
	A30 我在自己教学中开展合作学习或项目化教学的应用状况
	A31 我在自己课堂教学中使用混合式教学、翻转课堂等方法的状况
	A34 我自己设计运行一门在线课程的熟练程度
	A35 我使用社会媒体组织学习交互的效果

续上表

维度	题目
研究	A23 我利用互联网开展专业化学习和关注行业发展动向的情况
	A24 我利用数据分析学生的知识与技能掌握程度的情况
	A25 我利用各种电子评价或分析系统提取分析学生学习行为与效果的应用效果
	A32 我对自身信息化教学实践进行反思、改进的实施状况
	A33 我同本学科专业的教师就信息化教学问题进行交流的频率
	A36 我利用各种技术、方法策略丰富自身专业研究能力的情况

（2）第一轮教师混合教学培训效果反馈表。

设计此表是针对 2016 年 1—8 月第一轮培训的实施过程进行效果调查，以进一步改进培训内容与培训模式（见表 3-3）。

表 3-3　第一轮教师混合教学培训效果反馈表

1. 您认为本次培训的科学性和完整性如何？［单选题］

A. 非常好　B. 比较好　C. 一般　D. 不好　E. 非常不好

2. 您认为本次培训内容的先进程度如何？［单选题］

A. 非常好　B. 比较好　C. 一般　D. 不好　E. 非常不好

3. 您对本次培训内容的教学组织与教学方式如何评价？［单选题］

A. 非常好　B. 比较好　C. 一般　D. 不好　E. 非常不好

4. 您对本次培训的日程安排如何评价？［单选题］

A. 非常好　B. 比较好　C. 一般　D. 不好　E. 非常不好

5. 您认为培训中混合教学理念部分的效果如何？［单选题］

A. 非常有效　B. 比较有效　C. 一般　D. 帮助不大　E. 基本无效

6. 您认为培训中混合设计部分的效果如何？［单选题］

A. 非常有效　B. 比较有效　C. 一般　D. 帮助不大　E. 基本无效

7. 您认为培训呈现的课程优秀案例介绍部分的效果如何？［单选题］

A. 非常有效　B. 比较有效　C. 一般　D. 帮助不大　E. 基本无效

8. 您认为培训中混合课程建设部分的效果如何？［单选题］

A. 非常有效　B. 比较有效　C. 一般　D. 帮助不大　E. 基本无效

9. 您认为培训中网络教学平台相关技术对您是否有帮助？［单选题］

A. 非常有效　B. 比较有效　C. 一般　D. 帮助不大　E. 基本无效

续上表

10. 您认为培训中教学应用汇报与专家指导是否有帮助？［单选题］

A. 非常有效　B. 比较有效　C. 一般　D. 帮助不大　E. 基本无效

11. 您感觉培训后哪部分内容收获最大？［多选题］

A. 混合教学理念　B. 混合课程设计　C. 网络教学平台相关技术应用

D. 混合课程建设　E. 混合教学应用汇报与指导　F. 课程优秀案例介绍

12. 培训内容和安排方面您还有哪些需求？（感谢您留下宝贵意见）＿＿＿＿＿

＿＿＿＿＿＿＿＿＿＿＿＿＿＿＿＿＿＿＿＿＿＿＿＿＿＿＿＿＿＿＿＿＿＿＿＿

（3）第二轮教师混合教学培训效果反馈表。

设计此表是针对 2016 年 10 月—2017 年 1 月第二轮培训实施过程进行效果调查，以进一步优化培训内容与培训模式（见表 3－4）。

表 3－4　第二轮教师混合教学培训效果反馈表

1. 您对本次培训的总体评价如何？［单选题］

A. 非常好　B. 比较好　C. 一般　D. 不好　E. 非常不好

2. 您对混合课程优秀案例介绍如何评价？［单选题］

A. 非常好　B. 比较好　C. 一般　D. 不好　E. 非常不好

3. 您对《网络教学平台使用指南》在线微视频资源如何评价？［单选题］

A. 非常好　B. 比较好　C. 一般　D. 不好　E. 非常不好

4. 您对在线培训课程中学习内容资源如何评价？

［矩阵单选题］	非常好	比较好	一般	不太好	非常差
4.1　课程设计中前期分析的内容	○	○	○	○	○
4.2　课程设计中整体设计的内容	○	○	○	○	○
4.3　课程设计中单元导学设计内容	○	○	○	○	○
4.4　课程设计中教学目标设计内容	○	○	○	○	○
4.5　课程设计中教学资源设计内容	○	○	○	○	○
4.6　课程设计中教学活动设计内容	○	○	○	○	○
4.7　课程设计中学习评价设计内容	○	○	○	○	○
4.8　课程建设中基础信息维护	○	○	○	○	○
4.9　课程建设中整体框架的内容	○	○	○	○	○
4.10　学习单元建设中的单元导学	○	○	○	○	○
4.11　学习单元建设中的学习资源	○	○	○	○	○
4.12　学习单元建设中添加讨论区	○	○	○	○	○

高校教师信息化教学能力的结构框架与培训应用研究

[矩阵单选题]	非常好	比较好	一般	不太好	非常差
4.13 学习单元建设中添加调查问卷	○	○	○	○	○
4.14 学习单元建设中添加微视频	○	○	○	○	○
4.15 学习单元建设中添加课后反思	○	○	○	○	○
4.16 学习单元建设中添加在线测试	○	○	○	○	○
4.17 学习单元建设中布置在线作业	○	○	○	○	○
4.18 学习单元建设中的学习评价	○	○	○	○	○

5. 您对本次培训的组织与学习方式如何评价？［单选题］

A. 非常好 B. 比较好 C. 一般 D. 不好 E. 非常不好

6. 您对培训时间日程安排如何评价？［单选题］

A. 非常好 B. 比较好 C. 一般 D. 不好 E. 非常不好

7. 您希望在以后类似培训中获得什么样的内容？（可多选）

A. 信息化教学设计 B. 微课视频制作技术 C. 教学活动组织与设计

D. 学习分析与评价 E. 各类信息化教学模式方法 F. 混合课程教学实践案例

G. 信息化教学研究与实验方法 H. 信息技术工具应用资源制作、思维导图、可视化工具

I. 其他

8. 您对培训内容和安排方面还有哪些需求？（请您留下宝贵意见）_____

_____

（4）访谈数据。

该数据包括针对传统培训项目实施现状的访谈数据和针对高校教师在参与培训项目后混合教学能力发展不同阶段收集的访谈数据两部分内容。其中，前者主要针对为合作院校开展信息化教学培训的主讲教师对培训内容、实施现状和组织方式进行半结构化访谈；后者主要从教学应用意识、教学应用素养、教学应用能力和针对教学实践研究等方面进行结构化的访谈和半结构化的座谈。

（5）高校教师在线培训的网络教学平台学习记录。

因为在第二轮针对教师培训设计了"混合课程设计与开发"在线培训课程，所以可以通过教师在线培训学习数据，来确定有多少教师具备了混合课程设计与课程建设的能力。在线学习的数据字段包括：学习结果［Learning Outcome（LO）］，在线时长［Onine Time（OT）］，登录次数［Login Times（LTs）］，阅读次数［Reading Times（RTs）］，阅读个数［Reading Numbers（RN）］，视频观看个数［Video Numbers（VN）］，视频观看时长［Video

Time（VT）], 课程交互次数［Interative Times（ITs）]。

三、分析方法

本研究的定量数据主要使用问卷调查、效果反馈表和网络教学平台的课程数据，定性数据主要通过针对教师的访谈、座谈与实地观察来收集。其中，"数字时代高校教师信息化教学能力测量问卷"主要是对教师的信息化教学能力水平状况进行调查；效果反馈表主要用来收集参加混合教学能力培训的教师对于培训效果的满意度，以期改进和优化培训内容和培训模式；访谈主要对教师在开展混合教学应用中的水平程度进行测量。此外，还通过同教师座谈和对其课程应用的观察跟踪，来深入揭示教师信息化教学能力发展过程。定量数据主要通过 SPSS 20.0 和 AMOS 24.0 统计软件来进行数据特征及关系分析，而定性数据则经过编码、归纳与分类，对定量分析结果所不能反映的问题进行深层次分析呈现。

第四章　高校教师信息化教学能力结构框架的理论研究

在我们日常生活中，技术的广泛应用不仅在改变我们的生活方式，而且也深入影响着我们知识体系的构建、分布与重构。高等教育机构中目前很多有关学生学习的假设正在经受技术驱动发展的挑战。今天的高等教育机构必须要为学习者不断准备要学习的、未学习的和需重新学习的知识，并通过技术来增强学习体验，促进获得更加有效的学习效果。学习者需要在技术环境中表现出高效的学习能力、创造性解决问题的能力和在多元文化背景下有效合作沟通的能力[①]。在这样的背景下，教师的教学不再是技术与教学方法的简单叠加，而是一种面向更加复杂学习环境的技术与教学的融合式创新。"互联网＋"概念更促使移动互联网、云计算、大数据等新兴技术与传统产业结合，特别是加入教育领域后，学习环境将在技术驱动下逐渐走向智能，而与之相适应的教师教学能力的核心要素、标准框架、发展路径等关键问题都亟须做出创新性的回应[②]。

第一节　高校教师教学能力的结构要素研究

一、相关研究

教师教学能力的概念是伴随教师专业化发展而来的，针对中小学教师的

---

① LIM C，WANG T C，GU X Q，et al. Blended learning for quality higher education：selected case studies on implementation from Asia – Pacific. Paris，France：UNESCO［EB/OL］.［2016 – 12 – 20］. https：//www. researchgate. net/publication/311806838_Lim_CP_Wang_LB_Eds_2016_Blended_Learning_for_Quality_Higher_Education_Selected_Case_Studies_on_Implementation_from_Asia – Pacific_Paris_France_UNESCO.

② 葛文双，韩锡斌. 数字时代教师教学能力的标准框架［J］. 现代远程教育研究，2017（1）：59 – 67.

教师专业化研究与实践较为成熟，通过专门的职业规范、标准和相应制度来明确教师的职业地位，不断促进教师教学能力与专业精神的发展。相对而言，由于长期以来人们对于教师主体地位认识的误区和制度保障方面的乏力，在一定程度上限制了高校教师的专业化进程。

（一）国内外有关中小学教师教学能力结构的研究

从 20 世纪 60 年代开始，国内外学者就对中小学教师教学能力结构进行了较为深入的研究。Ray. H. Simpson 早在 1966 年就将教学能力划分为传授知识、组织教学和处理人际关系等三个维度①。总体来看，国内外学者主要从课程教学活动和人的心理认知这两种视角来研究中小学教师的教学能力结构。从课程教学活动视角出发，张波在 2002 年将教学能力的结构划分为教学设计能力、教学传播能力、教学组织管理能力和教学研究能力②。Renfro C. Manning 在 1998 年提出将教学能力分为教学计划制订、课堂教学管理和知识传授等三个方面的能力③。可以看出，在课程教学组织过程维度下，教师教学能力的结构要素应包括：学科专业相关的知识与技能，教学表达、书写与沟通等职业技能，以教学认知、教学设计、资源开发、教学管理和课程评价等为主体的教学方法知识，以及结合具体学科专业的教学方法。

从人的心理认知视角出发，日本学者小山悦司将教学能力划分为技术与人格两个维度，技术维度指向专业知识与技能、智谋技能和交际技能，而人格维度则指向教师感受性、决断力、灵活性、自律性和协同性，还有教育观、信念、朝气、热忱和自我教育力等动机特性④。申继亮和王凯荣在 2000 年则将教师教学能力分为智力基础、一般教学能力和具体学科教学能力三个方面，其中智力基础指向分析性、创造性和实践性思维，一般教学能力指向教学认知、教学操作和教学监控，是超越学科在任何学科都需要的教学能力，而学科教学能力是指不同类型学科在具体教学时所表现出来的"特殊性"能力⑤。

可见，从心理认知视角研究教师教学的能力结构问题，在不考虑人格特

① GILIS A, CLEMENT M, LAGA L, et al. Establishing a competence profile for the role of student-centred teachers in higher education in Belgium [J]. Research in higher education 2008, 49 (6)：531 –554.
② 张波. 论教师的教学能力 [J]. 郑州师范学院学报（哲学社会科学版），2002, 24（2）：111 –113.
③ MANNING R C. The teacher evaluation handbook: step-by-step techniques & forms for improving instruction [M]. Englewood Cliffs: Prentice Hall, 1988: 8 –10.
④ 钟启泉. 教师的"教学能力"与"自我教育力"[J]. 上海教育科研，1998（9）：15 –18.
⑤ 申继亮，王凯荣. 论教师的教学能力 [J]. 北京师范大学学报（人文社会科学版），2000（1）：64 –71.

质维度的影响因素时，教学认知、教学操作和教学监控能力实际上也是指向了课程教学实践层面的能力，其中教学认知指向课程教学大纲、分析处理教学、学习者学习准备与特点以及进行有针对性教学设计等能力要素，教学操作指向教师言语或非言语表达、教学媒体选择、教学内容呈现、课堂组织管理和教学评价等能力要素，而教学监控则指向教师对课程教学"再认识"的元认知策略。由此来看，两种研究视角下教师教学能力结构研究指向是一致的①。

（二）国内外有关高校教师教学能力结构的研究

国内外学者对高校教师教学能力结构的研究结论与思路与中小学领域的研究基本一致，如有学者提出大学教师教学能力以智力为基础，具备完善知识结构、知识更新能力、驾驭学科内容和学术研究能力，此外还要包括培养学习者终身学习、逻辑思辨、有效获取研究资料等教学方法的知识与技能②，这符合申继亮等学者对中小学教师教学能力结构维度分类。

还有学者提出高校教师教学有关职业基础知识、个人特质、职业态度、专业建设能力和课程教学能力等五个能力维度③，这也与中小学教师教学有关人格与技术的心理认知方面的维度分类研究相符。国外诸多学者从专业态度、专业知识和教学方法对高校教师教学能力的维度分类，也是基于课程教学实践视角进行的研究分析④⑤⑥。

与中小学领域研究不同的是，研究高校领域的学者从更高的专业要求来关注教学问题。潘懋元先生在 1996 年指出大学教师除了要具备学术性知识之外，还要致力于研究治学方法与规律⑦；Ernest L. Boyer 也指出要将大学教学上升到一种教学学术的高度开展专业化的研究与实践⑧；美国学者 Simpson

---

① 葛文双，韩锡斌. 数字时代教师教学能力的标准框架 [J]. 现代远程教育研究，2017（1）：59 – 67.

② 余承海，姚本先. 论高校教师的教学能力结构及其优化 [J]. 高等农业教育，2005（12）：53 – 56.

③ 徐继红. 高校教师教学能力结构模型研究 [D]. 长春：东北师范大学，2013.

④ SHULMAN L S. Those who understand：knowledge growth in teaching [J]. Educational researcher，1986，15（2）：4 – 14.

⑤ KOSTER B，BREKELMANS M，KORTHAGEN F，et al. Quality requirements for teacher educators [J]. Teaching and teacher education，2005，21（2）：157 – 176.

⑥ VOGT F，ROGALLA M. Developing adaptive teaching competency through coaching [J]. Teaching and teacher education，2009，25（8）：1051 – 1060.

⑦ 潘懋元. 高等学校教学原理与方法 [M]. 北京：人民教育出版社，1996：267 – 268.

⑧ BOYER E L. Scholarship reconsidered：priorities of the professoriate [M]. Princeton：Princeton University Press，1990：8.

和 Smith 在 1993 年将高校教师教学能力分为学术技能、计划技能、管理技能、表达和交流技能、评估和反馈技能、人际交往技能等六个维度①。由此可以看出，针对高校教师的对人才培养课程发展体系的知识构建与教学方法的研究发展，是其重要的核心结构维度。

二、标准分析

教师的专业标准与教师专业化进程密切相关，教师教学能力的标准化代表着教师教学专业化程度的不断发展。而对于教师教学能力专业标准的理解，需要从面向教师教学的工作标准、评价标准、认定标准和发展标准等四个方面进行研究和借鉴。

本书选取了四个具有典型代表性的教师教学能力专业标准，分别是美国专业教学标准委员会（NBPTS）的教师专业教学标准②，国际培训、绩效、教学标准委员会（IBSTPI）的针对面对面、在线和混合环境教师通用能力标准③④，我国教育部颁布的教师专业标准（试行）⑤⑥⑦ 和英国高等教育研究会颁布的高等教育教学与支持学习专业标准框架（UKPSF）⑧。从背景信息、内容维度、可借鉴特点和应用范围等四个方面进行全面分析，具体见表 4 - 1 所示。

---

① SIMPSON R D, SMITH K S. Validating teaching competencies for graduate teaching assistants: a national study using the delphi method [J]. Innovative higher education, 1993, 18 (2): 133 - 146.

② NBPTS. What teachers should know and be able to do [EB/OL]. (2002 - 08 - 21) [2020 - 08 - 30]. http://www. nbpts. org/sites/default/files/what_ teachers_ should_ know. pdf.

③ IBSTPI. Instructor Competencies [EB/OL]. (2004 - 06 - 01) [2020 - 08 - 30]. http://ibstpi. org/instructor-competencies/.

④ 克莱因，等. 教师能力标准：面对面、在线及混合情境 [M]. 顾小清，译. 上海：华东师范大学出版社，2007：16 - 24.

⑤ 教育部. 关于印发《幼儿园教师专业标准（试行）》《小学教师专业标准（试行）》和《中学教师专业标准（试行）》的通知 [EB/OL]. (2012 - 09 - 13) [2016 - 08 - 11]. http://www. moe. gov. cn/srcsite/A10/s6991/201209/t20120913_ 145603. html.

⑥ 教育部. 教育部关于印发《特殊教育教师专业标准（试行）》的通知 [EB/OL]. (2015 - 09 - 01) [2016 - 08 - 11]. http://www. moe. gov. cn/srcsite/A10/s6991/201509/t20150901_204894. html.

⑦ 教育部. 教育部关于印发《中等职业学校教师专业标准（试行）》的通知 [EB/OL]. (2013 - 09 - 27) [2016 - 08 - 11]. http://www. moe. gov. cn/srcsite/A10/s6991/201309/t20130924_ 157939. html.

⑧ ADVANCE. UK Professional Standards Framework [EB/OL]. (2011 - 11 - 01) [2020 - 08 - 30]. https://www. heacademy. ac. uk/sites/default/files/resources/ukpsf_2011_ english. pdf.

表 4 - 1　教师教学能力专业标准的比较分析表①

标准名称	背景信息	内容维度	借鉴特点	范围
美国 NBPTS 发布的教师专业教学标准	美国专业教学标准委员会（NBPTS）在1989年发布了世界上第一份专业教师教学标准：教师应该知道什么和如何去做（"What Teachers Should Know and Be Able to Do"）	五个维度17条绩效指标： （1）为学习者和他们的学习负责，属于理解学习者学习的能力维度，4条指标； （2）理解学科内容与教学方法，专业知识和教学方法的能力维度，3条指标； （3）管理和监控学习者学习，课程教学组织管理与监控能力维度，5条指标； （4）系统性反思教学并从实践经验中学习，教师个体视角下的教学研究能力，2条指标； （5）成为学习共同体成员，教师交流沟通和形成专业学习组织的能力，3条指标	（1）以专业知识、技能和态度构建了教学能力标准； （2）针对课堂教学实践所需技能，面向促进学习者学习的视角，从组织管理、监控、反思、评价提出了相应的能力要求； （3）学习共同体概念的提出，将教师专业学习发展作为教师教学能力标准的一个部分，具有开创性的意义	主要应用于美国的基础教育领域。目前该标准已经成为全美25个中小学学科教师专业认证的资质标准，是基础教育教师专业建设典范

---

① 葛文双，韩锡斌. 数字时代教师教学能力的标准框架 [J]. 现代远程教育研究，2017（1）：59 - 67.

续上表

标准名称	背景信息	内容维度	借鉴特点	范围
IBSTPI 针对面对面、在线和混合环境教师通用能力标准	国际培训、绩效、教学标准委员会（IBSTPI）在2004年发布了面对面、在线和混合教学环境的教师通用能力标准，该标准针对三种不同环境提出了教师教学的能力标准	五个能力维度、18项能力指标和97个绩效指标： （1）专业基础，包括沟通交流、更新和提高专业知识、职业道德和职业规范等4项能力指标； （2）计划与准备，包括教学准备与教学设计2项能力指标； （3）教学方法与策略，包括激发学习者动机和投入、表达、提问、反馈、知识巩固和迁移、媒体技术等8项指标； （4）评估与评价，包括2项指标； （5）教学管理，包括2项指标	（1）从教师教学的知识、技能和态度构建标准； （2）考虑信息技术对教学环境的影响，针对面对面、在线和混合等三种教学环境，提出了能力指标； （3）标准结构指向了课程教学的整体过程，要求教师思考如何有效将技术整合于自己的课程教学	该标准是一个面向各个领域和行业教师教学能力的通用框架，对教师在数字化学习环境下的教学能力具有借鉴作用

高校教师信息化教学能力的结构框架与培训应用研究

标准名称	背景信息	内容维度	借鉴特点	范围
中国教育部发布的教师专业标准（试行）	"国家教育规划纲要"将教师专业标准建设提上了日程，教育部在2012、2013和2015年分别面向幼儿园、小学、中学、中等职业学校和特殊教育颁布了教师专业标准（试行）	三个不同维度的指标： （1）专业理念与师德，包括职业理解认识、对学生态度行为、教育教学态度行为和个人修养行为等4个指标； （2）专业知识，包括学科知识、教育知识、学科教学知识和通用知识等4个指标； （3）专业能力，包括教学设计、组织实施、管理活动、教育教学评价、沟通合作和反思发展等指标，面向不同学段的指标略有不同	（1）从教师教学的知识、技能和态度方面进行了标准的构建； （2）标准直接指向特定领域内的教师，提出了具体的教学指标要求，对教师教学行为能力进行了要求； （3）标准作为教师从业资格认证的考核标准，也为职前教师的培养指明了方向	2012年我国教育部首次发布教师专业标准，主要针对幼儿园、中小学等基础教育；后来又于2013年和2015年发布关于中等职业教育和特殊教育的教师专业标准。它们是对我国教师专业化发展二十年阶段成果的总结

续上表

标准名称	背景信息	内容维度	借鉴特点	范围
英国高等教育研究会发布的高等教育教学与支持学习专业标准框架(UK-PSF)	英国高等教育研究会从 2004 年开始研制高校教师教学的质量框架,历时六年,在 2011 年颁布英国高等教育教学与支持学习专业标准框架(UKPSF)。这是世界上第一份针对高等教育领域的教师教学能力标准	三个方面 18 个能力指标: (1)活动领域,针对课程教学过程的相关活动,有设计规划学习活动和课程大纲、对学习者进行评价和反馈、创设有效的学习环境等 6 个指标; (2)核心知识,主要是学科知识、教学方法、学习者学习方式、学习技术使用等 6 个指标; (3)专业价值,从高校教师职业价值远景,提出了尊重学习者、教育机会均等、致力于可持续和全球化等 6 个指标	(1)构建的三个维度指向了教师的职业态度、课程实践教学技能和核心知识; (2)将课程实践性的知识能力与核心知识分开,核心知识指向了学科知识、教学方法知识、学科教学方法知识、技术整合教学方法知识等,针对课堂活动构建了教学实践性的知识与技能的指标; (3)从教师教学价值信念角度,从低到高对教师终身追求的指标做了描述,指出教师专业发展是一种终身学习的追求	高等教育领域的第一份教师教学能力标准,对各个高校根据自身特点构建相应的教学标准提供了一个灵活的框架,并且面向教师专业发展由低到高四个等级阶段的教师分别提出了要求,充分考虑了教师阶段发展的特征

从上述四个具有典型代表性的教师教学能力标准的比较分析中,我们可以看出:

(1)教师教学能力标准,一般从专业态度、专业知识和专业技能等三个方面构建相应的能力维度或模块。每个能力维度下包含二级能力指标和具体的绩效行为描述。

(2)NBPTS 的教师专业教学标准和 IBSTPI 的针对面对面、在线和混合环境的教师通用能力标准具有非常好的推广性,成为标准应用的典范,主要是源于标准面向课堂教学过程的各个活动环节对教师提出了能力要求。这种

针对课程微观教学实践的标准更有利于教师更好地利用标准进行衡量和自我评价，这为聚焦课程教学视角开展教学能力研究提供了重要依据。

（3）我国教育部发布的教师专业能力标准同 NBPTS、IBSTPI 发布的教师能力标准及 UKPSF 相比，从教师有效教学的行为指标对专业理念与师德、专业知识和专业能力进行了清晰的界定，能力维度之间不存在交叉融合；而国外三个标准则从促进学习者有效学习的视角来界定教师的教学能力，使得某些能力维度的绩效指标存在不同程度的交叉，更能有效指向课程教学实践性的能力指标。

（4）UKPSF 针对四个等级阶段的教师提出了相应的教学标准，从教师专业发展的视角进行了考虑，指向了教师的终身学习。该标准将活动领域专门指向了教师实践教学能力的相关知识与能力，而核心知识指向了专业知识、一般教学方法和学科教学方法等，这样有利于教师阶段性发展自身的知识与能力。标准本身作为一个灵活的框架，有利于各高等教育机构进行标准实施的本地化操作。

（5）IBSTPI 针对面对面、在线和混合环境教师通用能力标准基于信息技术对教学的促进作用，面向三类不同教学环境进行了分析，这种标准适应数字时代学习的特征和趋势。

三、核心维度

从 20 世纪 80 年代开始，国内外学者对教师教学能力研究的关注从行为效能转向教学知识结构。西方以舒尔曼、伯利纳等学者提出的学科内容与教学方法的分类维度为代表，而我国则以林崇德、申继亮等提出的本体性、条件性和实践性知识的分类以及陈向明提出的理论性和实践性知识分类为代表，从本质来说都是对教师教学所需的学科专业知识、一般教学法知识和在具体学科教学中必需的实践教学策略进行研究。基于此，本研究聚焦高校教师在课程教学实践中的能力维度，重点关注三个核心维度①：

（1）有效教学意识。面对 21 世纪高校人才创新培养的重要使命，教师要有追求卓越教学的意识，注重培养学习者的团队协作与沟通交流能力，注重学习者问题解决与批判性思维，从信息社会工作思维思考如何将技术应用于教学，来不断创新教学实践方法。

（2）课程教学方法。包括一般课程教学方法和具体学科专业情境下的课

---

① 葛文双，韩锡斌. 数字时代教师教学能力的标准框架［J］. 现代远程教育研究，2017（1）：59－67.

程教学策略。一般课程教学方法主要包括教学过程、学习环境和学习者等三个方面的基本知识，而具体学科专业情境下的课程教学策略包括教学过程的计划、实施和评价三个阶段，主要分为结合具体学科课程的教学分析能力、教学设计能力、资源开发能力、教学实施能力和教学评价能力。

（3）教学学术研究。美国密歇根大学在 1962 年成立了世界上第一个教学促进与研究中心，其重要职能就是要深入研究高校教师有效教学的方法与规律；我国教育部在 2012 年也启动了国家级教师教学发展示范中心建设工作，将高校教师教学能力发展的研究提升到了一个重要的地位。

综上所述，本研究将课程教学学术研究作为核心内容，从不同学科专业、不同学习情境和具体课程教学情境等视角进行精准性的研究分析。

第二节　数字时代教师教学能力的变革趋向

数字经济时代，人类的社会生存与认知方式都在发生着改变，适应信息社会特征的"数字智慧"成为人们生存的新技能。这种数字智慧凸显出信息社会要求人类思维方式的转变，直接指向了数字时代人们应用技术的能力，以及借助技术实现超越自身天赋的能力①。

这种数字智慧也对教师的教学提出了更高的能力要求，数字时代的教师要学会应用信息技术促进教学变革。这种变革要求教师要从身份感知、教学理念、教学方式和活动交往上都做出创造性的改变，从知识的传授者变成知识的引导者与组织者，从课程的执行者变成课程的开发者，从以教材为主的教书匠变成教育的研究创新者，从知识的固守者变成终身学习者②。

这种教学能力直接指向了如何利用信息技术更加有效地重组与创造资源，为学习者提供更加个性化、灵活性的教学。数字时代教师教学能力同传统教师教学能力相比，重要的变革维度就是教师要思考如何应用信息技术使得教学变得更加有效的能力③。

---

① PRENSKY M H. Sapiens digital：from digital immigrants to digital natives to digital wisdom［EB/OL］.（2009 - 04 - 04）［2020 - 08 - 30］. http://www.wisdompage.com/Prensky01. html.

② 杨宗凯. 创新模式培养数字化教师［N］. 中国教育报，2015 - 05 - 26（11）.

③ 葛文双，韩锡斌. 数字时代教师教学能力的标准框架［J］. 现代远程教育研究，2017（1）：59 - 67.

一、基于"教育 + 信息技术"思维方式下的能力要素扩充

从技术支持教学的视角来看，教师首先面临的是在数字化环境下教师该如何开展教学的问题，这要求教师在数字化或网络化环境下具备在线学习技术应用能力，在课程教学设计、资源开发、教学管理和教学交互活动等方面展现出更多的能力①，这种能力要素的扩充指向了信息技术能力和信息技术应用能力等两个方面。信息技术能力是教师要掌握数字化技术工具的本体性知识，而信息技术应用能力是技术与课程教学整合的教学技能，需要教师具备一种在具体课程中有效整合技术的框架，来使得技术性知识纳入课程内容与教学方法之中。2008 年，Koehler 等②和 Harris 等③提出的技术、学科内容和教学方法整合的 TPACK（Technological Pedagogical Content Knowledge，整合技术的学科教学知识）框架，就为教师应用技术促进教学各种改变提供了可能。在教师 TPACK 整合能力发展的进程中，一般会经历两个阶段：一种是教师掌握技术工具应用，而后在自己课程教学中思考技术有效整合的实践方式；另一种是教师在专业发展中学习其他教师有效的技术整合于教学的方法或经验，而后在自己课程教学实践中不断尝试形成一种有效的实践模式。

二、基于"互联网 + 教育"思维方式下的能力要素重组

回顾过去近二十年信息技术促进教学变革的实践之路，我们可以发现，单纯技术工具论指导下教师教学能力的发展对于提升教学质量非常有限，"教育 + 信息技术"的思维范式存在着狭隘的学科局限，这就需要我们思考从一种新的思维范式来构建面向有效的教师教学能力发展体系④。

而"互联网 + 教育"打破了这种单一学科局限，为教学方式带来了多种可能，教学逐渐呈现出多元化的特征，诸如个性化学习、数据融合、翻转课堂、教育大数据、开放在线教育、适应性学习、教育公平、业务协同、智慧

① GUASCH T, ALVAREZ I, ESPASA A. University teacher competencies in a virtual teaching/ learning environment：analysis of a teacher training experience ［J］. Teaching and teacher education，2010，26（2）：199 − 206.

② KOEHLER M J, MISHRA P. Introducing TPACK ［M］//HERRING M C, KOEHLER M J, MISHRA P. Handbook of technological pedagogical content knowledge（TPACK）for educators. New York：Routledge，2008：3 − 29.

③ HARRIS J, HOFER M. Instructional planning activity types as vehicles for curriculum-based TPACK development ［J］. Research highlights in technology and teacher education，2009：99 − 108.

④ 葛文双，韩锡斌. 数字时代教师教学能力的标准框架 ［J］. 现代远程教育研究，2017（1）：59 − 67.

服务等，使得信息技术与教学需要深度地融合，而教师教学能力要素也不再是技术工具能力与技术应用整合能力的简单叠加，而是一种以适应信息社会发展为前提的技术融入式的能力重组。这种能力重组直接指向了与知识创造相关的批判性思考、问题解决、创造性思考、独立学习能力、团队合作与灵活性、知识管理与数字化技能等①。

而发展这种重组性的教学能力，需要我们基于真实教学问题去研究、反思有效教学的实践性知识体系，需要为教师提供能够定义、设计和不断修正教学问题甚至解决问题的方案，这将是未来教师数字化教学能力发展研究的关键问题②。

第三节 具有数字时代典型特征的教师信息化教学能力标准分析

本研究选取了国内外五个具有数字时代典型特征的教师信息化教学能力标准进行比较分析，为构建数字时代高校教师信息化教学能力的结构框架提供借鉴。

一、五个典型的教师信息化教学能力标准的介绍

（一）美国国际教育技术协会 ISTE 2008 - T 版标准

1996 年，美国克林顿政府提出"要建立世界一流教育标准"，要实现信息素养教育的四大目标：美国学校连入因特网并具备良好教学条件，提供教师课程整合适当的内容，教师具备技术与课程整合必要的技能，儿童具备 21 世纪所必需的基本技能。

在这种背景下，美国国际教育技术协会（ISTE）在 1998 年、2000 年和 2002 年分别颁布了面向全美学生、教师和管理者的教育技术标准，这些标准被全美 50 个州中的 49 个州的政府所采纳③。2008 年 6 月，美国国际教育技术协会对面向教师的教育技术标准进行了修订，推出了新一版标准，简称 ISTE 2008 - T 标准，提出了五个方面的能力要求：促进和激励学生的学习和

---

① BATES A W. Teaching in a digital age: guidelines for designing teaching and learning [EB/OL]. (2015 - 04 - 01) [2020 - 08 - 30]. https://opentextbc.ca/teachinginadigitalage/.

② BRUSH T, SAYE J. Strategies for preparing preservice social studies teachers to integrate technology effectively: models and practices [J]. Contemporary issues in technology and teacher education, 2009, 9 (1): 46 - 59.

③ 葛文双. 陕西省教师 ICT 能力培训的推进策略研究 [D]. 西安：陕西师范大学，2009.

创造性设计；开发数字时代的学习经验和相关评估工具；成为数字化时代工作和学习的典范；提高数字化时代公民素养及责任意识并成为典范；注重专业能力和领导力的发展①。

（二） 美国教育传播与技术协会 AECT – 2012 版标准

美国教育传播与技术协会（AECT）在 1982 年首次颁布了教师教育技术标准，得到美国国家教师教育认证协会（NCATE）通过，后经过 1994 年、2000 年、2005 年和 2012 年的修订，在 2012 年 7 月 16 日推出了 2012 版标准，主要从内容知识、内容教学法、学习环境、专业知识与技能和教学研究等五个维度进行构建。该标准主要面向基础教育职前教师入职教师资格认证，需要未来教师从五个方面达到相应的信息技术应用专业能力标准②。

（三） 联合国教科文组织《教师信息与通信技术能力框架》

2007 年，联合国教科文组织（UNESCO）启动了面向下一代教师计划，并在 2008 年发布了《教师信息与通信技术能力标准》（第一版，简称 ICT – CST），后来经过三年多的应用和修订，于 2011 年在此基础上发布了《教育信息与通信技术能力框架》（简称 ICT – CFT）。ICT – CFT 是面向技术素养、知识深化和知识创造三种不同的教学方式，从理解教育的 ICT、课程与评估、教学法、ICT 工具、组织与管理和专业学习等建构了教师能力发展框架。该框架极具推广性，欧洲组织根据该框架提出了简化的《eTQF 教师信息技术能力框架》，加纳政府在 2012 年依据该框架构建了四个等级、六个领域的 26 个能力指标模型③。

（四） 中国《中小学教师信息技术应用能力标准（试行）》

中国教育部在 2004 年《中小学教师教育技术能力标准（试行）》的基础上，为了适应教育信息化发展新形势，于 2014 年颁布了《中小学教师信息技术应用能力标准（试行）》，针对全国中小学（及幼儿园）教师信息化教学专项能力的提升与培训发展提供指导，面向应用信息技术优化课堂教学和应用信息技术转变学习方式等两个发展阶段，从技术素养、计划与准备、组织与管理、评估与诊断和学习与发展等方面构建了教师信息技术应用能力

① ISTE. Areas of focus ［EB/OL］.（2008 – 12 – 10）［2020 – 08 – 30］. http://www. iste. org/standards/iste – standards/standards – for – teachers.

② AECT Standards，2012 version ［EB/OL］.（2012 – 07 – 16）［2020 – 08 – 30］. https://www. aect. org/docs/AECTstandards2012. pdf.

③ UNESCO ICT Competency Framework for Teachers ［EB/OL］.（2011 – 12 – 15）［2020 – 08 – 30］. http://unesdoc. unesco. org/images/0021/002134/213475e. pdf.

指标体系①。

（五）中国国家高校教师教育技术能力指南

马宁等在 2011 年提出了《国家高校教师教育技术能力指南（试用版）》，虽然没有形成全国范围内的推广应用，但其对于高校教师 ICT 能力的系统化梳理和研究具有借鉴作用。该能力指南包括意识与责任、知识与技能、设计与实施、教学评价、科研与发展等五个部分，共包括 17 个二级指标和 54 个三级指标②。

二、五个典型的教师信息化教学能力标准的比较分析

这里对五个标准的能力维度的描述进行关键概念提取，根据出现频次由高到低的原词收集到了以下关键词：技术工具素养（5）、ICT 应用意识（5）、组织管理（5）、资源开发（5）、课程评估（5）、理解与促进学习者的学习（4）、教学方法（4）、专业发展（3）、系统化设计（2）、教学设计（2）、合作实践（2）、计划与准备（2）、创新与创造力（2）、数字化公民素养（2）、教学研究（1）、科研与发展（1）、学习共同体（1）、领导力发展（1）、领导力（1）等。对关键词中语义相近的进行合并，将专业发展和学习共同体合并为专业发展，将教学研究、科研与发展合并为教学研究，将计划与准备、系统化设计和教学设计合并为系统化设计，将领导力发展、领导力合并为教师领导力，由此构建了五个具有典型代表性的教师信息化教学能力标准的分析表③（见表 4-2）。

表 4-2　五个典型的教师信息化教学能力标准的比较分析

名称内容	ISTE 2008-T	ACET-2012	ICT-CFT	《中小学教师信息技术应用能力标准（试行）》	《国家高校教师教育技术能力指南（试用版）》
技术工具素养	×	×	×	×	×
ICT 应用意识	×	×	×	×	×

① 教育部. 教育部办公厅关于印发《中小学教师信息技术应用能力标准（试行）》的通知 [EB/OL]. (2014-05-27) [2020-08-30]. http://www.moe.gov.cn/srcsite/A10/s6991/201405/t20140528_170123.html.

② 马宁，陈庚，刘俊生，等.《国家高校教师教育技术能力指南》的研究 [J]. 远程教育杂志，2011 (6): 3-9.

③ 葛文双，韩锡斌. 数字时代教师教学能力的标准框架 [J]. 现代远程教育研究，2017 (1): 59-67.

续上表

名称内容	ISTE – 2008 – T	ACET – 2012	ICT – CFT	《中小学教师信息技术应用能力标准（试行）》	《国家高校教师教育技术能力指南（试用版）》
理解与促进学习者的学习	×	×	×	×	
教学方法	×	×	×	×	
组织管理	×	×	×	×	×
课程评估	×	×	×	×	
系统化设计	×	×	×	×	
资源开发	×	×	×	×	×
教学研究		×			×
专业发展	×	×	×	×	
创新与创造力	×	×	×		
教师领导力	×	×			
数字化公民素养	×		×		

注："×"代表标准中具有该部分维度内容。

从表4-2中我们可以发现：

（1）五个标准都将教师的技术工具能力和技术应用意识作为基础性的能力维度，从技术支持课程教学的过程视角强调关注设计、开发、实施和评价等能力维度，并且都将创新与创造力作为重要的能力维度。

（2）美国国际教育技术协会的ISTE 2008 – T、美国教育传播与技术协会的AECT – 2012、联合国教科文组织的ICT – CFT和中国教育部发布的《中小学教师信息技术应用能力标准（试行）》，注重理解与促进学习者的学习，体现了对教师有效教学能力理解的一种转变，而教学方法也更加关注以学习者为中心的学习方式与策略，并强调专业发展对教师的重要作用，而中国《国家高校教师教育技术能力指南（试用版）》缺乏对这方面的关注。

（3）ISTE 2008 – T版标准和AECT – 2012版标准提出了教师领导力的指标。ISTE 2008 – T和ICT – CFT提出的数字化公民素养的指标，更加强调体现教师在信息社会中的数字化公民素养和数字教师领导力的能力维度。

（4）AECT – 2012和《国家高校教师教育技术能力指南（试用版）》将教学研究作为能力指标提出来，说明这两个标准认为教学学术研究是衡量教师能力的重要维度。

三、五个典型的教师信息化教学能力标准的可供借鉴之处

ISTE 2008 – T 和 AECT – 2012 作为面向全美中小学在职教师和中小学职前教师的两个标准，更加强调教师从理解学习者学习的视角来应用技术促进教学，强调教师针对不同背景、学习特点和水平能力的学习者自主创设学习环境、学习资源和学习文化，体现了以学习者为中心的主体特征。

ICT – CFT 提出教师应用技术的能力应包括技术素养、知识深化和知识创造三个不同的阶段，从理解教育的 ICT、课程与评估、教学法、ICT 工具、组织与管理和专业学习等六个方面分别提出了每个阶段教师要具备的能力标准。这样的设计关注教师发展的不同阶段的能力特征，并且 ICT – CFT 以一个标准框架的方式提出，具有很好的灵活性、适用性和可推广性，有利于不同经济形态和社会背景的国家（或地区）进行本土化的改良和再设计。

《国家高校教师教育技术能力指南（试用版）》则主要参照教育部 2004 年颁布的《中小学教师教育技术能力标准（试行）》的框架，结合高校教师教学行为特点而构建。其中结合高校教师科学研究特点制定的针对课程教学过程的科学研究能力指示具有很好的借鉴作用，但由于该标准缺乏对数字时代学习方式变革的关注，使得其课程教学过程维度的能力指标并不适用。而《中小学教师信息技术应用能力标准（试行）》重点面向技术改变学习方式，从技术环境、学习模式和应用目的构建了从技术促进优化课堂教学到技术改变学习方式的两个信息化教学发展阶段的标准体系，是对 ICT – CFT 的本土化应用，是从技术融入教学的不同阶段为教师提供阶段性专业发展的标准，这为我们构建高校教师数字时代教学能力标准框架提供了实践范例。

第四节 数字时代高校教师信息化教学能力的结构框架

从上述分析中，可以发现教师教学能力已经成为教师发展研究的关键内容，特别是随着"互联网＋数字"时代的来临，基于数字化学习与工作视角下的教师教学能力研究就显得更具价值。

一、数字时代工作方式的转变

在数字时代，我们被信息技术包围，甚至应该说是沉浸于技术之中。而且从社会发展的视角来看，技术变革的趋势并没有显露出任何下降或衰减的

信号。技术正在促使经济社会发生大量的改变，比如我们的交流沟通方式，甚至是社会生活方式，而且这些正在显著影响着教育系统的改变。我们的教育机构正在进入一个全新的时代，它们正在跨越工业时代，面向数字时代来组织与构建新的知识体系的发展方式。我们的教师和教育者正在面临一系列的挑战：如何确保通过课程和项目培养的学生能够适应未来社会的发展需要？面对越来越现实和追求真实能力的培养目标，如何确保我们的教学依然有效？面对数字时代人们思考和工作方式的改变，如何从传统教学向符合时代特征的信息化教学转变？这些都成为我们需要面对的关键问题。

经济合作与发展组织（OECD）在今年6月发布了"技能展望报告"，提出现代社会对工作者的知识要求越来越高，越来越多行业将更需要头脑知识型的工作者，对于体力工作者的需要越来越少[①]。数字信息社会对知识工作者的需要越来越多，并且对他们的技能与能力提出了更高的要求。比如，未来他们的工作将更加灵活，可能基于更加松散的社会或公司组织开展工作；未来他们可能会需要具备更加复杂、综合的解决性思维，才能够更好地应用各种技术工作；未来学习将成为工作的一部分，各种与工作相关的非正式学习将无缝融入工作中，因此数字化的学习方式与素养能力成为他们的重要生存手段；他们可能会在不同的地点基于互联网开展协同办公，来更加高效地解决问题。

从上述这些情况中我们可以看出，工作者的技能需求正在面临着前所未有的改变。想让我们的学生更好地适应未来工作的改变，我们需要从教学方式、方法和范式上做出根本性的变革。知识一般包括两个非常相关但又完全不同的要素：内容与技能。内容本质上是一些基本事实、概念、原则、证据或是对于过程与程序的描述。大多数的高校教师，他们在专业知识内容上掌握得非常好，具有相当精深的理解，对于这些内容的教授也是非常擅长的。然而，随着社会对于知识结构需求的变革，使得实际解决问题的技能变得更加重要，而这些技能往往却是高校教师在其课程讲授过程中所不能解决的，由此就产生了新的问题：实际解决问题的技能不是通过传统知识内容讲授所能获取的，往往需要新型的教学方式和学习方法来习得，而这种技能往往更多表现为数字信息社会的思维习惯、方式与方法。这些对教师课程教学能力提出了更新的要求。

---

① OECD. The OECD Skills Outlook 2021 ［EB/OL］.［2021－06－15］. https://www.oecd.org/skills/oecd－skills－outlook－e11c1c2d－en. html.

二、数字时代高校教师信息化教学能力的结构框架构建

数字时代人们所需的关键技能与技能发展，成为当前教育教学改革要直面的关键问题。世界各国政府的教育部门都在致力于人才培养目标的革新，面向 21 世纪技能与核心素养的人才目标教育战略已经成为当前的重中之重。Fallow 和 Steven 在 2000 年就指出人才技能发展需要在教师的教学中予以关注，具体表现在：要关注知识内容的清晰呈现，促使学习内容具有进阶性，让学习者在实践中获取真知，教师要提供有效且即时的教学反馈，并且要高度关注新技术带来的教学方法和方式上的创新[①]。

因此，构建与信息社会发展相适应的信息化教学模式，并且能够为高校教师提供有效的信息化教学能力发展的结构框架，为实现人才培养战略方式的转变做出实践性的贡献，成为本书研究的立足基础和出发点。

笔者在分析已有研究的基础上，在 2017 年率先提出了数字时代高校教师信息化教学能力的结构框架[②]，大意为：高校教师应用信息技术有效组织教学将成为数字时代教学的常态，教师在数字化环境下开展教学的目标将直接指向学习者终身发展的自主学习能力、问题解决能力、批判性思考和创造性工作的能力，这样教师教学的追求将是一种面向数字化环境下不同问题情境的有效教学实践过程。高校教师的信息化教学能力结构可以分解为四个维度，分别为信息技术融入教学的意识、信息技术融入教学的素养、信息技术融入教学的能力和信息技术融入教学的研究。从教师专业发展的阶段来看，教师的信息化发展随着教学应用的不断深入，可以划分为应用、深化和创新等由低到高的三个不同阶段，这一过程也体现了信息技术与课程教学融合的这一种变化过程，从量变到质变，促使数字时代教与学范式的真正转变。

（一）高校教师信息化教学能力结构的四个维度

高校教师应用信息技术有效组织教学将成为数字时代教学的常态，教师在数字化环境下开展教学的目标将直接指向学习者终身发展的自主学习能力、问题解决能力、批判性思考和创造性工作的能力，这样教师教学的追求将是一种面向数字化环境下不同问题情境的有效教学实践过程。基于此，笔

---

① FALLOW S, STEVENS C. Integrating key skills in higher education employ ability, transferable skills and learning for life [M]. London：Kegan Page，2000：4 - 8.

② 葛文双，韩锡斌. 数字时代教师教学能力的标准框架 [J]. 现代远程教育研究，2017（1）：59 - 67.

者提出数字时代高校教师信息化教学能力的结构框架①，如图 4-1 所示。

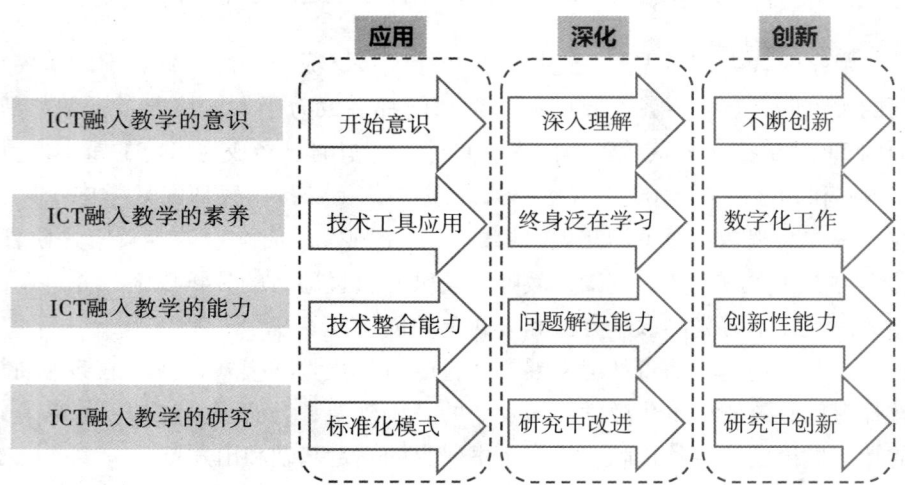

图 4-1 数字时代高校教师信息化教学能力的结构框架

从不同内容维度来看，高校教师要具备 ICT 融入教学的意识、ICT 融入教学的素养、ICT 融入教学的能力和 ICT 融入教学的研究。

（1）ICT 融入教学的意识：教师信息化教学应用意识，对政策导向和教学能力标准具有敏锐的感知度。

（2）ICT 融入教学的素养：教师从单纯学科技术、资源开发、网络教学平台等教学技术工具扩展到应用各种轻巧的智能终端，实现"时时、事事、人人、处处"的终身泛在学习，最后嵌入到学习、工作和日程生活环境中，形成数字化工作与学习的典范。

（3）ICT 融入教学的能力：从技术与课程教学整合应用能力，形成以问题解决为主的技术与课程教学融合应用能力，最后基于教育系统思考创新技术支持课程教学的模式、方法和策略。

（4）ICT 融入教学的研究：对信息技术融入课程教学的分析、设计、开发、实施和评价等全过程开展精细化研究分析，对数字化环境下教师教学实践性知识发展的有效程度进行证伪，科学有效地创新各种教学模式、方法与策略。

（二）高校教师信息化教学能力的发展阶段

从教师专业发展进程维度来看，高校教师 ICT 融入教学的过程是阶段性

---

① 葛文双，韩锡斌. 数字时代教师教学能力的标准框架 [J]. 现代远程教育研究，2017（1）：59-67.

的，体现了教师信息化教学能力的发展变化，因此结合我们前期分析标准特点，我们按照教师从开始意识到信息技术在教学中的重要作用，到教师之间领悟和理解深层的内涵，再到具备创新变革教育教学模式的思想与方法，将高校教师信息化教学能力的发展划分为应用、深化和创新三个连续的阶段①，具体过程如表4－3所示。

表4－3　数字时代高校教师信息化教学能力"应用、深化和创新"的发展阶段分析

项目	应用	深化	创新
ICT融入教学的意识	开始意识：教师开始意识到信息技术在教学中的重要作用	深入理解：教师能够深入理解信息化教学的相关知识和方法	不断创新：教师不断创新信息化教学的模式与方法，具备教学变革性的思路和方法
ICT融入教学的素养	技术工具应用：初步掌握各种信息技术工具应用（如办公软件、网络教学平台、思维可视化工具、常用社交媒体软件等）	终身泛在学习：基于各种泛在智能终端，应用各种开放在线课程资源、在线优质教育资源和社交媒体生成资源开展专业学习，养成终身学习的习惯	数字化工作：教师具备灵活应用各种数字化技术工具的能力，技术变得"不可见"，教师成为信息社会数字化工作的典范
ICT融入教学的能力	技术整合能力：在信息化课程教学实践中掌握一种技术有效整合于具体课程的方式	问题解决能力：在课程教学中思考应用技术设计和实施基于问题解决式的学习任务，培养学习者探究、合作和自主建构知识的能力	创新性能力：在课程教学中灵活应用技术设计提升学习者批判性思考能力的活动，使学习者具备创新变革的思维

① 葛文双，韩锡斌．数字时代教师教学能力的标准框架［J］．现代远程教育研究，2017（1）：59－67．

续上表

项目	应用	深化	创新
ICT 融入教学的研究	标准化模式： 在课程教学过程中针对传统教学的问题采用典型标准化模式开展初步研究，掌握基本思想与方法	研究中改进： 在课程教学中不断深入研究和反思，尝试探索基于深度理解的协作学习，通过设计教育实验方法，不断改进教学模式与方法	研究中创新： 将课程打造成一个开放性的学习共同体，打破时空局限，将课程内部学习者与外部学习者之间形成一种联结化知识网络；教师之间形成课程在线教研共同体，通过分享与交流，不断创新教学模式和教学方法

数字时代教师教学的能力标准与发展路径，需要置于一个系统发展的视角进行动态的研究与分析。本章借鉴以往的传统高校教师教学能力标准、高校教师教育技术能力标准以及中小学领域相关的教学能力标准特色，从技术融入教学的视角，提出了信息通信技术（ICT）深度融入教学的四个维度，从当前数字化学习环境下教师有效开展教学实践进行了界定。同时，能力结构框架是一个面向教师教学不同能力和不同阶段的灵活框架，可以作为分析高校教师信息化教学能力发展水平的结构框架，并为构建信息社会高校教师教学综合能力知识发展体系提供理论依据。

第五章 高校教师信息化教学能力
测量问卷的工具研发

数字时代教师的教学不再是技术与教学方法的简单叠加，而是一种面向复杂学习环境的技术与教学融合式的创新。本章在系统分析数字时代教师教学能力测量理论与方法的基础上，以本研究团队提出的"数字时代高校教师信息化教学能力结构框架"为基础，从 ICT 融入教学的意识、素养、能力和研究四个方面开发了"数字时代高校教师信息化教学能力测量问卷"（见附录 A)，基于试测和样本数据调查，采用探索性和验证性因素分析方法构建了"意识—素养—能力—研究"四维度因子模型，并通过对 1 147 名教师样本调查能力水平均值的正态分布检验，证明测量问卷具有良好的结构效度，通过进一步的信度检验，证明测量问卷具有较高的信度，可以在更大范围进行调查应用。

第一节 问题提出

数字时代教师教学面临的挑战不再是技术支持教学的可行与实现，而是何时应用技术以及如何应用技术的意识与决策[1]。《国家中长期教育改革和发展规划纲要（2010—2020 年)》《教育信息化十年发展规划（2011—2020年)》和《教育信息化 2.0 行动计划》等一系列文件都指出"信息技术与教育教学深度融合"的目标，强调教师要应用信息技术提升教学水平，创新教学模式，探索面授与在线有机结合的教学方式，这就对数字时代教师的教学赋予了更高的要求。目前已有研究中，针对中小学教师信息技术与课程整合的研究成果相对较多，而且中小学教师应用技术支持教学的发展体系也相对完善；而高校由于系统自身的复杂与特殊，针对技术有效融入课堂教学实践

---

① O'NEIL H F, PEREZ R S. Web-based learning: theory, research, and practice [M]. Mahwah, NJ: Lawrence Erlbaum Associates, 2006. 26 – 28

的研究并不多见。特别是高校面对信息化带给教育教学系统的冲击，往往采用邀请专家做报告或组织教师参加短期培训的方式，以期能快速提升教师的信息化教学能力，但这种非系统化的发展对于改善教师教学实践应用状况的作用非常有限，因此研究高校教师数字化环境下教学能力的问题就尤为重要。本章开发数字时代高校教师信息化教学能力的测量问卷，为探索高校教师信息化教学能力的提升路径和发展策略提供测量工具支持。

第二节　理论依据

一、数字时代教师信息化教学能力的内涵

国内外学者研究数字时代教师教学能力，主要关注信息技术应用能力、教育技术能力、技术与课程教学整合、信息素养或数字素养等概念，从早期"技术工具论"的范畴到教育技术学科的定义，再到技术与课程教学整合的信息化教学与 TPACK 的能力框架，以及信息素养与数字素养指向的技术促进教师终身学习与知识创造，这些概念都指向了教师应用信息技术来有效促进课程教学的能力。因此，笔者提出数字时代教师的教学能力指向信息技术促进课程教学实践层面，这种能力从关注技术对于学习环境与资源的创设，转向更为强调对于教学内容的创造与数字素养的提升，不是技术工具的简单应用，而是面向技术重组学习环境并提供有效的教学策略[①]。

二、TPACK 框架下教师教学能力测量的研究

Koehler 和 Mishra 在 2006 年提出了整合技术的学科教学知识（TPACK）的结构模型，在舒尔曼（Shulman）有关教师学科内容与教学方法有效结合的知识基础上加入了技术维度，用以描述教师将技术融入课程教学的能力水平[②]。中小学教育研究者最早应用 TPACK 框架来研究教师技术整合于学科教学知识的发展过程，主要集中在技术与学科内容方法整合的课程以及测量教

---

①　葛文双，韩锡斌. 数字时代教师教学能力的标准框架 [J]. 现代远程教育研究，2017（1）：59 – 67.

②　KOEHLER M J，MISHRA P. Introducing TPACK [M] //HERRING M C，KOEHLER M J，MISHRA P. Handbook of technological pedagogical content knowledge（TPACK）for educators. New York：Routledge，2008：3 – 29.

师技术整合于内容教学知识的水平问卷与量表等方面。Graham 等在 2009 年开发了面向中小学科学教育的教师 TPACK 七点测量问卷，从 TPCK、TPK、TCK 和 TK 等四个维度对参与杨百翰大学教师发展项目的 15 名教师进行了调查①。Schmidt 等在 2009 年从 TPACK 框架的七个维度开发了中小学职前教师量表②，Archambault 等在 2009 年开发了中小学在职教师的量表③，这两个量表成为教师 TPACK 测量研究的典型代表。在此基础上，Chai 等学者在 2012年面向亚洲 558 名中小学职前教师进行了调查，优化了职前教师的 TPACK量表④；Jamieson-Proctor 等在 2013 年对澳大利亚国内 15 906 名中小学在职教师进行了调查，修订了在职教师的 TPACK 量表⑤；萱燕等于 2015 年在TPACK 原有七个维度基础上增加了建构主义信念与设计倾向，开发了九维度的 TPACK 测量量表⑥。综上，我们可以看出，针对中小学教师数字时代教学能力测量的工具研究已经较为成熟，Schmidt 及 Archambault 开发的 TPACK测量量表得到了较大范围的应用。

而高校针对数字时代教师教学能力测量的已有研究，主要是借鉴中小学TPACK 测量工具的研究成果，对高校教师课程教学的技术应用感知水平进行实验，但从实验效果来看，中小学教师 TPACK 的七个测量维度不能有效揭示高校教师教学能力的结构与发展等本质性的特点，有借鉴意义的研究成果相对较少。中国台湾学者 Jang 在 2016 年开发了大学物理教师的 TPACK 测量问卷⑦，从影响高校教师的专业知识、教学呈现策略、教学目标与内容、理解学生知识和技术融入教学应用等五个方面进行了重新设计，该调查结果初

① GRAHAM C R, BURGOYNE N, CANTRELL P, et al. Measuring the TPACK confidence of inservice science teachers [J]. TechTrends, 2009, 53 (5): 70 – 79.

② SCHMIDT D A, THOMPSON D, MISHRA P, et al. Technological pedagogical content knowledge (TPACK): the development and validation of an assessment instrument for preservice teachers [J]. Journal of research on technology in education, 2009, 42 (2): 123 – 149.

③ ARCHAMBAULT L, CRIPPEN K. Examining TPACK among K – 12 online distance educators in the United States [J]. Contemporary issues in technology and teacher education, 2009, 9 (1): 71 – 88.

④ CHAI C S, KOH J H L, HO H N J, et al. Examining preservice teachers' perceived knowledge of TPACK and cyberwellness through structural equation modeling [J]. Australasian journal of educational technology, 2012, (28): 1000 – 1019.

⑤ JAMIESON-PROCTOR R, ALBION P, FINGER G, et al. Development of the TTF TPACK survey instrument [J]. Australian educational computing, 2013, (13): 26 – 35.

⑥ DONG Y, CHAI C S, SANG G-Y, et al. Exploring the profiles and interplays of pre-service and inservice teachers' technological pedagogical content knowledge (TPACK) in China [J]. Educational technology & society, 2015, 18 (1): 158 – 169.

⑦ JANG S J, CHANG Y H. Exploring the technological pedagogical and content knowledge (TPACK) of Taiwanese university physics instructors [J]. Australasian Journal of Educational Technology, 2016, 32 (1): 107 – 122.

步体现出高校物理教师在教学法与学科教学上有效融入技术的特点。这为研究数字时代高校教师信息化教学能力的测量工具提供了参考。

三、数字时代高校教师信息化教学能力的测量框架

信息技术已经被视为影响教师教学的有利因素，教学研究者强调信息技术能够促进学习者建构深度理解的知识内容，基于真实问题开展主动性和合作性的学习，这种学习被视为信息技术支持的有意义学习①。Howland 等在 2012 年提出：技术深度融入课堂教学是高度依赖教师的信念、知识和自身实际经验的，实际教学效果同教师对技术的信念、态度、知识及设计技术融合性课程的能力是密切相关的②。

由此可见，研制数字时代高校教师信息化教学能力的测量工具需要进行系统性分析。笔者在分析高校教师教学能力结构特点和专业标准的基础上，提出了数字时代高校教师信息化教学能力的结构框架③，从 ICT 融入教学的意识、素养、能力和研究等四个方面来描述数字时代教师教学能力的发展阶段，并建构了数字时代高校教师信息化教学能力的测量框架，如图 5 - 1 所示。

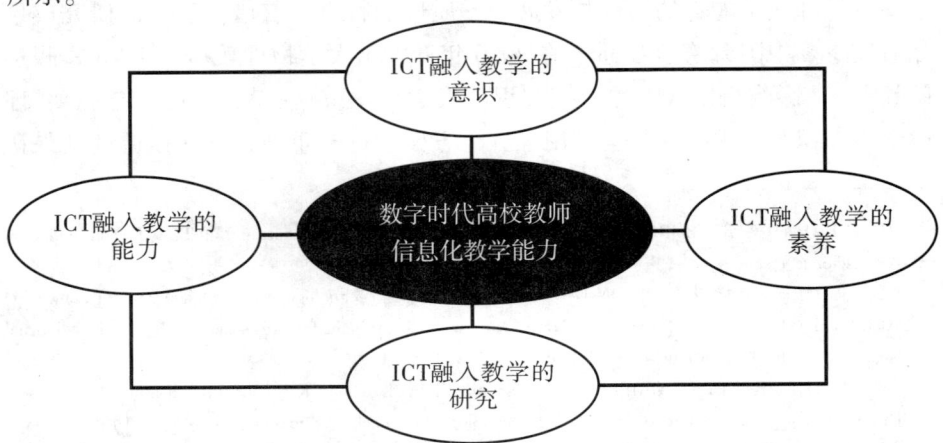

图 5 - 1　数字时代高校教师信息化教学能力的测量框架

---

① COLLINS A，HALVERSON R. Rethinking education in the age of technology. The digital revolution and schooling in America ［J］. Educational technology research and development，2010，（58）：5 - 18.

② HOWLAND J L，JONASSEN D，MARRA R M. Meaningful learning with technology ［M］. 4th ed. New York：Pearson Education InC. ，2012：75 - 79.

③ 葛文双，韩锡斌. 数字时代教师教学能力的标准框架 ［J］. 现代远程教育研究，2017（1）：59 - 67.

第三节 高校教师信息化教学能力测量问卷的开发与初步分析

一、问卷的初步编制

笔者以数字时代高校教师信息化教学能力的测量框架为基础，从 ICT 融入教学的意识、素养、能力和研究等四个维度出发，编制"数字时代高校教师信息化教学能力测量问卷"。在问卷的开发过程中，笔者借鉴 TPACK 测量量表基于教学实践的特色，结合清华教育在线网络教学平台支持教师开展混合教学应用情境，初步编制了"高校教师信息化教学能力测量问卷（原始版）"，包括 9 个题项的基本信息（具体见第三章表 3–1）和 32 个题项的能力量表（具体见第 3 章表 3–2）。

问卷采用里克特五点量表计分法，结构如下：

（1）意识部分主要用来描述教师对 ICT 融入教学实践的应用感知和应用意愿，包括 5 个题目（Aw1、Aw2、Aw3、Aw4 和 Aw5）。

（2）素养部分从信息技术工具应用、知识表征工具应用、资源制作与开发和网络教学平台应用等方面描述技术应用素养，包括 10 个题目（A1、A2、A3、A6、A7、A15、A18、A19、A27 和 A28）。

（3）能力部分从课程教学设计、教学模式应用、教学反馈指导、教学组织交互和学习效果评价等方面描述技术融入具体课程模式应用程度，包括 11 个题项（A16、A17、A20、A21、A22、A26、A29、A30、A31、A34 和 A35）。

（4）研究部分共 6 个题项（A23、A24、A25、A32、A33 和 A36），从研究改进课程教学的视角设计了反思、交流和专业发展方面的 3 个题项，还有 3 个题项主要测量教师在数字化教学中获取在线数据并进行教学效果评价与改进的能力。

意识部分采用"完全同意、比较同意、不确定、不同意、完全不同意"来描述由高到低的五个等级，素养、能力和研究部分采用"非常好、比较好、一般、不太好、非常不好"来描述由高到低的五个等级。

问卷编制完成后，于 2016 年 3—4 月先后邀请参与"清华教育在线"混合教学改革院校的校领导、教务处领导和教师，对问卷内容进行了意见征询，确保内容表述清晰、明确、不出现歧义，保证调查对象对题项描述主观认知的一致。经过初步意见征询，去除问卷中表述意思不明确或认为不适合

的两个题目，它们分别是能力部分的 A16 "我有效使用课程评价技术的熟练程度"和研究部分的 A23 "我利用互联网开展专业化学习和关注行业发展动向的情况"两个题目。

二、问卷的试测与题项分析

2016 年 5 月，面向 10 所参与"清华教育在线"混合教学改革院校的教师进行问卷的发放试测，其中包括 5 所普通本科和 5 所高职院校，通过清华教育在线网络教学平台的在线问卷系统进行数据采集。由于在线问卷系统具备题目遗漏项排查和题目一致程度的审核功能，能够在一定程度上保证采集问卷的完整性和有效性。

试测阶段共收集有效问卷 231 份，对试测问卷进行了题项分析，旨在筛查出不良指标的题项，保留品质良好的题项。依据问卷编制的一般原则，题项分析的评判主要包括六个指标[①]：

（1）判断问卷题目是否有遗漏值：当题目出现超过 10% 的被调查者没有填写的情况，属于不良题目，需要剔除。

（2）均值判断：当题目均值高于 4.5 或低于 1.5，属于不良题目，需要剔除。

（3）偏度系数：题目偏度系数的绝对值高于 1，属于不良题目，需要剔除。

（4）高低组别独立样本 T 检验分析：以 27% 作为判断值进行高低分组，如果高低分组独立样本 T 检验未达到显著差异水准，属于不良题目，需要剔除。

（5）修正题目与总体的相关性：修正后题目与总分相关系数低于 0.3，属于不良题目，需要剔除。

（6）删除该题后的 α 系数：当删除题目后的 α 系数高于问卷整体 α 系数时，属于不良指标，需要剔除。

基于采集到的试测数据，题项分析结果为：

（1）遗漏值判断，30 个题目没有遗漏项，指标良好。

（2）均值判断，30 个题目均值在 2.22～3.91 之间，指标良好。

（3）偏度系数判断，系数范围在 -0.61～0.65 之间，绝对值不高于 1，指标良好。

（4）高低组别独立样本 T 检验判断，经过分析发现 Aw5 的 T 检验系数

---

① 涂金堂. 量表编制与 SPSS［M］. 台湾：五南图书出版社，2012.

为 -0.49，没有达到显著性差异水平，Aw5 指标不良。

（5）修正题目与总体的相关性判断，经过分析发现 Aw1 的相关系数为0.132，Aw5 的相关系数为 -0.138，Aw1 和 Aw5 低于 0.3，指标不良。

（6）删除该题后的 α 系数判断，问卷整体 α 系数为 0.945，经过分析发现删除 Aw1 后的 α 系数为 0.948，删除 Aw5 后的 α 系数为 0.949，均高于问卷整体 α 系数，Aw1 和 Aw5 指标不良。具体的分析结果如表 5-1 所示。

表 5-1　题项分析结果

题号	均值	方差	偏度系数	题目高低组别独立样本 T 检验	修正题目与总体的相关性	删除该题后的 α 系数	不良指标数量	题目评判结果
A1	3.73	0.62	-0.18	7.09***	0.430	0.941	0	采纳
A2	3.91	0.64	-0.45	12.16***	0.570	0.940	0	采纳
A3	3.55	0.62	-0.19	7.51***	0.451	0.941	0	采纳
A6	3.50	0.60	-0.23	8.50***	0.542	0.940	0	采纳
A7	3.00	0.77	-0.19	7.70***	0.527	0.940	0	采纳
A15	3.40	0.57	-0.15	12.72***	0.725	0.938	0	采纳
A17	3.43	0.56	-0.33	12.50***	0.710	0.939	0	采纳
A18	3.01	0.94	-0.20	12.12***	0.694	0.938	0	采纳
A19	3.35	0.65	-0.46	11.67***	0.694	0.939	0	采纳
A20	3.32	0.61	-0.35	12.59***	0.703	0.939	0	采纳
A21	3.39	0.50	-0.20	13.74***	0.726	0.938	0	采纳
A22	3.24	0.70	-0.44	10.06***	0.664	0.939	0	采纳
A24	3.47	0.49	-0.39	12.64***	0.670	0.939	0	采纳
A25	3.42	0.58	-0.01	12.65***	0.694	0.939	0	采纳
A26	3.32	0.64	-0.02	13.66***	0.759	0.938	0	采纳
A27	3.39	0.64	-0.10	12.49***	0.740	0.938	0	采纳
A28	3.34	0.61	-0.24	12.29***	0.757	0.938	0	采纳
A29	3.29	0.72	-0.32	13.49***	0.730	0.938	0	采纳
A30	3.26	0.58	-0.05	15.26***	0.795	0.938	0	采纳
A31	3.19	0.60	-0.07	12.57***	0.719	0.938	0	采纳
A32	3.38	0.60	-0.20	11.34***	0.684	0.939	0	采纳
A33	3.36	0.62	-0.24	12.59***	0.669	0.939	0	采纳

续上表

题号	均值	方差	偏度系数	题目高低组别独立样本 T 检验	修正题目与总体的相关性	删除该题后的 α 系数	不良指标数量	题目评判结果
A34	3.13	0.62	−0.24	12.24***	0.730	0.938	0	采纳
A35	3.35	0.67	−0.49	10.26***	0.676	0.939	0	采纳
A36	3.71	0.53	−0.61	7.82***	0.549	0.940	0	采纳
Aw1	2.22	1.65	0.65	3.11**	0.132	0.948	2	拒绝
Aw2	3.83	0.64	−0.31	9.05***	0.466	0.941	0	采纳
Aw3	3.85	0.63	−0.35	9.76***	0.499	0.941	0	采纳
Aw4	3.82	0.62	−0.33	8.02***	0.421	0.941	0	采纳
Aw5	3.48	1.18	−0.45	−0.49	−0.138	0.949	3	拒绝

注：＊＊＊代表在 0.001 显著性水平下显著相关，＊＊代表在 0.01 显著性水平下显著相关。

综合上述分析，需要剔除问卷中意识部分的 Aw1 "我目前信息化教学应用水平与效果非常好" 和 Aw5 "我对混合教学的认识与理解非常深刻" 两个题目。

三、效度分析

笔者采用探索性因子分析方法对问卷进行效度因素分析，探究不同题项之间是否存在共同的潜在结构因素，判断问卷的共同结构因素是否同编制问卷的理论结构因素相匹配，以此来检验问卷是否具有良好的结构效度[①]。首先通过 KMO（Kaiser-Meyer-Olkin，检验统计量，是用于比较变量间简单相关系数和偏相关系数的指标）和 Bartlett（Bartlett 球状检验，用于检验相关阵中各变量间的相关性是否为单位阵，即检验各个变量是否各自独立）检验问卷是否适合做探索性因子分析，结果显示问卷总体 KMO 值为 0.913，要求大于 0.80，累积解释方差为 69.47%，Bartlett 球形检验结果的显著性特征值为 0.000（$P < 0.01$），说明问卷收敛效度和区分效度良好，适合进行因子分析。

对问卷进行主成分分析，以主轴因子法进行抽取，提取特征值大于 1 的

---

① 吴明隆. 结构方程模型：AMOS 的操作与应用 [M]. 2 版. 重庆：重庆大学出版社，2010：14 − 15.

因子，共提取 4 个公共因子，并采用"最大变异法"正直交转轴方式进行探索性因子分析，判断因子符合矩阵；再采用"直接斜交法"的斜交转轴方式进行因子结果解释，按照四个维度整理各因子题目载荷解释、特征值和解释方差百分比数值分析。整理如下：

（1）因子一素养，特征值 11.16，解释方差 39.9%，共 10 个题目："A1 我利用互联网检索、查询教学资源的熟练程度"共同度[①] 0.67，因子载荷 0.72；"A2 我使用信息化办公工具软件的熟练程度"共同度 0.95，因子载荷 0.97；"A3 我对教室多媒体数字设备的操作使用程度"共同度 0.65，因子载荷 0.70；"A6 我根据教学需要选择合适技术去呈现不同内容的应用效果"共同度 0.94，因子载荷 0.96；"A7 我使用知识管理工具（如思维导图软件）的熟练程度"共同度 0.93，因子载荷 0.96；"A15 我使用网络教学平台建设在线课程栏目与学习单元的应用程度"共同度 0.66，因子载荷 0.72；"A17 我为自己课程进行混合教学设计的应用程度"共同度 0.95，因子载荷 0.97；"A18 我为自己课程设计、开发适合多种数字终端微视频资源熟练程度"共同度 0.64，因子载荷 0.96；"A27 我使用网络教学平台上传微视频、文本等教学资源的熟练程度"共同度 0.94，因子载荷 0.96；"A28 我使用网络教学平台添加讨论区、小调查等教学活动的熟练程度"共同度 0.94，因子载荷 0.96。

（2）因子二能力，特征值 3.83，解释方差 53.5%，共 10 个题目："A19 我为自己课程设计、开发适合多种数字终端课件资源熟练程度"共同度 0.64，因子载荷 0.73；"A20 我使用合适技术对不同水平学生给予个性化指导的应用程度"共同度 0.70，因子载荷 0.78；"A21 我在自己教学过程中及时获取学生反馈信息的应用现状"共同度 0.57，因子载荷 0.65；"A22 我使用各种在线测试、作业对课程学习效果评价的应用程度"共同度 0.68，因子载荷 0.76；"A26 我在自己课程中针对项目合作任务实施多元评价的应用状况"共同度 0.73，因子载荷 0.79；"A29 我运用网络教学平台手机端 APP 来组织教学活动的熟练程度"共同度 0.71，因子载荷 0.77；"A30 我在自己教学中开展合作学习或项目化教学的应用状况"共同度 0.72，因子载荷 0.77；"A31 我在自己课堂教学中使用混合式教学、翻转课堂等方法的状况"共同度 0.72，因子载荷 0.79；"A34 我自己设计运行一门在线课程的熟练程度"共同度 0.70，因子载荷 0.76；"A35 我使用社交媒体组织学习交互的效果"

---

① 共同度是结构检验里面的专有名词，共同度（communality），亦称"公因子方差"。某一原变量在所有公因子上载荷的平方和。

共同度 0.71，因子载荷 0.78。

（3）因子三研究，特征值 1.81，解释方差 59.9%，共 5 个题目："A24 我利用数据分析学生的知识与技能掌握程度的情况"共同度 0.74，因子载荷 0.80；"A25 我利用各种电子评价或分析系统学习行为与效果的应用效果"共同度 0.72，因子载荷 0.77；"A32 我对自身信息化教学实践进行反思、改进的实施状况"共同度 0.72，因子载荷 0.78；"A33 我同本学科专业的教师就信息化教学问题进行交流的频率"共同度 0.74，因子载荷 0.76；"A36 我利用各种技术、方法策略丰富自身专业研究能力的情况"共同度 0.54，因子载荷 0.60。

（4）因子四意识，特征值 1.32，解释方差 64.7%，共 3 个题目："Aw2 我愿意应用信息通信技术（ICT）来改善自身的教学"共同度 0.80，因子载荷 0.81；"Aw3 我应用适当信息化教学方法提升效率与质量"共同度 0.90，因子载荷 0.92；"Aw4 我设计开发的混合课程对学生的培养作用显著"共同度 0.58，因子载荷 0.60。

在上述四个结构维度与题项的关联分析中，发现题项"A17 我为自己课程进行混合教学设计的应用程度"隶属于素养维度，题项"A19 我为自己课程设计、开发适合多种数字终端课件资源熟练程度"隶属于能力维度，可以设计有效课程被视为教学应用的前提，而课件资源由于应用变得越来越简单，被视为灵活性的教学组织资源，由此对测量框架进行了修订：将 A17 课程教学设计作为素养维度的内容，将 A19 课件资源的设计与制作作为能力维度的内容，修正后的问卷测量框架如表 5 - 2 所示，具体内容详见本书附录 A。

表 5 - 2　修正后的问卷维度与相关题目

维度	子维度	题目数量
ICT 融入课程教学的意识	应用意愿	Aw2
	应用感知	Aw3、Aw4
ICT 融入课程教学的素养	信息技术工具应用	A1、A2、A3、A6
	知识表征工具应用	A7
	课程设计素养	A17
	资源开发素养	A18
	网络教学平台应用	A15、A27、A28

续上表

维度	子维度	题目数量
ICT 融入课程教学的能力	教学模式应用	A30、A31、A34
	教学反馈指导	A20、A21
	教学组织与交互	A19、A29、A35
	学习效果评价	A22、A26
ICT 融入课程教学的研究	学习分析	A24、A25
	反思实践	A32
	分享交流	A33
	自我发展	A36

第四节 测量问卷的进一步验证

一、研究假设问题

（1）基于进一步的样本调查数据，能否采用结构方程模型的方法构建"意识—素养—能力—研究"的四维度因子模型，从而验证测量问卷结构框架是否有效度？

（2）整体样本数据的均值是否呈现正态分布，从而证明测量问卷中的题目对于教师教学能力水平具有较好的区分度？

（3）基于进一步的样本调查数据，能否表明问卷具有较好的信度？

二、调查设计与实施

（一）样本院校选取

根据教育部高等学校办学层次与类别，样本院校选取普通本科和高等职业两类院校，院校类型主要集中在综合类、理工类、财经类、政法类、师范类、民族类、农林类和医学类，考虑院校的地域划分，尽量在每个地区选择 1~2 所代表性院校，由此确定了抽样方案。

从北京、山东、江苏、浙江、辽宁、内蒙古、新疆、安徽、河南、陕西、重庆、湖北、广西、广东等 14 个省、直辖市或自治区选取 28 个样本院校，其中本科 14 所、高职 14 所。样本院校数据如表 5-3 所示。

表 5 - 3　抽样调查的院校情况（样本院校为"清华教育在线"混合教改实验高校）

地域划分	院校选取
华东地区（12）	山东：本科 3 所，高职 3 所　浙江：本科 1 所，高职 1 所 江苏：本科 1 所，高职 1 所　安徽：本科 1 所，高职 1 所
华北地区（4）	北京：本科 1 所，高职 1 所　内蒙古：本科 1 所，高职 1 所
华中地区（2）	河南：本科 1 所　湖北：高职 1 所
华南地区（2）	广西：本科 1 所　广东：高职 1 所
东北地区（2）	辽宁：本科 1 所，高职 1 所
西北地区（4）	陕西：本科 1 所，高职 1 所　新疆：本科 1 所，高职 1 所
西南地区（2）	重庆：本科 1 所，高职 1 所

（二）样本数据采集

我们通过清华教育在线网络教学平台的问卷管理系统对 28 所院校的教师进行在线问卷发放，请教师通过手机 APP 或电脑端网页登录填写问卷，系统自动筛选与采集数据，对教师填写问卷进行作答遗漏项或答案连续一致排查。当教师作答出现遗漏题目或连续作答选项超过 90% 一致时，系统会在问卷提交时提醒教师重新作答，从技术层面保证了教师填写问卷的有效性。另外，参与调查的教师均为应用"清华教育在线"平台开展混合课程教学或参与混合教学能力培训项目的教师，这样进一步保证了问卷调查的真实性。我们于 2016 年 7 月—2017 年 1 月期间进行样本数据采集，共回收有效问卷 1 147 份，其中本科院校教师问卷 465 份，高职院校教师问卷 682 份。

（三）样本对象分析

调查样本共计 1 147 人，主要情况如下：

（1）本科院校教师 465 人，高职院校教师 682 人。

（2）男教师 373 人（本科 162 人，高职 211 人），女教师 774 人（本科 303 人，高职 471 人）。

（3）教龄 1～5 年的 282 人，6～10 年的 300 人，11～15 年的 328 人，15 年以上的 237 人。

（4）本科学历的 185 人，硕士研究生学历的 806 人，博士学历的 156 人。

（5）正高职称 64 人，副高职称 296 人，中级职称 617 人，初级职称 170 人。

（6）国家教学名师 2 人，省级教学名师 16 人，校级教学名师 86 人。

（7）学科包括哲学、医学、文学/语言学、法学、理学、经济学、管理学、教育学、工学、艺术学、历史学、农学等（见表 5 - 4）。

表 5 - 4　抽查样本对象情况分析

项目		本科（$N=465$）	高职（$N=682$）	总计（$N=1\,147$）
性别	男	162（34.1%）	211（18.4%）	373（32.5%）
	女	303（26.4%）	471（41.1%）	774（67.5%）
民族	汉	427（37.2%）	630（54.9%）	1 057（92.2%）
	少数民族	38（3.3%）	52（4.5%）	90（7.8%）
教龄	1~5 年	100（8.7%）	182（15.9%）	282（24.6%）
	6~10 年	122（10.6%）	178（15.6%）	300（26.2%）
	11~15 年	123（10.7%）	205（17.9%）	328（28.6%）
	15 年以上	120（10.5%）	117（10.2%）	237（20.7%）
最高学历	本科	38（3.3%）	147（12.8%）	185（16.1%）
	硕士	323（28.2%）	483（42.1%）	806（70.3%）
	博士	99（8.6%）	52（4.6%）	151（13.2%）
	海外博士	5（0.4%）	0（0.0%）	5（0.4%）
职称	正高	36（3.1%）	28（2.4%）	64（5.5%）
	副高	148（12.9%）	148（12.9%）	296（25.9%）
	中级	238（20.7%）	379（33.0%）	617（53.8%）
	初级	43（3.7%）	127（11.1%）	170（14.8%）
教学名师	国家级	2（0.2%）	0（0.0%）	2（0.2%）
	省级	4（0.3%）	12（1.0%）	16（1.4%）
	校级	25（2.2%）	61（5.3%）	86（7.5%）
	无	434（37.8%）	609（53.1%）	1 043（90.9%）
学科分布		哲学-126，医学-122，文学/语言学-153，军事学-5，法学-42，理学-139，经济学-113，管理学-131，教育学-78，工学-151，艺术学-41，历史学-10，农学-36		

从表 5 - 4 中可以看出，样本从地域、类型、教师性别、教龄层次、学历层次、教学经验和学科专业等方面都做到了基本覆盖，使得调查数据具有一定的代表性。

三、四维度因子模型的验证性分析

验证性因子分析是为确认问卷各层面包含的题目是否符合原先的理论预期，用线性结构方程模型软件加以验证，探究问卷的因子结构能否与抽取样本适配①。根据问卷依据的结构框架，构建基于"ICT 融入课程教学的意识、素养、能力和研究"四个维度的因子模型，使用 AMOS 21.0 进行结构方程模型的验证因子分析，考察模型数据与结构的拟合优度，其结果（标准化系数，standardized estimates）如图 5 – 2 所示。

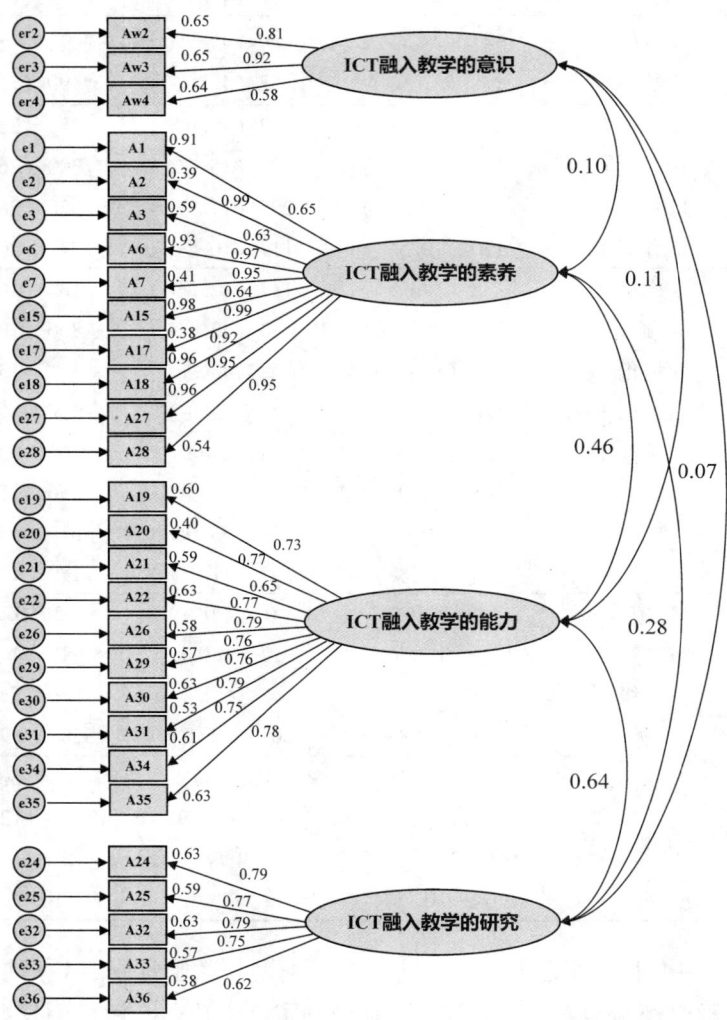

图 5 – 2　数字时代高校教师教学能力四因子结构模型

构建的结构方程模型的拟合度指数如表 5 – 5 所示，现实模型拟合程度良好。x^2/df 值为 2.97，适配度指数 GFI、调整后适配度指数 AGFI、标准适配

①　吴明隆. 结构方程模型：AMOS 的操作与应用 ［M］. 2 版. 重庆：重庆大学出版社，2010；15 – 16.

指数 NFI、非规范适配指数 TLI 和比较适配指数 CFI 均在 0.9 以上，RMSEA 在 0.08 之下，模型拟合效果较好。该结果表明：样本数据可以很好地拟合为"意识—素养—能力—研究"四维度因子模型，从而验证了测量问卷的结构框架的有效性。

表 5 - 5　模型拟合指数

项目	x^2/df	GFI	AGFI	CFI	TLI	NFI	RMSEA
理想值	< 8.0	> 0.8	> 0.8	> 0.9	> 0.9	> 0.9	< 0.08
实际值	2.97	0.94	0.92	0.98	0.95	0.97	0.04

四、样本调查数据整体均值的正态分布性验证

对样本中 1 147 名高校教师的数字化环境下教学能力水平进行均值统计，整体均值为 3.46，标准误为 0.014，均值标准差 0.47，个体均值范围在 1.57 ~ 4.89 之间，均值偏度 0.167，标准误为 0.072，对样本调查数据进行正态性（K - S）检验，结果如表 5 - 6 所示。

表 5 - 6　正态性检验

项目	Kolmogorov - Smirnov[a]			Shapiro - Wilk		
	统计量	df	Sig.	统计量	df	Sig.
平均分	0.035	1 147	0.002	0.995	1147	0.001

a. Lilliefors 显著水平修正。

均值偏度为 0.167，说明整体趋势呈现正偏态分布，K - S 值为 0.035 < 0.05，说明整体均值呈现正态分布态势，问卷测试题目具有较好的区分度，能够用于较好地测量教师的能力水平。

五、信度检验

对测量问卷各层面和总体的信度进行检验，当 α 系数值在 0.80 以上，说明具有较高系数，每个子维度层面的内在信度 α 会比总体的信度 α 值低[①]。对问卷进行信度分析后，发现题项区分度达到显著性差异，总体信度检验的 α 系数为 0.956，意识维度的 α 系数为 0.948，素养维度的 α 系数为 0.876，能力维度的 α 系数为 0.934，研究维度的 α 系数为 0.830，由此说明测量问卷具有较高的信度，可以用于更大范围的调查应用。

---

① 吴明隆. 问卷统计分析实务：SPSS 操作与应用 [M]. 重庆：重庆大学出版社，2010：328 - 332.

第六章　高校教师信息化教学能力培训项目的设计与实施

本书关注的高校教师培训实践工作主要是构建提升高校教师信息化教学能力的培训项目，指向提升数字时代教师开展信息化教学应用的实践效果，以"信息技术深度融合于教师课程教学"为目标，促进学生有效、高效和高参与度地开展课程学习。本章立足于促进"清华教育在线"混合教学改革合作院校系统性变革的视角，建设促进院校教师有效开展混合课程教学的培训项目，探索促进教师信息化教学能力提升的培训组织模式与培训知识体系。

第一节　培训趋势分析

教师专业发展系统一般由专业化的发展项目、参与培训的教师、促进者（指导参加培训教师在系统中建构新知识与实践内容）以及教学情境等四个因素所构成。要构建有效的培训项目，需要从专业发展系统来综合考虑。培训项目在建设初期，首先要对教师相关培训的已有现状进行分析，确定开展教师信息化教学培训的必要性。由此，本章节通过对在线学习的发展线索和混合式教学的政策趋势的分析，提出混合式教学能力已经成为高校教师未来发展的专业性能力。

一、在线学习的线索：来自美国斯隆报告的启示

（一）问题1：在线学习能否为高校的教育教学改革提供决策？

已有的研究表明：在美国有相当一部分比例的高校学术机构领导者认为在线学习对于学校的长远发展具有深远影响，很多学校的资深教授和研究专家对于在线学习的关注度也在持续提升。从美国斯隆报告（Sloan Report）十

三年跟踪的调查数据来看，高等教育机构已经逐渐接受远程教育的在线学习作为一种主要的学习方式，并认为在线学习将在未来扮演重要的角色。如图6-1数据所示，高等教育机构对于在线学习在未来学校发展中扮演重要角色的支持比例在逐年小幅度上升，而持中立和反对态度的比例在下降，在2014年持支持意见的高校比例达到了70.8%，在2015年虽然有所回落，但是支持的比例也在63.3%，这初步说明在线学习已经被众多高等教育机构视为未来教育教学发展的重要内容①。

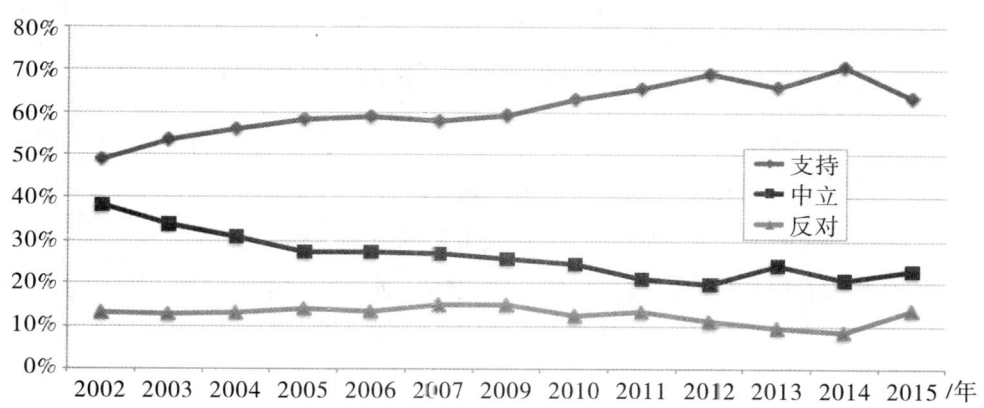

图6-1 高等教育机构对在线学习在未来学校发展中的角色认同（2002—2015年）

（二）问题2：在线学习能否取得与面对面课堂教学一样的学习效果？

从2003年以来，斯隆报告对于美国高校在线学习效果和面授效果的对比认可度进行了持续性的跟踪调查。从2003年到2012年的七次调查数据显示：在2003年、2004年、2006年、2009年、2010年、2011年和2012年，高校认为在线学习效果与面授课堂教学效果相同或更好的比例持续提升，从最初2003年的57.2%逐渐上升到2012年的77%；而从2013年、2014年和2015年的调查数据来看，高校对在线学校效果的认可度又开始出现了一定程度的下降，到2015年变为有71.4%的高校认为在线学习具有相同和更好的学习效果②，具体如图6-2所示。

---

①② ALLEN I E, SEAMAN J, POULIN R, et al. Tracking online education in the United States ［EB/OL］. (2016 - 12 -10)［2020 - 08 - 30］. https://onlinelearningconsortium. org/survey_ report/2015 - online - report - card - tracking - online - education - united - states/.

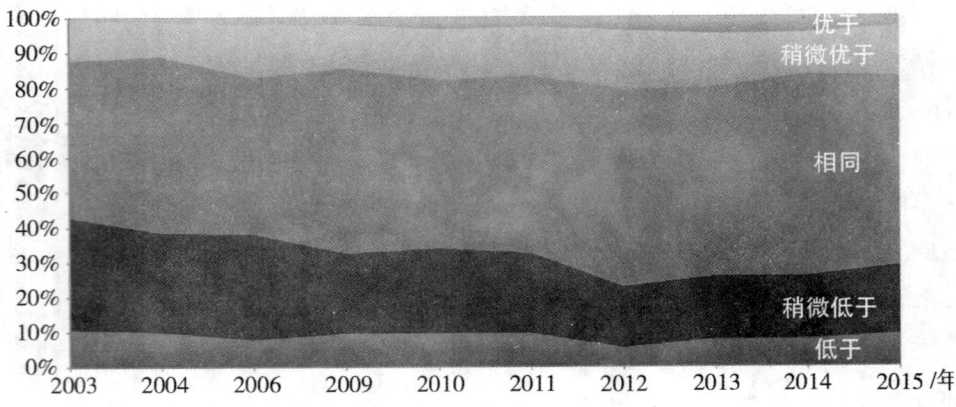

图 6 - 2　在线学习同面对面课堂学习效果认同的趋势分析（2003—2015）

从研究报告的进一步分析解释来看，很多高校开始关注将在线学习同面对面课堂学习相结合，开展混合教学的应用实践。

（三）问题3：混合学习是否会成为未来主流的学习方式?

高等教育机构中有超过一半的首席教授或研究员对于在线学习的质量持中立或保留意见，他们更加倾向于把在线学习同传统面对面教学相结合的混合式教学，认为这种混合课程的发展潜力要超过完全在线的课程①。如图6 - 3所示，高校教育机构中目前认为混合学习同面对面课堂教学具有相同效

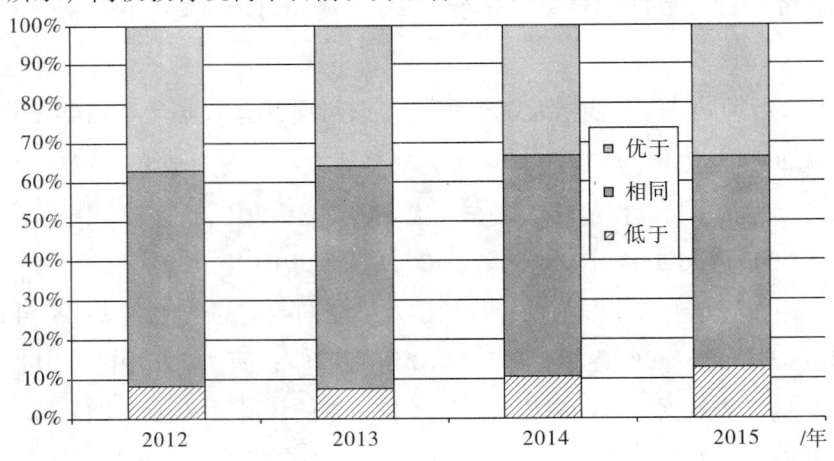

图 6 - 3　高校对混合学习学习效果的认可度

①　ALLEN I E，SEAMAN J，POULIN R，et al. Tracking online education in the United States［EB/OL］.（2016 - 12 - 10）［2020 - 08 - 30］. https://onlinelearningconsortium. org/survey_report/2015 - online - report - card - tracking - online - education - united - states/.

果的比例在 54%～56% 之间，而认为混合学习效果要优于面对面课堂教学效果的比例在 33%～37% 之间，说明混合学习逐渐成为未来发展的趋势。

（四）问题 4：提升教师在线教学或混合教学能力采用何种方式？

为了促进教师从传统课堂教学能力向在线教学/混合教学能力的转变，各高等教育机构纷纷采用提供各种培训来提升教师利用网络进行在线教学的技能。目前教师培训主要采用了三种方式：传统面授式、网络在线式和混合培训式。从教师的接受程度来看，教师更青睐于将传统面授和网络在线相结合的混合培训模式；从教师培训内容的需求程度来看，超过 60% 的美国高校更希望为教师提供指导教师开展在线或混合课程的培训①。

二、混合教学的兴起：来自国家政策的支持

混合教学最早于 1990 年前后在美国和加拿大的教育中开始出现，将远程在线学习同课堂面对面教学相结合，大学教师通过网络在线环境可以为学习者提供数字化的学习资源，诸如电子书、数字媒体或视频等来改变学习者的学习方式和行为，进一步促进学习者更加主动地讨论和交流，从而开始受到关注②。随着信息技术和社会经济的高速发展，国家从政策层面也开始高度关注混合式教学，鼓励各高校积极开展混合教学的相关实践。

（一）教育部"教育信息化 2.0 行动计划"

教育部在 2018 年 4 月 13 日发布了《教育信息化 2.0 行动计划》，要求要办好网络教学，积极推进"互联网＋教育"发展，加快教育现代化和教育强国建设，推进新时代教育信息化发展，培育创新驱动发展新引擎，必须聚焦新时代对人才培养的新需求，强化以能力为先的人才培养理念，将教育信息化作为教育系统性变革的内生变量，支撑引领教育现代化发展，推动教育理念更新、模式变革、体系重构，使我国教育信息化发展水平走在世界前列，发挥全球引领作用，为国际教育信息化发展提供中国智慧和中国方案。该文件提出要基于"互联网＋教育"大平台与服务模式，推动信息技术与教育的深度融合，促进教育信息化从融合应用向创新发展的高阶演进，信息技

---

① ALLEN I E, SEAMAN J, POULIN R, et al. Tracking online education in the United States[EB/OL]. (2016 - 12 - 10)[2020 - 08 - 30]. https://onlinelearningconsortium.org/survey_report/2015 - online - report - card - tracking - online - education - united - states/.

② GHAZALI R, SOON C C, HAS Z, et al. The effectiveness of blended learning approach with Student's perceptions in control systems engineering course [J]. International journal of human and technology interaction, 2018, 2 (2): 103 - 108.

术和智能技术深度融入教育全过程，推动改进教学、优化管理、提升绩效，全面提升师生信息素养，推动从技术应用向能力素质拓展，使之具备良好的信息思维，适应信息社会发展的要求，应用信息技术解决教学、学习、生活中问题的能力成为必备的基本素质，这为新时代教师应用信息技术进行教育教学改革提供了方向性的指导。

（二）教育部"实施卓越教师培养计划 2.0"

教育部教师工作司在 2018 年 9 月 30 日发布了《关于实施卓越教师培养计划 2.0 的意见》，提出要培养造就数以百万计的骨干教师、数以十万计的卓越教师、数以万计的教育家型教师。文件中指出：要深化信息技术助推教育教学改革成效，推动人工智能、智慧学习环境等新技术与教师教育课程全方位融合，充分利用虚拟现实、增强现实和混合现实等，建设开发一批交互性、情境化的教师教育课程资源；及时吸收基础教育、职业教育改革发展最新成果，开设模块化的教师教育课程，精选中小学教育教学和教师培训优秀案例，建立短小实用的微视频和结构化的、能够进行深度分析的课例库；推广翻转课堂、混合式教学等新型教学模式，形成线上教学与线下教学有机结合、深度融通的自主、合作、探究学习模式。这对未来教师的信息化教学能力提出了更高的要求。

（三）教育部启动"六卓越一拔尖"计划 2.0

教育部在 2019 年 4 月 30 日启动了"六卓越一拔尖"计划 2.0，主要是对中国高等教育人才培养体制机制进行综合改革。这项计划是对我国高等教育质量的重新定位和全面提升。在该计划中提出了开展一流本科专业建设的"双万计划"——金砖计划，即建设一万个左右国家级一流本科专业点和一万个左右省级一流本科专业点；实施一流本科课程的"双万计划"——金课建设计划，即建设一万门左右国家级一流课程和一万门左右省级一流课程，包括具有高阶性、创新性、挑战度的，线上、线下、线上线下混合式的虚拟仿真和社会实践各类型课程①。由此可以看出：混合式课程教学已经从国家战略层面对高校的未来课程建设提出了要求。

---

① 教育部高等教育司. 中国高等教育的质量革命启动实施"六卓越一拔尖"计划 2.0 有关情况 [EB/OL]. (2019 - 04 - 30)[2020 - 08 - 30]. http://www.moe.gov.cn/fbh/live/2019/50601/sfcl/201904/t20190429_379943.html.

第二节　培训相关需求的调研

经过对培训项目已有现状的分析，接下来要确定培训建设的基本需求。本团队和 UMOOC 公司合作为"清华教育在线"网络教学平台的混合教改合作院校开展教师混合教学能力提升培训项目，来促进这些合作院校的教育教学变革。笔者在 2015 年 11 月针对本研究团队已参与的培训人员进行了个体或团队访谈，来确认培训现状与主要问题。笔者在 2015 年 11 月 18 日—11月 29 日对 9 名参与过培训的人员进行了访谈。

一、访谈分析现有培训内容与实施现状

访谈对象 A，THU 研究团队培训专家，时间为 2015 年 11 月 18 日，访谈内容要点如下："目前，研究所与公司针对合作院校开展信息化教学培训主要包括院校进行混合教学改革的理念导向的专家报告、混合课程教学设计方面的专家报告、混合教学案例成果介绍、网络教学平台功能性使用操作层面培训、现场的答疑交流等五个方面。基本是按照一种从理念到实操的方式来构建了这样一种简单体系的培训。""现有培训材料或内容主要是研究所团队有关混合教育教学理念方面两位专家报告 PPT、网络教学平台应用功能培训的材料 PPT、课程教学设计方面的专家报告 PPT 和我们收集的院校开展混合教学改革应用的实践案例文档。"从上述访谈内容要点，我们可以提取出：针对合作院校的信息化教学培训已有内容主要为混合教改理念的专家报告、混合课程教学设计专家报告、网络教学平台的技术应用操作指导、合作院校开展混合教学应用的一些优秀案例。

访谈对象 B，UMOOC 公司教学设计与培训讲师，时间为 2015 年 11 月19 日，访谈内容要点如下："目前我们为合作院校开展信息化教学培训是以理念和案例为主的报告、网络教学平台功能操作。像我现在半年至少要做近30 场培训，所以说目前院校需求是非常大和非常迫切的。我们目前大部分培训时长是一天，一般上午是专家理念和课程设计的报告，下午是优秀案例介绍、网络教学平台的功能实际操作性的培训，基本上思路比较清楚了，但目前最大的问题是培训效果还是没有办法保障，时间比较紧张，所以估计有些内容讲授也不是特别充分。我觉得现在院校教师特别需要的就是针对混合课程如何去设计、建设和应用的系统化流程，目前这是我们所缺乏的。"从上述访谈内容要点，我们可以提取出：每年培训 30 场，合作院校对教师培训

需求强烈；培训主要采用到校服务方式，每年任务量大；时间比较紧张，有些内容讲述不充分；培训组织流程为上午混合教改理念专家报告和课程教学设计专家报告，下午院校教师优秀教学应用案例和网络教学平台技术操作。

访谈对象 C，UMOOC 公司教学设计与培训讲师，时间为 2015 年 11 月 20 日，访谈内容要点如下："目前，我们去给合作院校做的信息化教学培训主要涉及两个层面：一是针对混合教学理念引导、混合课程教学思路、设计要点方面的；二是针对教师在网络教学平台操作和课程建设方面的。一般去院校进行培训的时间是一天。还有就是在培训之前一般会跟合作院校有座谈，主要是同学校教务处等相关领导和管理人员就如何推动学校混合教学应用进行交流，还有就是同合作院校确定建设混合课程的教师进行座谈交流，听取他们的建议和反馈，方便我们有针对性地开展下一阶段教学应用跟踪的工作。目前在实际培训中，院校教师比较关心的是课程设计与建设方面的内容，需要有针对性地指导。我们现在一天的培训从系统性和连贯性上看还有差距。"从上述访谈内容要点，我们可以提取出：培训时间为一天，内容包括混合教学理念和课程教学设计、网络教学平台建设；培训之前会同合作院校领导与管理人员进行座谈交流；院校教师目前关注混合课程设计内容，需要有针对性地培训指导。

访谈对象 D，THU 研究团队培训专家，时间为 2015 年 11 月 21 日，访谈内容要点如下："目前我们针对院校开展信息化教学培训主要的一种方式是服务人员到合作院校去做，还有就是一些院校到 THU 来做集中培训。目前我们基本上是从混合教育教学理念、课程教学设计和网络教学平台建设课程等三个环节进行操作的，初步来看达到了一定的效果，但是专业性和系统性方面还需要加强，特别需要进行规划设计，使得培训具有理论依据，能够形成一个系统全面的培训解决方案。"从上述访谈内容要点，我们可以提取出：培训总体思路应为从混合教育教学理念到课程教学设计再到网络教学平台课程建设；目前培训在专业和系统上欠缺；培训需要一个具有理论依据的系统性方案。

访谈对象 E、F、G、H、I，UMOOC 公司技术服务与培训人员，时间为 2015 年 11 月 20 日，访谈内容要点如下："每年我基本上要去院校做五六十场网络教学平台功能和课程建设方面的培训，目前信息化教学培训主要是混合教育教学理念与案例报告和网络教学平台功能与课程建设实操两个大部分。在跟院校教师交流的过程中，发现教师除了这两部分之外，还对课程设计与教学优化非常重视，而我们现在这方面还缺少相应的研究。"（E 发言）

"我目前跟 THU 培训专家一起给合作院校做信息化教学培训共有十几次了，一般是 THU 选派专家做混合教育教学理念、案例和设计方面的培训，我主要是做平台技术与课程建设方面的培训，目前这种模式的培训比之前单纯网络教学平台技术类培训更受学校欢迎。但是现在很多院交教师也反映，混合课程设计与教学应用方面的培训需要具体学科专业的实践操作方法，而现在这是我们欠缺的。"（F 发言）"我主要负责西北地区的教师培训和平台服务工作，这个学期大概培训了 30 次了。我们目前的培训和之前的一样，从教学理念报告到课程设计，再到平台操作与建设，这是一个一体化的过程。但是现在从操作来看，还比较粗，很多内容不细致，特别是我们针对不同类型院校提供的案例也相对缺乏针对性，这是我们接下来要考虑重点建设的。"（G 发言）"我主要负责西南地区，网络教学平台技术的培训基本上每个学期要 30 场左右，目前推动院校混合教学改革的培训，西南地区一共做了 3 所院校，基本上我都牵头参与了。培训流程基本上就是专家报告和院校教务处座谈，课程设计和平台技术操作方面的培训。其中，专家报告主要是激发院校教师开展混合教学的积极性，接下来课程设计需要我们对院校教师进行指导，最后就是给教师讲解基本功能操作，一对一地进行课程建设的指导。"（H 发言）'我做教师信息化教学能力提升培训大概有 20 次了。目前我们培训主要围绕促进院校进行混合教学变革的专家报告、教师引导性座谈和网络教学平台操作等内容。我主要做的是混合教学单元建设和平台操作方面，教师基本上做混合课程，技术操作能力是不可避免的，这方面我们一直研究得还是比较成熟的。但是目前我们课程设计的培训还是比较偏重理论，教师们经常反映落地性不强，我们需要落地性的课程教学设计，并且希望专家能够把培训规划得更为系统。"（I 发言）从上述访谈内容要点，我们可以提取出一些关键信息：E 认为培训主要包括混合教学理念和课程建设两部分内容，教师比较关注课程教学设计，这方面他们欠缺；F 认为课程教学设计要深入学科实践层面，他们那种专家报告还不能达到，目前已有的培训模式比之前单纯的网络教学平台技术培训更受教师欢迎；G 认为培训内容还比较粗，不细致，针对不同类型院校提供的案例缺乏针对性；H 认为培训组织一般为专家报告、座谈交流、课程教学设计报告和网络教学平台技术培训；I 认为目前他们的网络教学平台技术操作比较成熟，课程设计报告偏重理论，落地性不强，需要与实践结合的教学设计。

针对上述访谈提取的内容要点进行编码归纳处理，结果如表 6-1 所示。

表 6 - 1　培训现状的教师访谈编码归纳

归纳维度	提取数量	贡献①
培训工作量大	7	B 贡献 2；E 贡献 1；F 贡献 1；G 贡献 1；H 贡献 1；I 贡献 1
培训内容为混合教学理念、课程教学设计、院校优秀案例和网络教学平台技术操作	6	A 贡献 1；B 贡献 1；C 贡献 1；D 贡献 1；E 贡献 1；H 贡献 1
混合课程教学设计内容需更实用	4	C 贡献 1；E 贡献 1；F 贡献 1；I 贡献 1
专业性与系统性欠缺	3	D 贡献 1；G 贡献 1；I 贡献 1
培训时间一天	2	B 贡献 1；C 贡献 1
与院校座谈	2	C 贡献 1；H 贡献 1
案例缺少针对性	2	C 贡献 1；G 贡献 1
培训时间紧张，内容讲述不充分	1	B 贡献 1
培训需要理论支撑	1	D 贡献 1
现有模式比单纯平台技术受欢迎	1	F 贡献 1
网络教学平台技术操作内容成熟	1	I 贡献 1

从上述编码分析中，可以看出目前针对合作院校开展混合教学培训的现状主要为：第一，培训量大，合作院校的需求强烈。第二，初步形成一个培训体系，主要从混合教学理念，到课程教学设计报告，再到优秀案例介绍和网络教学平台建设。第三，现有培训系统性和专业性上欠缺，如从内容来看，混合课程教学设计部分实用性不足，案例针对性不强；从实施来看，培训时间基本为一天，时间比较紧，教师参与学习的任务相对较多；从初步效果来看，院校教师对于现有培训模式比以往单纯网络教学平台技术培训接受程度更高。

二、访谈分析现有培训的组织过程

为了进一步掌握现有培训组织实施过程，笔者通过三个问题来进行访谈。

---

① 贡献指访谈者访谈文本中报告归纳维度内容出现的次数。

问题 1：您在培训中一般主要采取什么样的方式？

访谈对象 A 回答"以讲授式居多"；访谈对象 B 回答"培训主要还是讲授式居多，在课程设计和建设的指导环节我们更多是问题交流"；访谈对象 C 回答"主要是讲授的方式，在指导教师做自己课程的设计时，会进行一对一的指导"；访谈对象 D 回答"还是以讲授为主，有关平台的使用操作，更多是一对一地演示和指导"；访谈对象 E 回答"讲授为主，会有一些一对一的讨论和指导"；访谈对象 F 回答"我一般采用对于平台功能进行操作演示，机房里的教师控制，让所有参训教师都观摩我进行平台使用和课程建设的步骤，然后让教师自己动手练习，有问题再一对一地进行指导。另外，针对一些问题，我也采用同老师进行讨论交流的方式，将自己对于混合教学的理解提供给老师们"；访谈对象 G 回答"主要是讲授式、案例引导和实践操作"；访谈对象 H 回答"我个人语言风格，决定我比较喜爱采用讲授式的培训方式，设计的一些问题，也主要是一些情境性的培训，属于自问式的"；访谈对象 I 回答"我做培训还是以讲授的方式为主，一般都是 2 个小时左右的培训，有 1 个小时 15 分钟左右进行演示操作，后面让老师自己操作来建课，我会进行一对一的指导"。从上述访谈对象的回答来看，培训模式以传统教师讲授式为主，在网络教学平台技术方面会有面对面的操作指导。

问题 2：您感觉参加培训的教师对于哪一部分最为关注？对他们最有效果？

访谈对象 A 回答"我觉得课程设计、案例介绍和平台技术实操这三部分，老师更为关注"；访谈对象 B 回答"教师比较关注课程建设和平台使用的策略，还有就是混合课程的设计与模式应用"；访谈对象 C 回答"院校老师一般更为看重课程设计、课程建设和混合教学案例"；访谈对象 D 回答"我主讲的混合教学设计和应用案例对于教师来说，最为实用。我把混合教学模式归纳了十几种，在培训中一般会让教师根据我所讲的内容，自己结合他的学科课程，设计具体的混合教学模式"；访谈对象 E 回答"学校老师大部分对于平台操作都很感兴趣。此外，老师更关心平台中一些功能的使用策略和课程中的教学设计。教师一般反馈对小规模的培训更感兴趣，而且培训也更有效果"；访谈对象 F 回答"老师觉得案例教学对他们最有效果，像理念也很重要，但是案例更受老师欢迎"；访谈对象 G 回答"像课程设计也很重要，但是基本上我更倾向于对老师一对一地指导，比如电话交流"；访谈对象 H 回答"我感觉大部分老师最为关注的是混合课程设计与建设这一部分。特别是设计这块内容，老师们非常需要知道某一部分活动是适合线上还是适合线下，需要给出一个参考的建议。目前针对线上、线下、课内和课外

对活动进行了一个简单的分类，但是不具有实践操作性。老师们现在迫切需要指导，混合教学如何使线上与线下有效结合，老师们在这方面刚开始特别困惑"；访谈对象 I 回答"目前最重要的是课程设计和课程教学模式部分。从培训结构来看，教师接触系统时，对于系统使用时，感觉有一定的难度，对于教师做混合教学时，很多教师比较难以接受。这就需要一种比较明确的课程设计实施方案，对于教师有一种行动上的支持。我觉得其实对于教师开展混合教学来说，教学设计能力是核心必备的能力，这也是短时间提升教师混合教学能力最有效的"。从上述访谈对象的回答来看，合作院校教师一般对于混合课程教学设计非常关注，对于课程应用案例介绍也比较关注，还有就是网络教学平台的技术应用技巧与策略也是非常重要的。

问题 3：您在培训前或培训后是否进行过培训状况的调查？

访谈对象 A 回答"我们设计过一些调查，但由于每次培训的时间很紧张，往往没有"；访谈对象 B 回答"每次培训时间都特别紧张，基本上没有；但是从与参加培训教师的交谈当中，他们反馈都还不错"；访谈对象 C 回答"有一段时间实施过，但由于调查效果不好，教师对于填写纸质问卷比较反感，后来也就取消了"；访谈对象 D 回答"刚开始我们做过一段时间，主要是发放纸质问卷，但由于效果不好，后来也就没有再进行调查"；访谈对象 E 回答"我目前还没有做过，但是某些院校自己会对培训做个调查，我感觉这方面其实还是比较重要的"；访谈对象 F 回答"确实有过，但是大家都比较忙，都没有持续下去，但是从培训效果的分析角度出发，这种调查是非常有必要的"；访谈对象 G 回答"培训前主要是了解参加培训的教师情况，在培训时有针对性；培训后的调查比较少，后期在跟踪时会或多或少问一下"；访谈对象 H 回答"一般在培训开始前会跟院校教务处了解参加培训教师和他们课程的情况，在培训结束后，有一个交流互动环节，来了解教师培训后的掌握程度。但是没有采用问卷或量表等方式来去衡量培训前后效果"；访谈对象 I 回答"每次培训时间都比较紧张，还没有进行这样的调查"。从上述访谈对象的回答来看，目前对每个院校教师培训之后，并没有对培训效果进行调查反馈，缺少对培训内容与组织实施环节的控制，这是需要进行加强的。

三、访谈中揭示现有培训的主要问题

从笔者对参与培训人员的访谈内容分析来看，我们可以把现有培训的主要问题归纳为：

第一，培训以讲授方式为主，课程教学个性化指导与培训学习互动性不强。

第二，培训中部分内容效果性和针对性不强，主要体现在课程教学设计和优秀课程案例两个部分。

第三，培训需求量很大，面对培训的工作压力，在培训日程与内容设计方面，还有没形成固定模块化的培训内容，培训针对性和效果性往往无法得到有效保障。

此外，从对参与培训人员的访谈内容来看，我们针对现有培训的设计与优化建议总结为：

第一，培训需要进行系统性规划，对培训内容质量进行监控，并能够针对教师需求不断优化培训内容，形成以教师需求为导向的培训项目。

第二，有关信息技术融入课程教学实践方面内容需要加强，特别是混合课程教学设计和优秀混合课程应用案例介绍，两个方面做到更有针对性。

第三，对培训内容、日程安排、组织方式和培训模式等进行系统性设计，形成具有指导性的培训项目实施方案。

第三节　培训项目构建的理论依据

针对目前"清华教育在线"混合教学改革高校教师培训的现状，本研究提出从高校教师信息化教学能力的发展特征出发，构建数字时代高校教师信息化教学能力提升的培训项目。即将"数字时代高校教师信息化教学能力的结构框架"应用于"清华教育在线"混合教学改革教师发展培训项目中，由此提出高校教师混合教学能力提升培训项目的发展目标，如表6-2所示。

表6-2　高校教师混合教学能力提升培训项目的发展目标

维　度	指　标
唤醒教师教学意识	混合教育教学理念报告、院校实践案例介绍：促使教师初步形成混合课程教学的意识与动机
赋予教师应用素养	网络教学平台、手机 APP 和相关技术工具操作：初步掌握网络教学平台、手机 APP、知识可视化工具、社交媒体软件等技术应用技能
	混合课程教学设计、混合课程建设：使教师能够设计自己的混合式课程，完成初步建成单元化的混合课程

续上表

维　度	指　标
赋予教师融合能力	混合课程教学模式分享、汇报与交流： 教师通过与培训专家就自己课程教学模式的反复研讨，教师之间通过相互汇报自己课程教学模式与课程建设效果，相互分享和交流，具备混合课程教学应用实施的初步能力
激发教师对教学实践进行研究与反思	混合课程教学的标准化模式实践研究： 教师针对原有课程问题制定促进课程质量提升的一种混合教学的模式并开展应用，从网络教学平台数据进行学习分析，通过教育实验方法对课程教学效果进行评价，通过反思总结教学实践经验，并能促使学习者适应数字时代的学习方式，掌握必需的数字化技能

通过对表 6-2 培训项目的发展框架进行分析，基于前文提出的能力结构框架中对应的四个维度，由此提出培训项目的主要内容如下：

（1）将 ICT 融入教学的意识对应为培训中的混合教育教学理念和院校优秀课程案例介绍。

（2）将 ICT 融入教学的素养对应为培训中的网络教学平台等技术工具应用和混合课程设计与建设。

（3）将 ICT 融入教学的能力对应为通过教师对自己混合课程教学模式的分享、汇报与交流，形成自身的课程教学应用能力。

（4）将 ICT 融入教学的研究对应为教师在混合教学的标准化模式应用中，不断通过在线学习数据分析和教育实验方法验证，以及反思教学实践，对自己的教学过程进行研究，总结经验策略。

将上述培训内容纳入教师教学能力发展过程中，需要阶段性地对培训内容进行有效设计，这里借鉴钟启泉在 2008 年提出的教师实践性知识发展的知识创生螺旋（SECI）的理论[①]：教师实践性知识，从知识创生螺旋（SECI）提出的缄默知识社会化、缄默知识到明显知识的表征化、明言知识到明言知识的联结化和明言知识到缄默知识的内在化等四个循环往复的过程，由旧知创造新知的过程。"社会化"是一种经验分享的过程，积累个人缄默知识；"表征化"需要将知识语言化，使知识升华；"联结化"需要个体间彼此来分享明言性知识，以利于知识迁移；"内在化"是个体通过反思

---

① 钟启泉. 从 SECI 理论看教师专业发展的特质 [J]. 全球教育展望，2008（2）：7-13，23.

将知识进一步消化，创造新缄默知识的过程。我们借鉴知识创生螺旋（SECI）理论，从教师混合教学能力应用发展的过程阶段提出了培训项目知识发展循环，如图6-4所示。

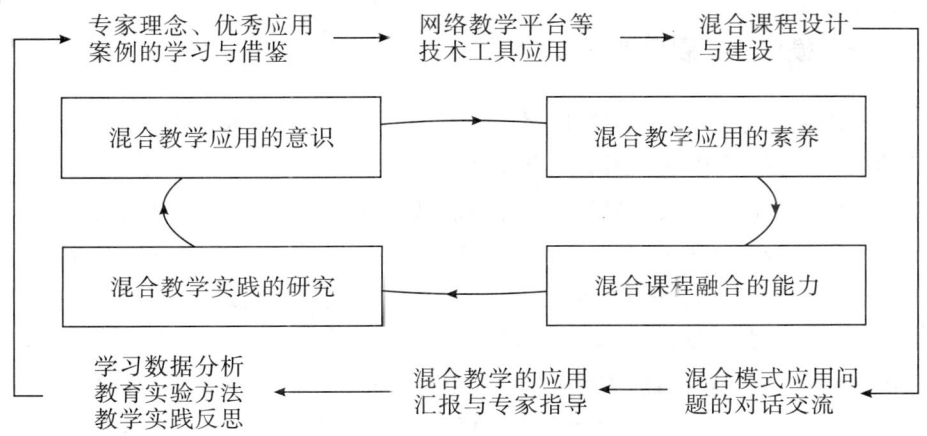

图6-4 高校教师混合教学能力培训项目知识发展循环

我们培训四个维度内容从教师实践性知识创生视角进行分析，形成了四个阶段内容的发展性循环，主要包括：

（1）教师首先要具备数字时代开展教学的主体性意识，这种教师主体意识的差距往往决定课程教学层次与质量。

（2）教师需要从影响课程教学变革与效果的基础素养来促进教师形成基本的技术能力、教学设计与课程建设素养，这个过程需要通过专业培训学习来促进教学实践知识的表征。

（3）在教师之间通过对教学模式应用问题的对话交流，培训专家与教师之间进行问题指导与交流，教师对自己课程教学模式的陈述性汇报，专家进一步有针对性地点评指导，促进教师教学应用性知识联结，促使初步具备教学应用能力。

（4）教师通过学习数据分析、教育实验设计和教学实践反思，对课程教学方式与方法进行研究，形成更高层次的教学理解。

第四节 培训内容的设计与开发

根据上述理论框架，笔者所在研究团队从2015年12月1日至2016年1月20日对原有培训内容进行了系统性设计与开发，初步形成了高校教师混合

教学能力提升培训项目的六个模块化内容，主要为：模块一——混合教学理念；模块二——混合课程优秀案例学习；模块三——技术应用；模块四——混合课程设计；模块五——混合课程建设；模块六——混合教学理念。

一、模块一：混合教学理念

本模块主要采用专家引导性报告的方式，意在唤醒教师形成混合教学应用的意识，主要内容以研究团队提出混合教育促进系统性变革的研究为基础，对数字时代普通高等院校和职业院校开展信息化教育教学改革发展进行介绍。

专家报告的核心内容为：从本研究团队提出的包含学习者、内容、教师、技术、教学支持和组织实施等六要素的混合学习概念模型，系统性分析了数字时代教育教学的重构性问题①。在此基础上，提出了混合教育的理论与实践框架，即从混合教育理论体系、技术体系和实施体系等三个维度，在课程、专业和学校三个层面全面开展重构性的教学实践，促进普通高等院校和职业院校信息时代的教育教学改革②。由此，对院校实施混合教育教学改革理念、实践方法、技术体系和组织方案进行了系统性分析，并通过对国内五所高校实施开展混合教学的应用案例，说明院校实施开展混合教学的关键问题③。

本模块期望从思想理念唤醒参加培训教师应用混合教学意识，为教师开展混合教学做好应用意识与态度准备。

二、模块二：混合课程优秀案例学习

本模块以案例教学为主，培训专家为教师提供合作院校不同类型的混合教学优秀案例，引导教师讨论、交流，促使教师对混合教学加深理解，增强主动应用的意识，结合自己的课程形成一种课程应用的初步思路。

混合课程优秀案例学习介绍部分，下面通过两个具体案例来展示该模块的主要内容。

---

① WANG Y, HAN X, YANG J. Revisiting the blended learning literature：using a complex adaptive systems framework ［J］. Educational technology & society, 2015, 18（2）：380 - 393.

② 韩锡斌，王玉萍，张铁道，等. 远程、混合与在线学习驱动下的大学教育变革：国际在线教育研究报告《迎接数字大学》深度解读 ［J］. 现代远程教育研究，2015（5）：3 - 11, 18.

③ HAN X B, WANG Y P, LI B F, et al. Case study of institutional implementation of blended learning at five universities in China ［M/OL］//LIM C P, WANG L B. Blended learning for quality higher education：selected case studies on implementation from Asia-Pacific. Paris：the United Nations Educational, Scientific and Cultural Organization, 2017：265 - 294 ［2020 - 08 - 30］. https：//unesdoc. unesco. org/ark：/48223/pf0000246851_eng.

案例1——高校 SJDX "家畜繁殖学" 的案例

● 课程信息：上课时间为 2014 年 4—7 月，学生 180 人。

● 学时分布：原有 54 学时。改革前 44 学时为面授，10 学时为实践；改革后，线上 40 学时，实践 10 学时，面授 14 学时，总学时大于 54 学时。

● 课程混合教学模式设计如图例 1-1 所示。

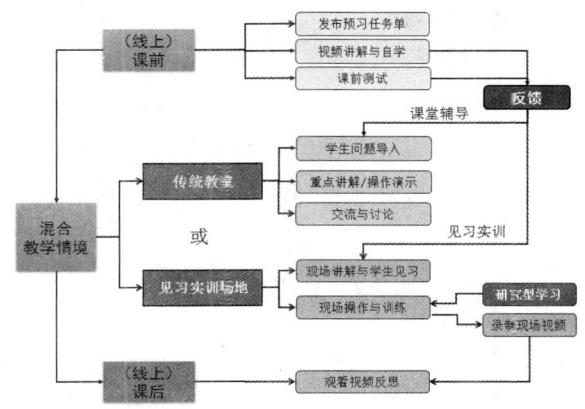

图例 1-1　混合教学模式设计

教师在线上发布预习任务，学生课前在线上学习"在线视频"，并参与课前测试；教师课前通过网络教学平台学生测试，对学生的预习情况与在线测试情况进行分析；课堂面授在传统教室进行，采用学生讨论式教学、研究型学习的模式，在见习场地学生录制现场实践视频，用于课后教学反思，提供实践技能。

● 混合课程的评价考核设计（见图例 1-2）。

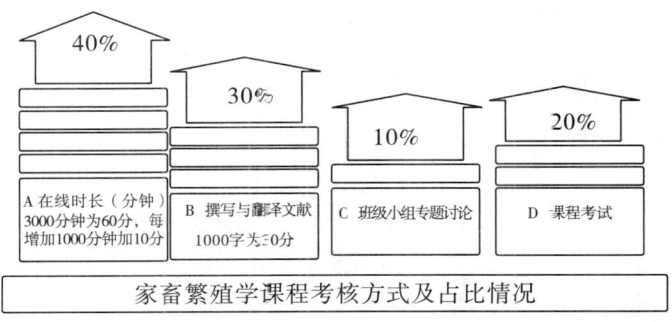

图例 1-2　混合课程评价设计

● 教师参加混合教学的收获。

教学方法方面："不是学生不学习，而是学生不愿意被动接受教师对知

识的灌输，教师需要重新审视自己的教学方法"，"黑板＋粉笔＋PPT的方式已经无法满足当前学生学习的需求"。

加强实践的教学环节：为激发学生对本学科的学习热情和积极性，教师应走出教室、走向学生和企业，开发拓展实践平台，提供给学生更多的实践空间。

综合素质的培养：更多地考虑激发学生学习的兴趣，培养学生勤奋刻苦的学习品质及与他人协作的精神。

●学生进行混合学习的收获。

回顾一学期繁殖课，真的让我们感觉学习的过程中自己过得很充实。虽然是翻转课堂，我们不用在固定的时间去固定的教室上课，但是也正是因此，我们才能时刻都是学习者：看视频，看您给我们发的课外知识，外出参观，做PPT汇报，等等。

虽然与其他课程比起来是忙碌了一点，看似辛苦了一点，但是我们都很开心。

整体感觉，这不是一门死学的课程，我们学习的内容和方式都是多样化的，没有枯燥感。以前学完一门专业课感觉枯燥乏味，现在学完繁殖学感觉依然是欢乐的，滋润的。虽然还没到最后的考试环节，但是我觉得有时候相比结果而言，过程反而更加重要。

案例2：××院校《办公室网络信息技术》混合教学案例

●课程信息：上课时间为2014年至2015年春，文秘专业大三学生，82人。

●学时分布：32学时，16周。

●改革前存在的问题。

原有授课形式单一，主要是"视频—操作演示—上机实验"，能够传达的课程内容体量甚小；

课程原有的评价方式较为单一，以期末笔试为主，学生临时抱佛脚，日常学习主动性不高；

教学内容安排固定，无法考虑学生的不同特点和需求；

课程实施过程中师生缺乏互动和沟通渠道，上机实验课遗留问题很多。

●一个单元的混合课程教学设计（见图例2－1）。

学习目标和内容	学习资源	学习活动	学习支持	学习时间
1. 导学	公告	阅读	网络平台	课前
2. 进一步认识 Word，找差距	Word 的办公文字的常见实例	自查	网络平台	课前
3. 了解学习者 Word 掌握情况		问卷调查	网络平台	课前
4. 了解公文处理工作和常用文字处理软件，并根据自测调查情况，讲解重点、难点	PPT，自查实例的实现方案	讨论	课堂讲授、答疑、实践指导	课内
5. 掌握 Word 制作复杂表格	详细步骤的 PPT 或文本材料，说明重难点内容，支持混合课程教学的习题活动	边讲边练、阅读或上机实践	课堂、网络平台	课内、课后
6. 掌握 pdf 和 swf 各式文档的制作	文本、动画、软件	拓展学习/讨论答疑	网络平台	课后
7. 评价学习成果，反思		在线测试	网络平台	课后

图例 2 - 1　混合课程的教学设计示例

●混合课程的评价考核指标（见表例 2 - 1）。

表例 2 - 1　混合课程的评价考核指标示例

指标名称	考查内容	计分标准	权重值
在线时长	考查学习态度	达到全体平均水平（15 h）即满分	0.06
阅读教学材料	主要考查学习态度及学习量	阅读材料时间达到全体学员平均水平的 2/3（45 次）且浏览时间达到 2 小时得满分，次数得分与时间得分占比为 0.4 和 0.6	0.06
参与课程论坛	主要考查学习态度	每一主题均参与过即得满分	0.03
研究型教学	主要考查学习态度和阶段性成果水平	依据各主题任务内的目评（0.2）、互评（0.4）、组评（0.4）得出	0.25
作业测试	考查阶段学习成果	各次作业测试的平均分（6 次）	0.6

●混合课程的教育实验研究：教师将自己一学期教学的两个班，一个按照混合教学模式进行教学，一个按照原有教学模式进行教学，将两个平行教学班进行了一学期教学实验，对比学生的学业成绩表现。

●学生感言："不仅享受到课堂教学还享受到课后教学，感觉非常好，学习时间非常自由，掌握不少实用方法。""面授和网络教学相结合的方式比以往课程更具吸引力也更为丰富。课后在线测试形式新颖，有挑战性。""网络课程可以让我拥有更多的学习资源，课后作业能及时巩固课上所学的知识，能学到的东西更扎实，更多了。""互动性较强，有很好的自主学习，探究讨论的氛围。""虽然任务量比较大，但使我们真正学到了有价值的东西，真心希望这样的课程多一些。"

三、模块三：技术应用

本模块以体验式教学为主，跟随主讲教师学习网络教学平台功能操作及手机终端 APP 应用、其他相关技术工具的实践操作，针对技术工具的培训不停留在功能操作的技术层面，侧重于技术应用于教学的操作策略与方法层面，使教师具备基本技术素养，为教师设计和建设混合式课程做好准备。主要内容如下：

（1）本研究团队针对网络教学平台技术功能操作比较成熟，笔者及研究团队在设计这部分内容的时候，主要在原有培训工具基础上整理了网络教学平台功能操作简明指南（见附录 B），用来促进教师简便掌握网络教学平台的网页端和手机 APP 功能操作。

（2）在此基础上，笔者及所在研究团队为教师提供了文档资源和微视频资源等技术工具的应用方法，如 PPT、PDF 和 Word 转化工具，视频制作工具 Camtasia、Screencast，音频制作工具 audacity，思维导图工具 xmind，图片照片处理工具 meitu，字幕制作工具 time_machine。

四、模块四：混合课程设计

本模块以培训主讲讲师讲授和体验式教学为主，教师在主讲教师的指导下学习混合课程的前期分析、课程整体设计、学习单元设计（单元划分与知识点）等内容，掌握混合式课程的基本教学设计能力，为开展混合教学做好课程规划。培训主要内容如下：

（1）混合课程设计按照课程前期分析、课程整体设计和学习单元设计三个环节，指导教师进行混合课程教学设计的系统性分析，如图 6 – 5 所示。

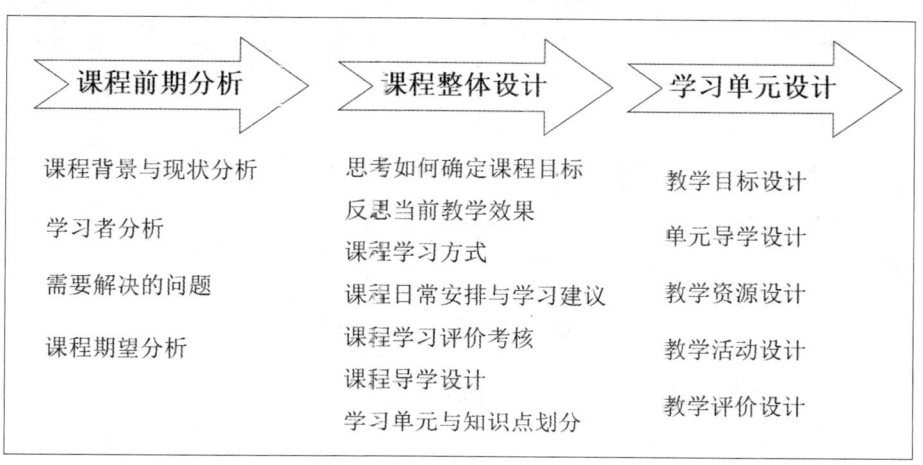

图 6 – 5　混合课程教学设计

（2）在课程设计的教学过程中，可设计动手实践的教学设计表格，来帮助教师结合 1 ~ 2 个课程单元完成课程教学设计。其中，课程前期分析表主要是让教师对原有课程的教学实施状况进行分析，并初步提出混合教学设计的改变思路，详见附录 C。课程整体设计表主要包括课程结构设计表和学习单元划分与知识点设计表（详见附录 D 和附录 E），主要指导教师对混合课程的栏目结构和学习单元进行设计划分。学习单元教学设计表则是指导教师对试点建设的 1 ~ 2 个单元进行单元下的教学设计，详见附录 F。

（3）教师对 1 ~ 2 个试点单元的课程设计完成后，小组之间相互交流，培训讲师对教师进行指导，优化课程设计。

五、模块五：混合课程建设

本模块以讲师讲授和技能实践操作为主，教师在主讲教师的带领下，对网络教学平台各模块的基本功能进行回顾，根据自己的单元课程教学设计，在平台上建设完成 1 ~ 2 个单元的混合课程，为教师开展混合教学做好基本能力准备。培训主要内容如下：

（1）以课程设计为基础建设混合课程，包括三个环节，如图 6 – 6 所示。

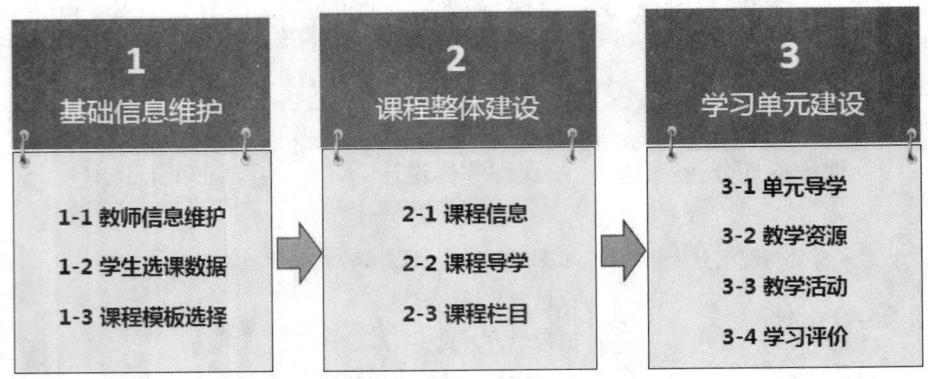

图 6-6　混合课程建设

（2）教师建设试点课程单元的步骤主要为：一是添加基础信息数据，包括教师信息维护、学生选课数据和课程模板选择；二是建设整体课程内容框架，添加课堂信息、课程导学、课程栏目等；三是建设学习单元，添加不同学习单元的内容和教学资源，设置不同学习单元的相关教学活动和学习评价。教师建课完成后可对课程建设效果进行预览，如图 6-7 所示。

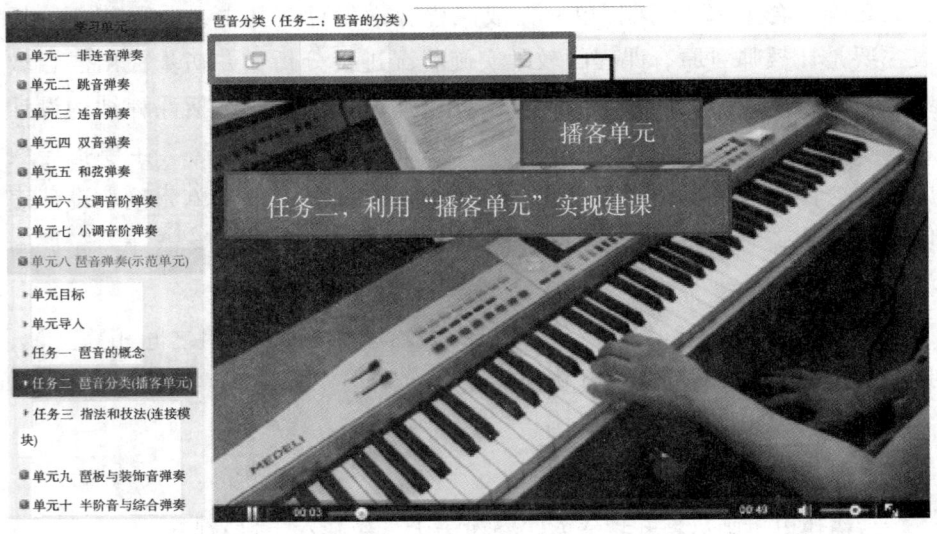

图 6-7　混合课程中学习单元建设效果

六、模块六：混合教学应用汇报

本模块以教师主题汇报为主，教师将自己设计和建设完成的混合课程进行展示，并对自己混合课程教学的模式进行汇报。主要为容为：

（1）教师将自己设计与建设完成的 1~2 个试点单元内容进行汇报展示，并介绍自己开展混合教学应用的模式以及实践的初步设想。

（2）教师之间可以相互点评，在分享交流中进行反思，优化自己的课程。

（3）培训专家对教师的混合课程展示进行点评指导，帮助教师进一步优化自己的课程。

第五节　培训项目的实施方案

国内外很多学者对构建有效培训项目进行了很多相关的研究。从影响项目成功的因素看，教师信息化教学培训项目的质量可以归纳为时间性的投入、技术感知和资源内容的有效性、培训项目本身能够超越技术而更加关注于方法。[①] 从项目组织机构因素来看，技术的易用性和可访问程度、技术融入教学方法的支持措施与理论方法是信息化教学项目成功的关键因素；[②] 而从项目实施效果因素看，教师在专业化发展项目中感知技术在自身教学中的有效体验将决定其是否把培训项目应用到自身的实际教学中。[③] 因此，制定一个切实有效的培训项目实施方案就显得尤为重要。笔者将培训项目的实施方案总结如下。

一、协同化的工作方式

当前，我国教师培训工作的总体特点依然是数量型、学历提升型、学科知识补偿型，教师培训的实效亟待提高；培训内容与质量存在着严重脱节的现象，培训内容需要进一步专业化，亟须专门的知识与能力和专门的培训方法，特别是培训策略要将"要我培训"转变为"我要培训"，从教师个性化

---

① BUCHANAN T, SAINTER P, SAUNDERS G. Factors affecting faculty use of learning technologies: implications for models of technology adoption [J]. Journal of computing in higher education, 2013 (25): 1 – 11.

② GEORGINA D A, OLSON M R. Integration of technology in higher education: a review of faculty self-perceptions [J]. The internet and higher education, 2008, 11 (1): 1 – 8.

③ ZHAO Y, CZIKO G A. Teacher adoption of technology: a perceptual control theory perspective [J]. Journal of technology and teacher education, 2001, 9 (1): 5 – 30.

需求出发，走量身定制的道路。①

从目前高校教师信息化教学培训项目的实施效果来看，国内高校教师信息化教学培训项目从体系或系统性角度来说还存在着较大的差距，一般高校教师教学发展中心更多是邀请各种信息化教育或教学专家做所谓的高端报告，而教师往往在这类不接地气的报告中获得了一些好像非常有用的观点，但对具体教学如何去做却仍是一脸迷茫。当高校自身无法满足信息化教学变革的诉求时，会选派教师参与各种微课、翻转课堂、MOOC 教学类的信息化教学培训，然而这类培训往往更多以报告进行组织，或者是针对技术应用性的培训，教师往往无法将培训内容迁移到教学中。

上述问题说明：我们要从教学市场需求出发，从教育供给侧适时进行调整，通过专业化团队设计，为高校提供"量身定制"的教师发展方案，促进教师数字时代教学能力的有效发展与提升。基于此，我们提出了"THU 研究机构 + UMOOC 公司 + 院校管理与服务机构"协同化的教师培训工作方式，如图 6-8 所示。

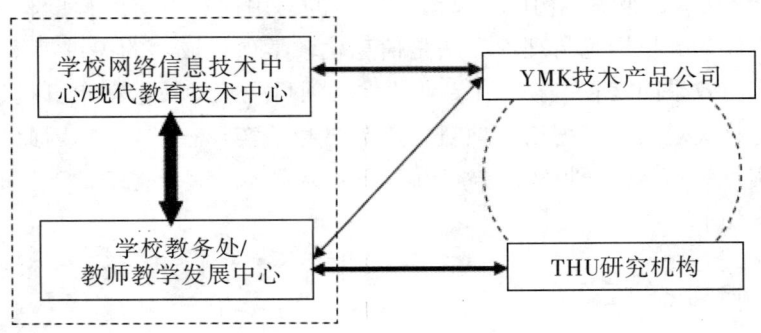

图 6-8 教师混合教学能力提升培训项目协同工作方式

二、系统性的支撑体系

从促进院校教育系统性变革的目标出发，构建"理论体系、技术体系和组织体系"进行支撑的教师专业培训项目，以此来促进教师有效的教学实践发展，如图 6-9 所示。其中，理论体系主要是指混合教育视角下课程与教学的整体重构，技术体系是指支持教师开展混合教学实践的分布式共享网络教学平台，而组织体系是指从学校、专业和课程三个层面促进院校的组织变

① 袁振国. 教师培训的历史转型 ［EB/OL］. (2017 - 02 - 15)［2020 - 08 - 30］. http://mp. weixin. qq. com/s/j0nqBOlFLB8Aeklf5BlWIw.

革，在此之上构建高校教师混合教学能力提升培训项目。

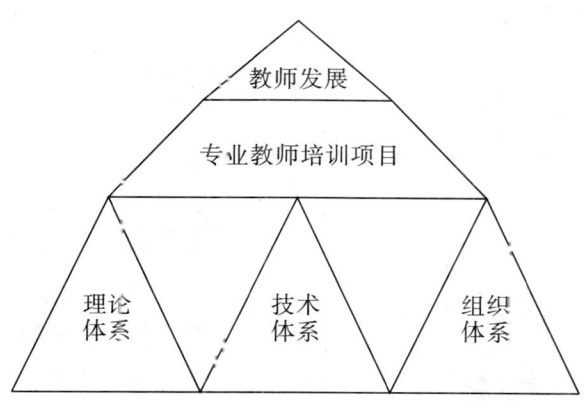

图6-9　"理论体系、技术体系与组织体系"支撑的教师培训项目

三、阶段性的实施模式

针对每个院校的不同特点，实施不同阶段性教师培训，模式如下：

第一阶段：分析院交教师的需求特征，在此基础上制订培训计划。

第二阶段：实施模块一和模块二的培训，包括专家理念引导报告和课程优秀案例介绍两个部分，通过专家报告引领和优秀教师实践案例学习，让教师自发形成一种信息化教学的主动意识。

第三阶段：实施模块三、模块四和模块五的培训，包括混合课程的设计与建设（培训网络教学平台和手机 APP 的技术操作）、课程设计部分的讲解与操作、课程建设部分的讲解与操作，让教师重点提升设计与建设混合式课程为主体的素养。

第四阶段：实施模块六的培训，通过教师汇报、分享和交流，以及专家点评，帮助教师优化自己的混合课程设计以及课程建设效果，使教师初步具有开展混合教学的应用能力。

第五阶段：教学应用效果的跟踪分析，对教师教学应用实践进行跟踪，有效指导教师反思、总结自己的教学成果，使教师基于设计研究和行动研究的视角让教师逐步深化教学意识与应用能力，通过科学实证性方法提升课程质量。

由此，将上述 6 个模块化的培训内容按照教师信息化教学能力提升发展过程进行阶段化处理，形成了高校教师混合教学能力发展阶段过程图，如图6-10 所示。

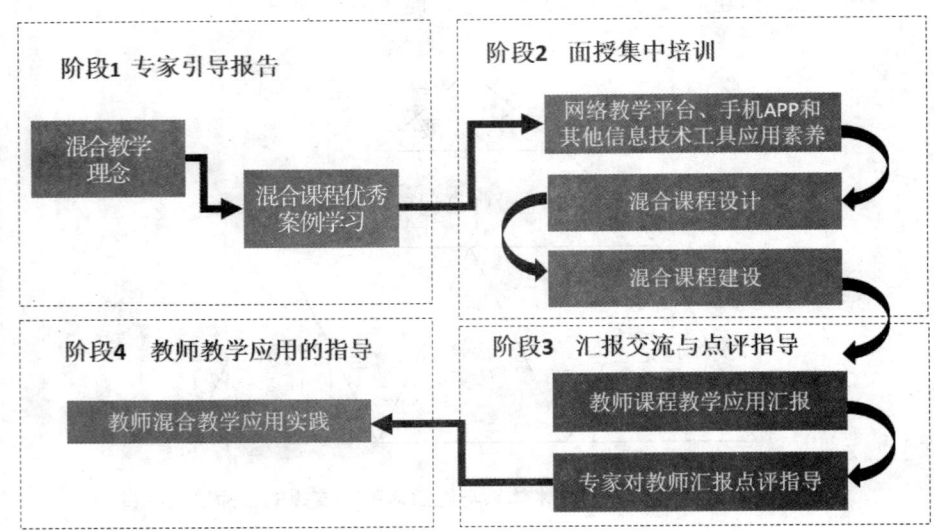

图 6 - 10　高校教师混合教学能力发展阶段过程图

第六节　第一轮培训的实施过程与实践效果分析

一、第一轮培训项目的实施过程

2016 年 1 月 30 日至 2016 年 8 月初，第一轮面授培训项目在"清华教育在线"混合教学改革的 15 所院校进行，包括陕西、内蒙古、山东、新疆、广西、甘肃、河北等地的 9 所本科院校和广西、山东、福建等地的 6 所高职院校，共计 351 名教师参加了混合教学能力提升的培训项目，院校培训实施状况如表 6 - 3 所示。

表 6 - 3　第一轮培训的 15 所院校培训实施状况

院校	参加培训人数	培训时间
AKXY	12	2016. 1. 30—2016. 1. 31
	20	2016. 7. 10—2016. 7. 11
CJXY	15	2016. 2. 28—2016. 2. 29
GXDLZY	33	2016. 3. 31—2016. 4. 1
HBLGDX	15	2016. 4. 9—2016. 4. 10

续上表

院校	参加培训人数	培训时间
GXDLZY	55	2016. 5. 2—2016. 5. 4
GSZYDX	15	2016. 5. 26—2016. 5. 27
SDZY	15	2016. 6. 27—2016. 6. 28
SDQN	15	2016. 6. 30—2016. 7. 1
GllG	28	2016. 7. 1—2016. 7. 2
ZBSY	10	2016. 7. 4—2016. 7. 6
ZGHD	17	2016. 7. 14—2016. 7. 15
FJJTZY	13	2016. 7. 25—2016. 7. 26
NMGMZ	21	2016. 2. 25—2016. 2. 28
	30	2016. 7. 25—2016. 7. 27
NMGNY	28	2016. 7. 25—2016. 7. 27
QDYY	9	2016. 7. 28—2016. 7. 29

根据高校教师混合教学能力发展阶段过程（见图 6 - 10），笔者所在研究团队针对每个院校开展教师培训的具体组织环节主要包括两方面。

（1）针对院校参与培训项目的教师的特征与需求分析，制订培训计划，有针对性地调整部分培训内容（课程案例部分同教师学科专业具有相关性）。

（2）主要采用面授集中培训，包括"研究团队到校培训"与"参与研究团队组织的集中研修"两种方式，一般培训时间为两天 12 学时，教师培训项目的日程安排如表 6 -4 所示。

表 6 - 4 第一轮高校教师混合教学能力提升培训项目的日程安排

时 间		内 容
第一天 上午	8：30—9：20	混合教学的理念
	9：35—10：25	相关学科专业的优秀混合课程案例介绍与研讨
	10：40—11：30	混合课程教学单元设计

续上表

时间		内容
第一天下午	14：00—15：00	混合课程教学单元设计实践练习
	15：15—16：15	混合课程教学单元设计与实践（小组研讨＋辅导）
	16：30—18：00	对混合课程教学单元设计进行有针对性的指导（每位教师 5 分钟左右）
第二天上午	8：30—9：20	网络教学平台功能介绍与操作
	9：35—10：25	网络教学平台实践操作练习
	10：40—11：30	网络教学平台教学活动工具的实操
第二天下午	14：00—15：30	课程建设实践：教师根据自己的课程设计方案，在网络学习平台中建设完成 1～2 个混合课程单元
	15：45—18：00	混合教学课程设计与在线课程汇报展示（每位教师 5 分钟左右） 专家点评指导

二、针对第一轮培训实施状况的整体评价

针对第一轮 15 所院校教师培训项目的实施状况，笔者使用"清华教育在线"网络教学平台在线问卷调查子系统发布了"培训效果反馈表"（见第 3 章表 3－3），对参与培训项目的 351 名教师进行调查。调查采用教师自愿参与的原则来收集数据，共计回收有效反馈表 94 份，评价的选项包括非常好、比较好、一般、不好、非常不好和非常有效、比较有效、一般、帮助不大、基本无效两种表述方式。

参加培训的教师对于培训项目实施的整体评价如图 6－11 所示，认可度在比较好（27 人）和非常好（64 人）的比例为 96.8%；对于培训项目的先进程度的评价如图 6－12 所示，认可度在比较好（26 人）和非常好（64 人）的比例为 95.8%；教师对培训的教学组织与方式的评价如图 6－13 所示，认可度在比较好（19 人）和非常好（57 人）的比例为 80.8%；教师对培训日程安排的评价如图 6－14 所示，认可度在比较好（37 人）和非常好（39 人）的比例为 80.9%。

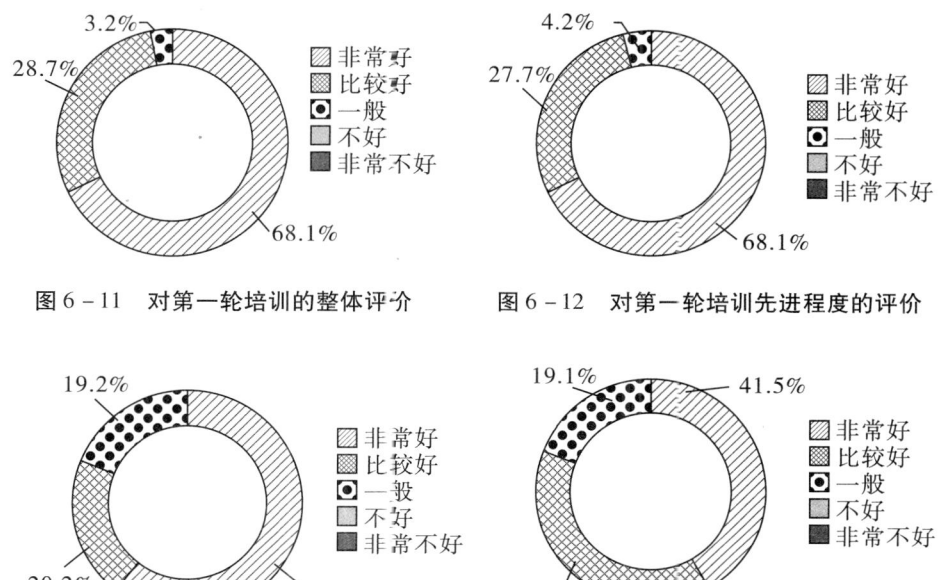

图 6-11　对第一轮培训的整体评价　　图 6-12　对第一轮培训先进程度的评价

图 6-13　对第一轮培训教学组织与方式的评价　图 6-14　对第一轮培训日程安排的评价

三、针对第一轮培训设计与开发内容的评价

（1）教师对培训 6 个模块内容的满意程度评价如下：教师对混合教学理念认为非常有效的有 64 人，认为比较有效的有 25 人，认可度在 94.7%。教师对混合课程优秀案例学习认为非常有效的有 50 人，认为比较有效的有 34 人，认可度在 89.4%；认为一般的有 7 人，占 7.4%；认为帮助不大的有 3 人，占 3.2%。教师对技术应用认为非常有效的有 55 人，认为比较有效的有 33 人，认可度在 93.6%。教师对混合课程设计认为非常有效的有 44 人，认为比较有效的有 41 人，认可度在 90.4%；认为一般的有 8 人，占 8.5%；认为帮助不大的有 1 人，占 1.1%。教师对混合课程建设认为非常有效的有 47 人，认为比较有效的有 37 人，认可度在 89.4%；认为帮助不大的有 1 人，占 1.1%。教师对混合教学应用汇报认为非常有效的有 54 人，认为比较有效的有 32 人，认可度在 91.5%。

从教师对上述内容的满意度来看，6 个模块内容的满意度都在 85% 以上，其中对模块一混合教学理念、模块三技术应用和模块六混合教学应用汇报等 3 个内容的满意程度都比较好；模块四混合课程设计和模块五混合课程建设中都有 1 名教师认为帮助不大，模块二混合课程优秀案例学习部分有 3 名教师认为帮助不大。

（2）教师对6个模块内容反映收获很大的情况，见图6-15。

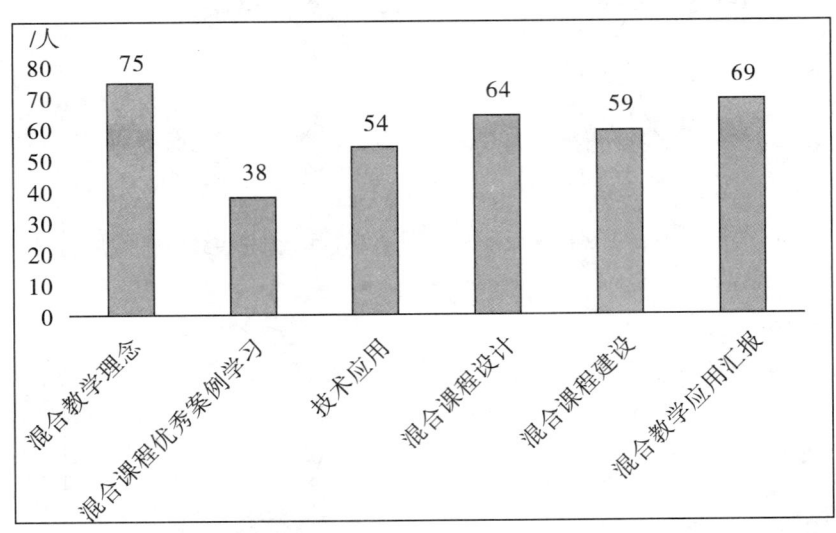

图6-15　94名教师对6个模块内容反映收获的情况

从图6-15中可以看出，教师的培训收获，由多到少分别为：模块一混合教学理念、模块六混合教学应用汇报、模块四混合课程设计、模块五混合课程建设、模块三技术应用、模块二混合课程优秀案例学习。从这里面可以发现，教师在混合课程优秀案例学习中的收获是比较少的，需要重点改建；此外，64名教师反映在混合课程设计中收获较大，59名教师反映在混合课程建设中收获较大，说明这两部分内容得到了大部分教师的认可，但课程的具体内容还需要进一步改进。

四、针对第一轮培训实施归纳的主要信息或建议

笔者将教师对"关于培训内容和培训安排还有哪些需求"反馈的主要信息进行了归纳，主要包括以下几个方面：

（1）对于改进培训具有强大借鉴作用的信息或建议。

需要提供有效案例，如"希望能够提供更多文学课程的应用案例""如果能发布一些成功案例的作者的做法介绍的视频就更好了""需要更多案例介绍""期待语言类相关课程的案例""希望有更多的案例教学，这些案例最好是类型化的，比如技术类的、理论性的、文科类的、理科类的，毕竟学校专业多，一种案例不一定能够启发所有人加深认识""增加实例讲解""可否在课程类型方面提供更具体、更典型的案例""翻转课堂的教学案例""需要不同学科案例""增加一些案例""相关课程案例的介绍""希望将兄

弟院校的成功案例挖掘得更深入，更具可操作性，而不是仅仅停留在了解程度""案例介绍得不详细"等。

　　培训时间的安排问题，如"内容信息量太大，希望培训时间能够延长，增加为三天比较合适""希望时间安排更合理，适当增加培训天数，这次培训内容太多""培训时间太短，需要调整""这次培训收益非常大，不过强度有点高，希望培训日程安排能够更加灵活；另外，培训的时间越短，老师们遗留的问题就越多""希望培训过程中能够多给些练习的时间""时间较为仓促，若能更系统，结合课程设计进行指导会更好""培训时间太短，要学习的内容太多，有些内容只是一带而过，掌握不全面，建议多结合实际案例和增加实际操作时间""课程学习时间较短，实践操作环节的内容自我感觉不足""时间太紧，案例介绍太粗略""培训内容充实，时间过于紧凑""培训时间有点短，培训内容偏多，不利于吸收""培训是好的，但是任务量太大，教师消化不了""培训内容再详细些，给大家的时间再充裕些""时间有点紧，如果单元教学设计作业的时间再长些，可以做得再认真些，这样经过老师们的帮助，进步可以更快一些""时间有点紧，课程平台讲太快了"等。

　　对混合课程教学设计内容的改进建议，如"增加翻转课堂详细的教学设计""针对文化课的混合教学设计方法还不够，我希望能给我一个与我所教课程相同的好设计，以利于我长期学习""课程设计可以讲得再充分些""对线上线下知识点的选择及设计如果能更详细一些，更有助于老师的理解"等。

　　对培训模式的改进建议，如"建议对培训内容本身做良好的教学设计，从被培训者的角度设计培训方式和流程，有些理论内容讲授方式效果并不好""培训中进行进一步的互动交流，与课程教学更紧密地结合""可以再增加线上资源""希望更多更具体地指导实践""为何不把这个培训本身就做成一个混合式的教学"等。

　　（2）对于培训具有肯定性与需求性的信息与建议。

　　很多教师表达了对于培训内容进一步的需求，如"希望增加更多微视频制作技术讲解""希望增加微视频的讲解""希望每学期都有这方面的培训学习""希望能建立长期指导和联系""梳理培训内容，深入浅出，录成视频，学员分享""希望今后能获得更多的跟踪指导""希望老师推荐更多可使用的软件或工具（视频编辑或录制等）、参考文献、网址等""课程建设过程还是有些复杂，界面还可以更优化些"等。

　　很多教师也对我们第一轮培训表达了肯定性的支持，如"老师讲解非常

耐心，非常感谢""收获非常大""这次培训很受益，自己日常存在的一些困惑，学习之后有了很多启示，分享的小软件也不错，希望以后有机会可以在这次整体学习基础上，能够就某一个点深入学习""葛老师讲得非常好，我们收获很大！只是培训时间太短了，希望以后还有机会参加培训！谢谢清华大学的韩老师、葛老师！""希望以后能多点这样的培训""对数学是一次革命性的改变，我认为对我有帮助，感谢清华团队带给我新视野"等。

五、第一轮培训实施反馈的问题

从 94 名教师对第一轮培训实施效果的反馈来看，目前培训项目还存在如下的问题：

（1）教师普遍反映目前培训中提供的优秀案例太少，希望提供的案例能够针对不同的学科专业，做到案例更加贴切。

（2）教师反馈第一轮培训在课程设计、课程建设方面时间紧、任务重，学习时间不够充分，希望培训的时间日程安排能够更加合理。

（3）教师反馈培训中同专家一对一交流的时间有限，专家把更多时间放在了共性问题的讲授上，普遍希望能够增加与专家进行一对一交流的时间。

（4）教师普遍反映针对混合课程设计与建设的内容还存在一些不足，需要进一步提升，课程教学设计部分需要进一步增加指导的细节性与导向性，课程建设部分在思路与步骤上应更加简单与清晰。

第七章　高校教师信息化教学能力培训的改进与第二轮实施

本章针对第一轮培训实施过程收集的数据，经过分析对培训项目进行了改进，针对在线培训内容进行了重新设计与开发，形成了混合培训模式，并通过第二轮在 9 所院校的迭代应用，来进一步检验培训项目对有效提升高校教师混合教学能力的效果。

第一节　高校教师培训发展的路径预测与改进培训方案

一、高校教师信息化教学能力培训发展路径的预测分析

为了进一步验证笔者提出的高校教师混合教学能力培训发展路径的合理性，笔者及研究团队通过 2016 年 6 月 1 日—8 月 30 日在 10 个院校采集的 464 名教师参与"数字时代高校教师信息化教学能力测量问卷"（见附录 A）的调查数据，来对教师信息化教学四个能力维度所代表的阶段进行路径模型建构。

（一）研究模型的理论依据

笔者将"数字时代高校教师信息化教学能力结构框架"中的四个子能力维度分别指向高校教师混合教学能力发展的四个阶段：

（1）培训阶段 1——教师混合教学应用意识，对应 ICT 融入教学意识维度的 3 个测量题项。

（2）培训阶段 2——教师混合教学应用素养，对应 ICT 融入教学素养维度的 10 个测量题项。

（3）培训阶段 3——教师混合课程融合能力，对应 ICT 融入教学能力维度的 10 个测量题项。

（4）培训阶段 4——教师混合教学实践研究，对应 ICT 融入教学研究维

度的 5 个测量题项。

笔者通过验证上述四个能力维度之间的关系模式，来反映高校教师培训发展四个不同阶段之间的路径关系，解释笔者提出的教师混合教学能力培训发展四个阶段路径的合理性与有效性。为了方便使用，文中以意识、素养、能力和研究来代表 ICT 融入教学的四个子能力维度。

（二）研究模型的构建

基于上述分析，笔者构建了高校教师混合教学能力培训发展路径模型（如图 7 - 1 所示），即 ICT 融入教学的意识影响教师素养、能力和研究维度的发展，ICT 融入教学的素养直接影响能力和研究维度的发展，而 ICT 融入教学的能力维度对研究维度发展具有重要作用。

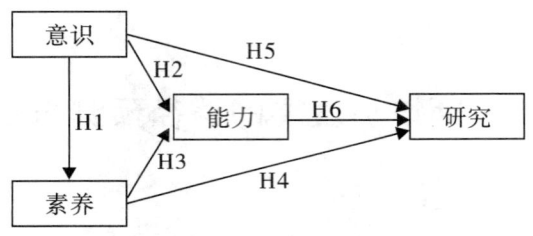

图 7 - 1　培训发展路径模型

在上述培训发展路径模型的基础上，笔者提出了 6 个假设：

第一，意识对素养具有正向作用（标记为"H1"）。

第二，意识对能力具有正向作用（标记为"H2"）。

第三，素养对能力具有正向作用（标记为"H3"）。

第四，素养对研究具有正向作用（标记为"H4"）。

第五，意识对研究具有正向作用（标记为"H5"）。

第六，能力对研究具有正向作用（标记为"H6"）。

（三）结构方程路径模型验证

根据研究问题的六个假设关系来构建预测模型，使用 AMOS 21.0 软件来考察预测模型的数据与结构拟合度，结果显示：$x^2/df = 1.17 < 8.0$，RESMA = $0.02 < 0.08$，适配度指数 GFI 为 0.995，调整后适配度指数 AGFI 为 0.985，标准适配指数 NFI 为 0.997，非规范适配指数 TLI 为 0.996，比较适配指数 CFI 为 0.985，拟合度程度良好，拟合度指数如表 7 - 1 所示。

表7-1　模型拟合指数

项目	x^2/df	GFI	AGFI	CFI	TLI	NFI	RESMA
理想值	<8.0	>0.8	>0.8	>0.9	>0.9	>0.9	<0.08
实际值	1.17	0.995	0.985	0.985	0.996	0.997	0.02

由此，可以建构出高校教师信息化教学能力的四维度因素路径关系的结构方程模型，如图7-2所示。

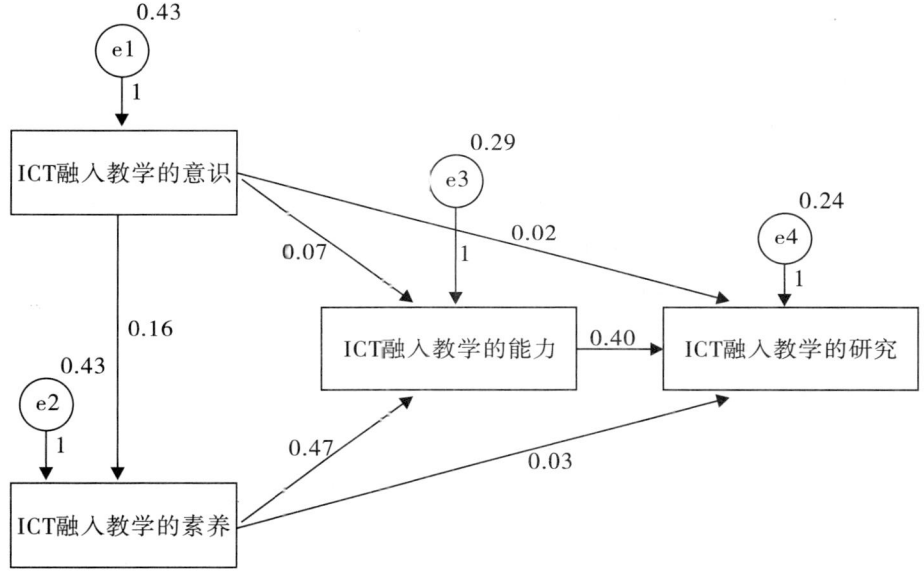

图7-2　高校教师信息化教学能力四个维度因素路径关系的结构方程模型

通过上述路径模型的构建，我们发现六个假设的检验结果如表7-2所示。

表7-2　研究模型假设的检验结果

项目	路径系数	P值	检验结果
ICT融入教学的素养←ICT融入教学的意识	0.155	0.001	接受
ICT融入教学的能力←ICT融入教学的意识	0.066	0.096	不接受
ICT融入教学的能力←ICT融入教学的素养	0.467	＊＊＊	接受
ICT融入教学的研究←ICT融入教学的素养	0.028	0.496	不接受
ICT融入教学的研究←ICT融入教学的意识	0.016	0.663	不接受
ICT融入教学的研究←ICT融入教学的能力	0.401	＊＊＊	接受

注：＊＊＊代表在0.001显著性水平下显著相关。

研究结果显示：

（1）H1：ICT 融入教学的意识——→ICT 融入教学的素养，路径系数为 0.155（>0.10），P 值为 0.001（<0.05），假设关系成立；

（2）H2：ICT 融入教学的意识——→ICT 融入教学的能力，路径系数为 0.066（<0.10），P 值为 0.096（>0.05），假设关系不成立；

（3）H3：ICT 融入教学的素养——→ICT 融入教学的能力，路径系数为 0.467（>0.10），P 值为 0.000（<0.001），假设关系成立；

（4）H4：ICT 融入教学的素养——→ICT 融入教学的研究，路径系数为 0.028（<0.10），P 值为 0.496（>0.05），假设关系不成立；

（5）H5：ICT 融入教学的意识——→ICT 融入教学的研究，路径系数为 0.016（<0.10），P 值为 0.663（>0.05），假设关系不成立；

（6）H6：ICT 融入教学的能力——→ICT 融入教学的研究，路径系数为 0.401（>0.10），P 值为 0.000（<0.001），假设关系成立。

（四）研究的初步结论

由此我们可以发现：H1、H3 和 H6 的三个假设关系成立，即确定了：ICT 融入教学的意识到 ICT 融入教学的素养是一个正向促进关系路径，ICT 融入教学的素养到 ICT 融入教学的能力是一个正向促进关系路径，ICT 融入教学的能力到 ICT 融入教学的研究是一个正向促进关系路径。据此，我们可以在高校教师信息化教学能力的四个子能力维度之间构建一个正向因素作用的关系路径：培训阶段 1（信息化教学意识）——→培训阶段 2（信息化教学素养）——→培训阶段 3（信息化教学能力）——→培训阶段 4（信息化教学研究）。

由此初步可以初步揭示：高校教师的信息化教学能力发展具有阶段性的特征，可以据此构建高校教师混合教学能力培训发展路径，包括混合教学应用意识、混合教学应用素养、混合课程融合能力和混合教学实践研究等四个阶段。

二、高校教师信息化教学培训模式的改进

基于上述路径预测模型，笔者将高校教师混合教学能力提升培训的四个阶段模式进行了优化设计，形成了四个阶段的高校教师混合教学能力发展过程（如图 7 - 3 所示）。

（1）阶段 1（专家引导报告）依然为模块一混合教学理念和模块二混合课程优秀案例学习，培训方式仍采用面授培训。

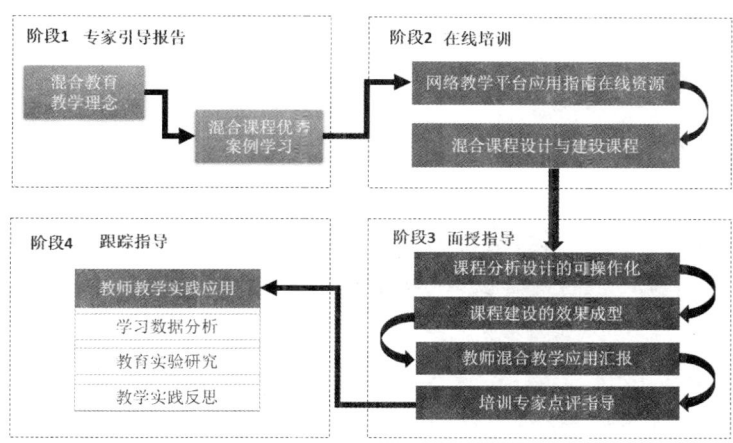

图7-3 四个阶段的高校教师混合教学能力培训发展过程

（2）阶段2（在线培训）是将模块三的技术应用和模块四的混合课程设计、模块五的混合课程建设开发为在线资源，将面授培训方式转变为在线培训。其中：模块三为技术应用的微视频资源，由教师在线自主学习；模块四和模块五为混合课程设计与建设在线培训课程，采用基于任务能力导向的课程学习模式。

（3）阶段3（面授指导）是专家现场指导教师的课程设计与建设效果，教师进行混合教学应用汇报与分享，专家进行点评指导，帮助教师初步形成混合课程教学应用的初步能力。

（4）阶段4（跟踪指导）是指导开展教学应用的教师，帮助其对自身的混合课程进行教学研究，通过教学实践反思提升教学能力。

结合上述四个阶段的高校教师混合教学能力培训发展过程，以及对第一轮培训的实践效果分析，本研究团队将培训模式转变为一种混合培训模式（如图7-4所示），以此来实施第二轮培训项目。

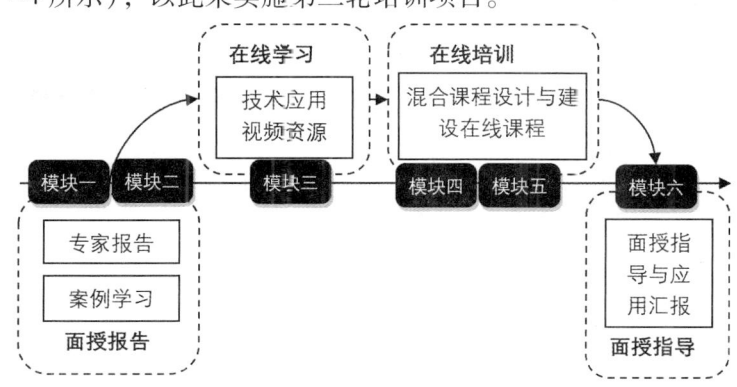

图7-4 高校教师的混合培训模式

第二节 在线培训内容的设计与开发

笔者作为研究设计与开发团队的核心人员，在 2016 年 8 月 10 日—10 月 1 日，针对新改进的教师混合培训模式研发了"网络教学平台应用指南"在线微视频资源和"混合课程设计与建设"在线培训课程。

一、"网络教学平台应用指南"在线微视频资源建设

将模块三中网络教学平台技术应用面授培训内容进行了微视频开发，基于"清华教育在线"网络教学平台的九个常用功能（课程建设、教学资源、播课单元、课程作业、题库与测试、课程讨论区、课程问卷、研究性教学和课程管理），利用 Screencast 视频制作工具制作了 40 个实操性微视频，由此形成了"网络教学平台应用指南"在线微视频资源，可以实现教师随时随地在线自学（网址为 http://tnet1. ioe. tsinghua. edu. cn/meolys/jpk/course/layout/newpage1/index. jsp?courseId = 13358），学习界面如图 7 - 5 所示。

图 7 - 5 "网络教学平台应用指南"在线微视频资源界面

二、"混合课程设计与建设"在线培训课程开发

"混合课程设计与建设"的在线课程中，以 CBL（competence based

learning）为理念，设计了任务式的在线培训课程，并且提供了更多以微视频、生成性案例为主的资源，以及相关信息技术工具应用软件与应用课件。

（一）任务式的在线课程

本研究团队开发的"混合课程设计与建设"在线课程包括课程设计和课程建设两个部分，共建设了 26 个微视频资源和 26 个课程资源，设计了 12 个作业任务和 2 个调查活动，课程培训知识路径如图 7 – 6 所示。

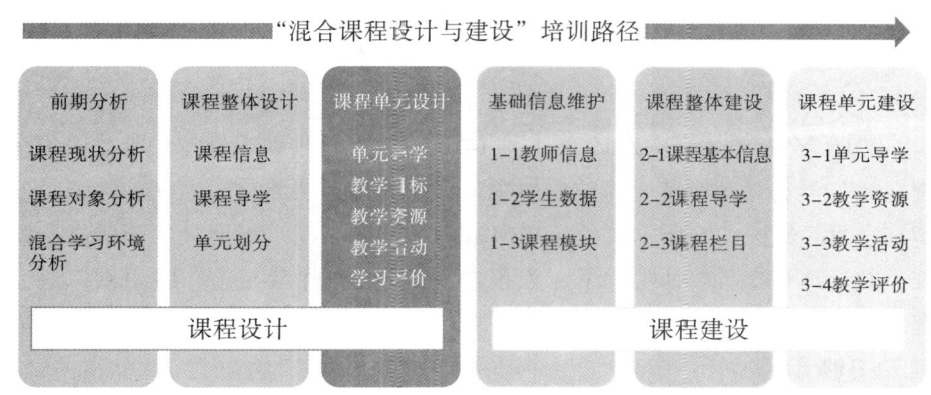

图 7 – 6　"混合课程设计与建设"培训知识路径

在线培训课程学习地址为 http://166.111.92.26/meolys/jpk/course/layout/newpage1/index.jsp?courseId = 13439，教师可以使用网页版和手机客户端进行在线学习，学习界面如图 7 – 7 所示。

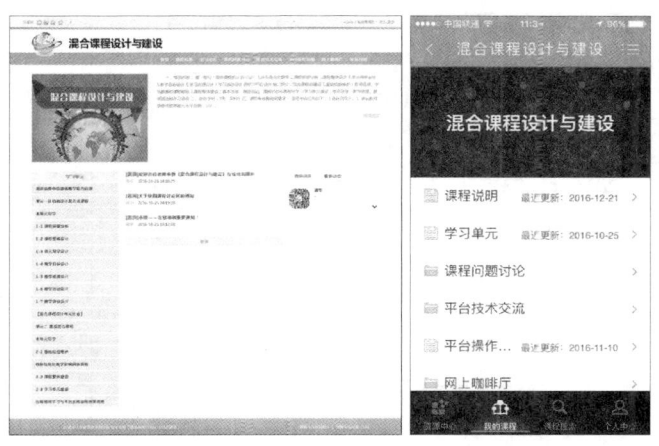

图 7 – 7　"混合课程设计与建设"在线培训课程网页版和手机版学习界面

（二）生成性的课程优秀案例展示

本研究团队将合作院校教师自己设计与开发的混合课程进行收集和筛

选，形成生成性的课程案例库，根据不同院校类型和不同教师学科专业设置链接不同类型的课程应用案例。

（三）相关信息技术工具应用软件与应用课件

本研究团队将思维导图、微视频制作、图片处理、微课制作等工具软件与工具应用方法的课件作为课程中的单独的模块，供教师进行相关技术素养学习。

第三节　第二轮培训的实施过程

2016 年 10 月 8 日—2017 年 1 月 14 日，第二轮培训项目在 9 所"清华教育在线"混合教学改革合作院校中进行，包括山东、北京、浙江、江苏、安徽、宁夏等地区的 6 所本科院校和内蒙古、山东、辽宁等地区的 3 所高职院校，共计约 660 名教师听取了专家报告，559 名教师参与了在线培训，最后有 223 名教师在线培训课程考核合格，132 名教师参加了面授指导环节，如表 7 – 3 所示。

表 7 – 3　参与第二轮培训的 9 所院校培训实施状况

学校名称	培训起止时间	专家报告人数（预估）	在线培训人数	在线课程合格人数	面授指导人数
SDWMZY	2016. 10. 8—2016. 11. 12	200	194	86	30
BJXXKD	2016. 11. 1—2016. 12. 8	30	16	12	12
SDYCDX	2016. 11. 8—2016. 12. 30	120	112	27	20
HUHEZY	2016. 11. 6—2016. 12. 25	50	46	26	16
ZJDFXY	2016. 11. 23—2017. 1. 3	30	16	6	2
YZDX	2016. 12. 1—2017. 1. 8	50	39	16	12
BHCBZY	2016. 12. 2—2017. 1. 18	80	68	16	13
NXDX	2016. 12. 5—2017. 1. 10	50	38	18	13
HYSFXY	2016. 12. 12—2017. 1. 14	50	30	16	14
合计		660	559	223	132

同第一轮培训实施过程相比，第二轮培训主要在"阶段二在线培训"和"阶段三面授指导"环节着重进行了改进优化。下面我们以 S 院校的培训项目实施为例来说明第二轮培训项目的实施流程。

一、培训的实施模式

第二轮在 S 院校实施的混合培训项目主要包括了四个阶段，如图 7 - 8 所示。

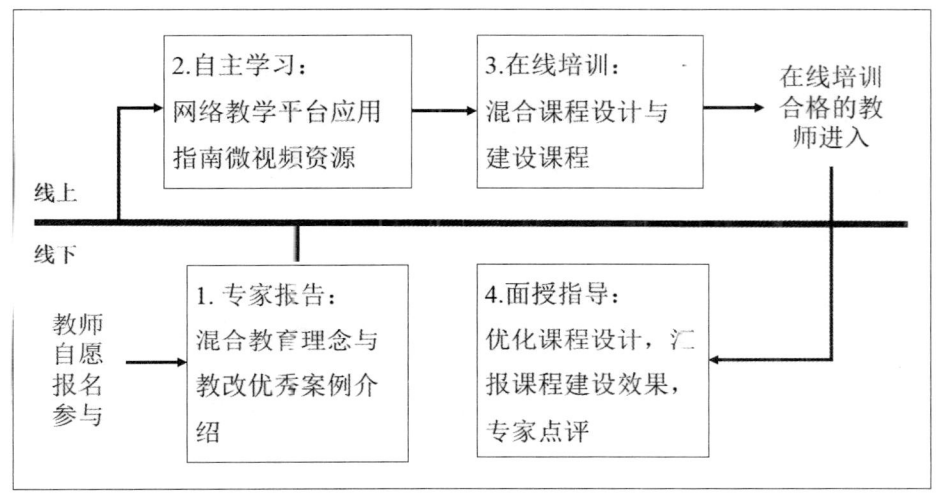

图 7 - 8　第二轮混合培训项目实施模式

（一）专家报告

2016 年 10 月 8 日，针对 S 院校全体教师组织专家报告——模块一混合教学理念和模块二混合课程优秀案例学习，同时向教师介绍"网络教学平台应用指南"微视频资源和"混合课程设计与建设"的学习方法，教师自愿报名参加阶段二和阶段三的培训。

（二）自主学习

2016 年 10 月 9 日—19 日，S 院校教师在线自主学习"网络教学平台应用指南"微视频资源，熟悉网络教学平台的功能操作，为参与在线培训做好准备。

（三）在线培训

2016 年 10 月 20 日—11 月 3 日，S 院校教师自愿参与学习"混合课程设计与建设"在线培训课程，通过任务考核和在线学习监控来确定进入面授指导阶段的教师。

（四）面授指导

2016 年 11 月 4 日—7 日，为 S 院校推荐可进入面授指导阶段的教师，S 院校教务处从中确定 30 名参加面授指导的教师，其他教师可以进行旁听。面授指导阶段主要由专家指导教师优化课程设计与课程建设效果；教师汇报自己的课程教学应用思路，展示课程建设效果，专家对教师汇报进行点评；教师之间交流与分享各自的教学观点，通过个人反思初步形成混合课程教学应用能力。

从 2016 年 11 月 13 日起，对参加面授指导的 30 名教师的课程教学应用进行跟踪指导，促使其开始对混合课程教学实践开展研究。

二、在线培训实施过程分析

2016 年 10 月 20 日—11 月 3 日，S 院校教师参与"混合课程设计与建设"在线培训。

（一）在线培训课程学习说明

"混合课程设计与建设"在线课程主要包括认识与设计混合课程和混合课程建设两个单元的内容，采用任务驱动式的学习方式，学习资源包括 20 个微视频、20 个辅助学习的课件文档，课程任务包括 12 个课程任务和 3 个小调查活动，共计 100 分，成绩达到 70 分者视为在线培训学习任务考核通过。

（二）在线培训指导过程说明

"混合课程设计与建设"在线课程设置了在线助教，全天 20 个小时（8：00—24：00）为教师提供在线课程答疑服务。在"混合课程设计与建设"课程中还建设了"课程问题交流""平台技术交流"两个在线交互模块，来对在线培训过程进行指导，在线培训课程网址为 http://166.111.92.26/meolys/jpk/course/layout/sch/index. jsp?courseId = 13478。

（三）在线培训课程中教师学习成绩状况分析

S 院校共计 194 名教师参加在线学习，成绩状况如图 7 - 9 所示。

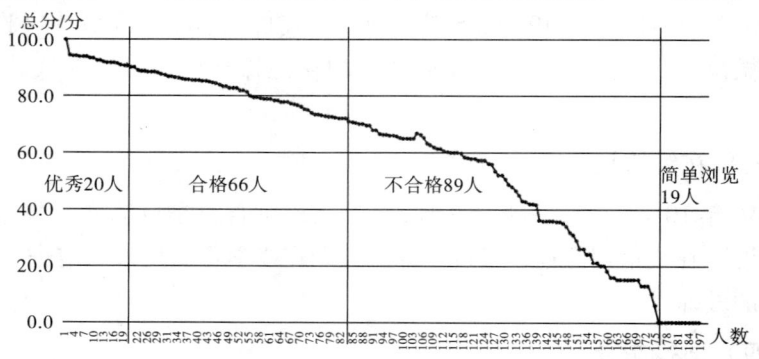

图 7 - 9　194 名教师在线学习成绩汇总

从图 7-9 中可以发现：有 19 人属于简单登录学习者（查看了部分学习资源，没有提交任何作业任务，没有进行在线交流），有 175 人参与了在线培训学习，其中 90 分以上的优秀学习者共 20 人，70~90 分的合格学习者共 66 人，70 分以下的不通过的学习者共 89 人。

（四）教师在线学习行为的进一步分析

参加面授阶段的教师主要通过在线培训课程中教师的学习情况来进行筛选，一般主要通过课程学习成绩进行判定。本研究通过加入在线培训学习数据指标的挖掘分析，推荐入围的教师，再由 S 院校教务处从中选出 30 名，确定参加阶段三面授指导环节。

（1）教师在线学习行为指标同课程学习成绩的相关性分析。

在线培训课程通过网络教学平台主要提取了在线学员教师的七个指标，将其对应标记为：在线时长（online time, OT），登录次数（login times, LTs），阅读次数（reading times, RTs），阅读个数（reading numbers, RN），视频观看个数（video numbers, VN），视频观看时长（video time, VT），课程交互频次（interative times, ITs）。

175 名教师在线培训课程成绩 LP（learning product）同上述七个在线学习行为（OT、LTs、RTs、RN、VN、VT 和 ITs）的均值与方差统计值如表 7-4 所示。

表 7-4　教师学习成绩同学习行为的均值与方差

项目	LP	LTs	OT	ITs	RTs	RN	VN	VT
N 有效	175.00	175.00	175.00	175.00	175.00	175.00	175.00	175.00
N 缺失	0.00	0.00	0.00	0.00	0.00	0.00	0.00	0.00
均值	64.40	31.75	514.85	2.27	12.04	14.50	12.14	110.76
标准差	25.19	20.95	313.02	5.06	39.72	6.75	7.35	78.82
极小	6.00	04.00	35.00	0.00	0.00	0.00	1.00	0.00
极大	96.40	114.00	1 691.00	46.00	77.00	20.00	20.00	440.00

在教师的在线时长（OT）、登录次数（LTs）、课程交互频次（ITs）、阅读个数（RN）、阅读次数（RTs）、视频观看个数（VN）、视频观看时长（VT）和培训成绩（LP）之间进行积差相关分析（product moment correlation），当两个变量的相关系数达到显著时，可以从相关系数绝对值大

小来判别两个变量的关联程度。一般判别为：相对系数绝对值 < 0.40，属于低度相关；0.40 ≤ 相对系数绝对值 ≤ 0.70，属于中度相关；相对系数绝对值 > 0.70，属于高度相关①。培训成绩与学习行为七个指标之间的 Pearson 相关系数如表 7 - 5 所示。

表 7 - 5　培训成绩与学习行为七个指标之间的 Pearson 相关系数

项目		OT	LTs	ITs	RTs	RN	VN	VT
LP	Pearson 相关	0.641 **	0.550 **	0.180 *	0.283 **	−0.22	0.609 **	0.720 **
	显著性（双侧）	0.000	0.000	0.003	0.000	0.769	0.000	0.000
	N	175	175	175	175	175	175	175

注：* 代表在 0.05 显著性水平下显著相关，** 代表在 0.01 显著性水平下显著相关。

从表 7 - 5 中可以发现：培训成绩（LP）与视频观看时长（VT）相关系数为 0.720，属于高度相关；培训成绩同在线时长（OT）相关系数为 0.641，同视频观看个数（VN）相关系数为 0.609，同登录次数（LTs）相关系数为 0.550，属于中度相关；培训成绩同课程交互频次（ITs）、阅读次数（RTs）属于低度相关，同阅读个数（RN）不具相互关系。因此，将视频观看时长作为主要分析指标，在线时长、视频观看个数和登录次数作为辅助性分析指标进行判定。

提取 4 个指标的全量数据，发现：教师的在线时长（OT）没有少于 323 分钟，登录次数（LTs）最少的教师为 21 次，不适于进行考核筛选；而视频观看时长（VT）为 0 ~ 440 分钟，视频观看个数（VN）为 0 ~ 20 个，可以作为考核筛选指标。

（2）面授指导参与教师的推荐筛选方式。

由上述数据分析，将教师在线学习行为数据筛选指标确定为：课程考核成绩 > 70 分、视频观看时长 > 120 分钟和视频观看个数 > 20 个。这里以 S 院校为例进行说明：首先，确定在线培训课程学习成绩通过的教师名单，判定指标为"教师在线培训课程考核成绩 > 70 分"，通过人数为 86 人；其次，按照视频观看时长与视频观看个数进行评判，去除 40 名不达标的教师，通过人数为 46 人；最后，将通过的 46 名教师推荐给 S 院校教务处，由 S 院校教务处根据教师日常教学业绩表现，从中选择 30 名教师进行面

---

① 吴明隆. 问卷统计分析实务：SPSS 操作与应用 [M]. 重庆：重庆大学出版社，2010：328 - 332.

授指导环节培训，而其余 56 名通过在线培训成绩考核的教师可以在面授阶段进行旁听。

第四节 第二轮培训实施的效果调查与进一步优化

为了调查第二轮 9 所院校教师培训项目的实施状况，笔者在"混合课程设计与建设"在线培训中针对参与完成在线培训课程的 229 名教师进行了培训效果反馈调查（见第 3 章表 3 - 4），共收集有效反馈表 215 份。

一、针对第二轮培训效果的整体评价

教师对培训项目实施的整体评价如图 7 - 10 所示，认可度在比较好和非常好的比例为 95.8%，再加上第一轮此比例为 96.8%，说明教师对我们基于能力结构框架设计的两轮培训项目认可度都比较高。

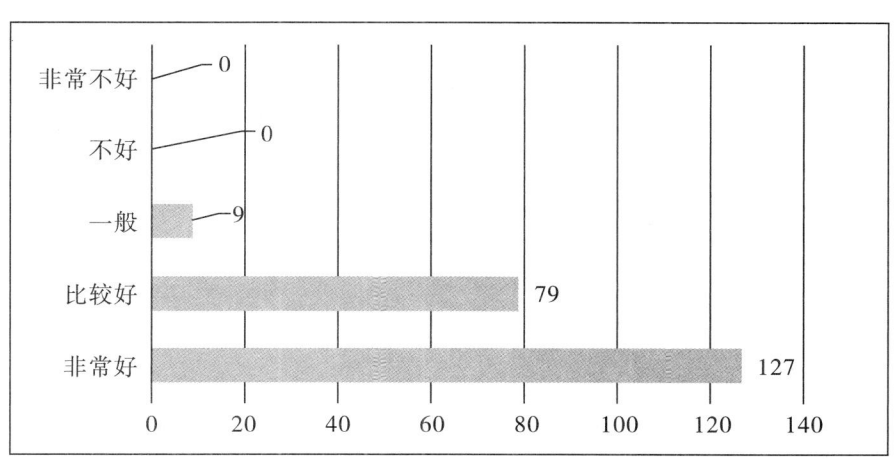

图 7 - 10 对第二轮培训的总体评价（$N = 215$）

教师对第二轮培训的教学组织与方式的评价如图 7 - 11 所示，认可度在比较好（96 人）和非常好（99 人）的比例为 90.7%；教师对培训日程安排的评价如图 7 - 12 所示，认可度在比较好（107 人）和非常好（98 人）的比例为 95.3%。由此可见，同第一轮的 80.8% 和 80.9% 的认可度相比，培训改进的教学组织与方式、日程安排更加受到参加培训的教师的认可。

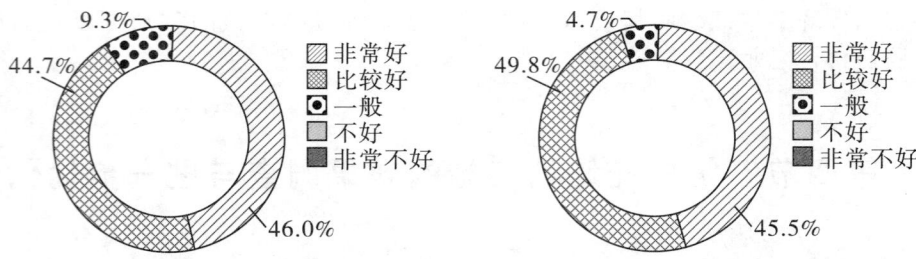

图7-11 对第二轮培训教学组织与方式的评价　图7-12 对第二轮培训日程安排的评价

二、针对第二轮改进培训内容的评价

在第二轮培训实施过程中，主要对改进的三部分培训内容的满意度进行了调查，其中：

（1）教师对混合课程优秀案例介绍部分认为非常有效的有106人，认为比较有效的有79人，认为一般的有30人，没有认为帮助不大的，表示认可的比例为86.0%。同第一轮培训教师对课程优秀案例的评价程度对比来看，虽然表示认可的比例没有明显提升，但对于案例的否定性评价没有了，说明案例的针对性提高了。

（2）教师对"网络教学平台应用指南"在线微视频资源部分的评价，认为非常有效的有98人，认为比较有效的有97人，认为一般的有15人，认为帮助不大有的3人，认可度为90.7%，说明"网络教学平台应用指南"在线微视频能够基本满足教师对于技术素养的需求，但可能部分技术素养较好的教师认为一般或帮助不大。

（3）教师对"混合课程设计与建设"在线课程内容的评价，如表7-6所示。

表7-6　"混合课程设计与建设"在线课程内容的评价（$N=215$）

题　目	非常有效	比较有效	一般	针对性不强	效果很差
4.1　课程设计中前期分析内容	66	123	24	1	1
4.2　课程设计中整体设计内容	62	125	25	3	0
4.3　课程设计中单元导学设计内容	63	117	33	2	0
4.4　课程设计中教学目标设计内容	64	119	28	3	1
4.5　课程设计中教学资源设计内容	63	119	32	1	0

续上表

题目	非常有效	比较有效	一般	针对性不强	效果很差
4.6　课程设计中教学活动设计内容	58	125	31	1	0
4.7　课程设计中学习评价设计内容	61	114	38	2	0
4.8　课程建设中基础信息维护	61	118	36	0	0
4.9　课程建设中整体框架的内容	64	121	30	0	0
4.10　学习单元建设中单元导学	66	109	40	0	0
4.11　学习单元建设中学习资源	63	117	35	0	0
4.12　学习单元建设中添加讨论区	70	113	27	5	0
4.13　学习单元建设中添加调查问卷	68	107	35	5	0
4.14　学习单元建设中添加微视频	71	111	33	0	0
4.15　学习单元建设中添加课后反思	62	124	25	3	1
4.16　学习单元建设中添加在线测试	65	112	34	3	1
4.17　学习单元建设中布置在线作业	71	109	31	4	0
4.18　学习单元建设中学习评价	65	113	31	5	1

从表7-6中可以看出：教师对于课程整体认可度比例基本都在80%以上，说明该课程基本能够满足教师的教学需求，但是部分课程内容还有待进一步完善。如：课程设计中前期分析与课程设计中教学目标设计内容2个资源，有2名教师认为资源内容"效果很差"；对混合课程建设部分添加课后反思、在线测试和学习评价等3个资源，有3名教师认为资源内容效果很差。这些都说明资源内容还可以再进行优化提升。

（4）教师对进一步开展教学的相关知识需求从高到低进行排列，如图7-13所示，具体为：学习分析评价、微视频制作技术、技术工具应用（资源制作、思维导图、可视化工具）、各类信息化教学模式、信息化教学研究与实验方法、教学活动组织、混合课程教学案例、信息化教学设计、其他（主要为网络教学平台与手机APP操作、课程建设、同步在线直播和信息技术最新趋势等内容）。

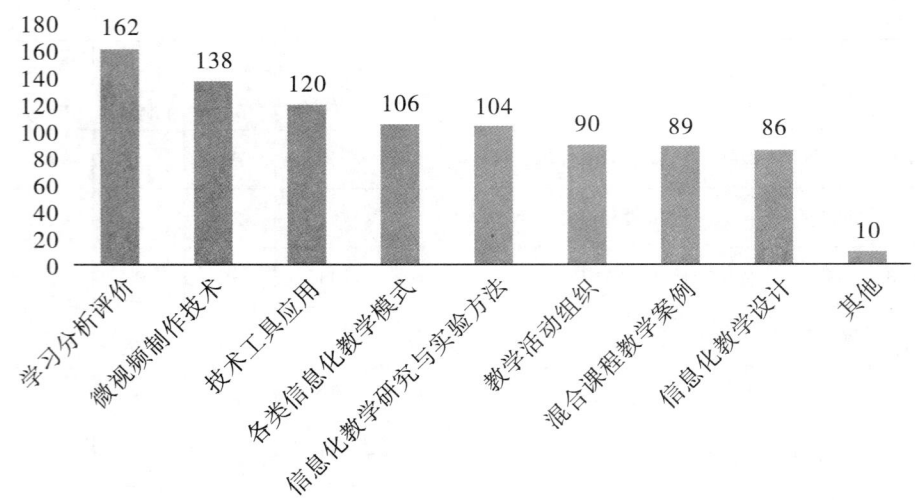

图 7 – 13　教师对教学相关知识的进一步需求（$N = 215$）

三、针对改进后第二轮培训的主要建议

笔者将"第二轮培训中教师关于培训内容和培训安排还有哪些需求"反馈的信息进行了归纳，主要包括两类。

第一类是对第二轮培训的进一步建议。一是希望提供的案例更加深入、具体，如"希望能够增加对于案例的细节性分析""用具体案例比如课堂中的具体应用案例来讲解""希望请校外已经成功实施混合式教学的老师讲公开课，展示整个教学实践过程"等。二是对在线培训课程资源的建议，如"操作步骤展示可以再详细些""在线学习的小视频能下载就更好了""需要更多案例介绍""期待语言类相关课程的案例""针对课程建设的内容可以讲解得具体一些""对于混合式教学法与使用教学系统的关系应提前介绍和说明""混合课程评价部分不太实用""在线培训课程希望可以一直保留""时间久了，对视频里教的如何添加各种教学活动的操作有些淡忘，希望今后还可以看到那些教学视频""学习平台可以继续使用，多次进行学习"等。

第二类是对第二轮培训的肯定与进一步内容需求信息。一是教师表达肯定性的支持，如"希望再来指导我们""感谢老师的无私奉献！在利益至上的时代难能可贵，楷模""感觉很满意，假期准备制作，在制作过程当中需要什么再和您们联系，谢谢""重点突出，言简意赅""在线培训学习非常好，时间灵活""培训时间的合理安排，参照行政人员上班时间即可。增多专家对教师的培训"等。二是教师对于信息化能力培训的进一步需求，如"师生在课堂上如何使用手机互动，进行教学""希望在面授环节能跟专家有单独交流的时间""需要微课视频录制方面的培训""能提供每种技术工具在教学中的应用实例""多讲讲视频、课程等资源如何制作得更吸引学生""希望针对每个学校再分具体专业进行培训"等。

从对第二轮培训的效果调查来看，整体满意度比第一轮面授培训有所提升，而且从学习方式上更加灵活和有针对性，符合高校教师学习特征，但是在培训实施过程和内容制作方面还有这样的需求：

一是教师希望进一步增加课程学习的交互性，说明我们目前在线培训课程中辅导教师在线指导答疑还不能满足教师的需求，需要关注。

二是教师希望提供更多生成性的学习资源库，可以通过在线培训的访问接口观摩不同类型混合教学的课程，说明我们目前提供的学习案例还不够丰富，需要关注。

三是教师希望在线培训课程平台能够持续开放，说明教师需要一个就混合教学进行持续交流的在线空间，因此构建一个在线虚拟实践社区来加强已开展混合教学教师之间的交流非常有必要。

第八章 高校教师信息化教学能力水平调查分析

高校教师信息化教学能力已成为提升新时代高等教育人才培养质量的关键因素。本章针对全国 28 所本科和高职院校的 1 147 名教师进行了信息化教学能力水平调查，调查研究的结果表明：第一，目前，国内高校教师整体上已经具备了信息化教学的基本应用能力，但是具备较高应用水平的教师比例偏低；第二，教师借助信息技术创新教学模式的能力和信息化教学研究的能力尚待提升；第三，新入职教师的能力水平要明显高于在职教师，获得博士学位的教师的能力水平要显著高于其他教师，理工科和医科教师的能力水平高于文科教师；第四，本科院校教师在信息化教学设计和教学研究能力方面表现出较高水平，而高职院校教师则在信息化教学意识和项目化教学方面表现更优。

第一节 高校教师信息化教学能力水平调查的缘起

从 1999 年至 2014 年，我国高校教师队伍持续快速增长，专任教师总数达到 153.5 万人，居世界第一，具有博士、硕士学历专任教师比例超过 50%，青年教师和中青年教师超过 70%[①]。为了解高校教师专业发展现状，教育部教师工作司于 2017 年委托中国高等教育学会开展"中国高校教师专业发展调研"课题研究工作。本调查研究成果是该项课题的成果产出，主要聚焦于高校教师信息化教学能力的水平调查分析。

信息技术作为一种强大的变革力量，已经并将持续对教育教学产生深远影响。我国近年来连续出台一系列政策文件，重点强调"信息技术与教育教学深度融合"，要求教师要应用信息技术提升教学水平、创新教学模式。美国高等教育信息化协会（EDUCAUSE）主席戴安娜·亚伯林格曾指出：高等

---

① 教育部：中国高校数量世界第二 ［EB/OL］. (2015 - 12 - 4)［2020 - 08 - 30］. http://finance. people. com. cn/n/2015/1204/c66323 - 27891136 - 2. html.

教育课程教学中应用信息技术面临的最大威胁是教师正在试图简单机械地把传统面授教育原封不动地搬到网络环境中。要解决这种实践上的窘境，首先要引导教师突破信息技术作为工具论应用范畴的思维禁锢，在信息技术支撑的全新学习环境下实现教学方法与范式的实践创新①。因此，笔者从信息时代高校教师信息化教学能力应有的内涵要素出发，来揭示当前我国高校教师的信息化教学能力水平发展状况。

第二节　高校教师信息化教学能力水平调查的现状

有关教师信息化教学能力测量或调查的研究中，中小学领域主要以TPACK 框架为依据形成了一批具有测评效度的量表或问卷，在调查不同地域中小学教师信息化教学能力的水平发展研究中起到了重要的作用。高校领域由于教师学科专业的复杂性与学术性的特点，简单照搬中小学 TPACK 量表形成的高校教师信息化教学能力水平的调查测量研究，往往没有考虑高校教师真实的教学情境，使得研究结论与中小学领域的研究没有差别，研究数据基本呈现教师整体能力水平处于中等位置和教师信息技术应用水平相对较弱，研究结果没有区分度，研究结论的参考和借鉴价值不大。这也成为开展高校教师信息化教学能力测评与调查研究的实践难点。为了解决这一实践问题，部分学者开始尝试从教学意识、专业知识和应用行为等方面开展更具效度和区分度的调查分析。

张一春和王宇熙在 2015 年针对高职教师提出从信息技术的认知、信息化教学效果影响因素、信息化教学工具应用、信息化教学方法应用和利用网络开展信息化教学实践等五个维度开展调查，面向江苏省 74 所高职院校的373 名教师进行信息化教学能力的水平调查，结果显示：高职教师在信息技术对学习者的作用、促进学习者学习态度和交流活动等意识感知维度上呈现较高的水平，在计算机软件、多媒体工具等技术应用能力方面也表现出较高的能力水平，但在应用新媒体技术、翻转课堂等新教学模式和基于网络开展学习反思等方面均处于中等偏下的水平，特别是在信息化资源获取和加工能力方面，需要给予足够的关注②。李雨潜在 2016 年提出针对大学教师从信息

---

① 郑旭东，魏志慧. 高等教育信息化及其发展趋势：访美国高等教育信息化协会主席戴安娜·亚伯林格博士［J］. 开放教育研究，2014，20（6）：4-9.

② 张一春，王宇熙. 高职教师信息化教学能力现状及提升对策：基于江苏省 74 所高职院校的调查［J］. 职业技术教育，2015，36（36）：70-74.

化教学意识、知识和行为等三个维度开展测评，通过对 256 名本科师范专业教师的信息化教学能力水平调查，发现本科师范专业教师信息化教学意识均值最高，其次是信息化教学知识，最低的是信息化教学的应用行为，信息技术在课堂教学中应用逐渐成为常态，但教师在教学中应用信息化教学手段还不够丰富①。中国台湾学者 Syh-Jong Jang 在 2016 年提出从技术支持教学的专业知识（SMK）、技术支持教学的呈现方式与策略方法（TIA）、对学习者信息化环境下学习的理解（IRS）和信息技术整合于教学的应用能力（TPACK）等四个维度针对大学教师开展测评，通过对中国台湾 226 名大学物理教师的信息化教学能力水平调查，发现教师在技术支持教学的专业知识（SMK）水平最高（均值为 4.43），信息技术整合于教学的应用能力（TPACK）水平均值为 4.11，而在对学习者信息化环境下学习的理解（IRS）和技术支持教学的呈现方式与策略方法（TIA）方面还有待提升，均值分别为 3.89 和 3.78②。我们可以看出，上述研究从意识、知识和行为等三个维度开展高校教师信息化能力水平调查，可以有效揭示教师将信息技术融入课程教学的能力变化过程，这为开展高校教师信息化教学能力水平调查提供了思路。

第三节 高校教师信息化教学能力水平调查的过程与方法

一、采用的调查工具

这里选取笔者研制的"数字时代高校教师信息化教学能力测量问卷"，包括高校教师的基本情况和教学能力状况等两个部分，共计 41 个题目。其中，教师基本情况包括所在学校、性别、民族、教龄、学历/学位、任教学科专业、职称和教学荣誉、电子邮箱等 9 个题目，教学能力水平现状包括 32 个题目，采用里克特五点测量量表（该内容详见第三章第三节）。

---

① 李雨潜."互联网＋"背景下师范大学教师信息化教学能力现状调查［J］.中国大学教学，2016（7）：87－91.

② JANG S J, CHANG Y H. Exploring the technological pedagogical and content knowledge（TPACK）of Taiwanese university physics instructors［J］. Australasian journal of educational technology, 2016, 32（1）：107－122.

二、调查的过程方法

这里选取在第三章针对调查工具研究的同一批样本进行能力水平分析，主要是通过"清华教育在线"网络教学平台的问卷管理系统进行在线问卷发放所获取的 1 147 份有效问卷数据。调查样本中，本科教师 465 人，高职教师 682 人；华东地区（山东、江苏、安徽和浙江）345 人，华北、东北与华中地区（北京、辽宁、内蒙古和湖北）234 人，华南与西南地区（广西、广东和重庆）361 人，西北地区（陕西、新疆和宁夏）207 人；从教师性别、教龄、最高学历、职称、学科分布等方面做到了基本覆盖（该内容详见第五章第四节）。

三、调查的研究问题

为了更全面了解中国高校教师信息化教学能力水平的整体现状和具体能力的水平发展差异，并进一步了解高校教师在不同教龄、学历、学科和地区等人口学变量下的能力水平差异，首先确定了三个基本研究问题：

第一，高校教师信息化教学整体能力处于什么样的水平状况？

第二，高校教师信息化教学能力在四个具体维度下处于什么样的发展程度？

第三，高校教师在不同教龄、学历、学科、地区等特征下的信息化教学能力水平是否存在显著性的差异？

已有研究主要将本科院校教师或者高职院校教师作为独立群体进行了调查，针对本科教师与高职教师能力水平的比较分析相对缺乏。基于此，我们确定了第四个扩展性问题：

第四，本科和高职院校的教师在整体能力和四个具体能力维度上是否存在显著性差异？

已有调查并没有对测评调查框架之间维度的相关关系进行验证，在设计测评理论维度或框架时也没有思考确定的子维度之间是否存在相互作用的发展因素关系。因此，本研究期望通过构建信息技术融入教学的意识、素养、能力和研究四个维度之间的路径关系模型，来验证高校教师的信息化教学能力发展过程是否存在从开始意识到具备基本应用素养，再到领悟和理解方法策略的能力，最后到研究创新教学的思考这样的阶段性发展路径，于是确定了第五个扩展性问题：

第五，高校教师将信息技术融入教学的意识、素养、能力和研究等四个

维度能力之间能否构建路径假设关系模型？

第四节　高校教师信息化教学能力水平测量的调查结果分析

一、高校教师信息化教学整体能力状况分析

对 1 147 名高校教师的信息化教学能力进行描述性统计，整体均值为 3.46，均值范围在 1.57~4.89 之间；为了更清晰地解释抽样群体之间的能力分布趋势，对样本所有题项上的平均分再进行了更为详细的七个等级划分，由此来对 1 147 名教师的能力均值频度分布进行统计（如表 8-1 所示）。

表 8-1　高校教师信息化教学能力水平等级频度分布（$N = 1\ 147$）

能力水平程度	等级赋值	均值范围	频度分布人数	百分比
不具备相应能力水平	1	1.00~1.99	2	0.2%
非常低水平	2	2.00~2.49	11	1.0%
低级水平	3	2.50~2.99	150	13.1%
中级偏下水平	4	3.00~3.49	451	39.3%
中级偏上水平	5	3.50~3.99	390	34.0%
比较高水平	6	4.00~4.49	115	10.0%
高级水平	7	4.50~5.00	28	2.4%

结果表明：①大部分抽样院校教师初步具备了开展信息化教学的基本能力，处于中级偏下水平（等级4）与中级偏上水平（等级5）的教师占总体的73.3%；②处于比较高水平和高级水平（等级6和等级7）的教师占总体的12.4%，这些教师可以很好地运用信息技术开展教学；③还有相当一部分教师不具备基本的信息化教学能力，处于低级水平及以下（等级1、等级2和等级3）的教师占总体的14.3%。

二、高校教师信息化教学能力在四个维度下的状况分析

从信息技术融入教学的意识、素养、能力和研究四个维度对高校教师信息化教学能力进行描述性统计分析，结果表明：

（1）教师意识维度处于比较高的水平（等级6的程度），均值为4.17 ± 0.66，其中3个指标分别为4.24 ± 0.78、4.20 ± 0.74和4.06 ± 0.82。

（2）教师素养维度水平次之，均值为3.83 ± 0.66，10个指标均值范围在3.79～3.89之间，说明教师素养水平处于中级偏上的水平（等级5的程度）。

（3）教师能力维度均值为3.28 ± 0.62，除了A21（均值为3.59）达到了中级偏上的水平，其他9个指标均值范围在3.11～3.45之间，处于中级偏下的水平（等级4的程度）。

（4）教师研究维度均值为2.67 ± 0.57，5个指标均值范围在2.54～2.89之间，处于低级水平（等级3的程度）。可以看出，从信息技术融入教学的意识、素养、能力和研究四个维度来看，教师的能力依次降低，这与李雨潜有关本科师范专业教师和张一春等有关高职院校教师信息化教学能力的调查研究中有关意识、专业知识和行为能力的结论一致①②。

三、高校教师在教龄、学位等特征下的能力差异分析

（一）新入职教师信息化教学能力水平最高

按照新入职、5年以下、5～10年、11～15年和15年以上等五个教龄区段进行方差齐性检验（$P > 0.05$），显著性效率（Sig. = 0.57）> 0.05，说明方差具有齐性，通过Least-significant difference进行各组均值配对比较，方差分析结果显示$P = 0.049 < 0.05$，说明不同教龄教师的能力水平在$\alpha = 0.05$水平上存在显著性差异，其中新入职教师能力水平最高，均值为3.59，5年以下、5～10年、10～15年和15年以上的教师均值分别为3.47、3.45、3.49和3.40。这一研究结果与李雨潜有关本科师范专业教师信息化教学能力的研究一致③，而与Syh-Jong Jang的研究结果有差别，该研究显示教学年限在16～25年的教师信息化教学能力整体水平最为突出④。

（二）获得博士学位教师信息化教学能力水平最高

按照不同学位进行方差齐性检验（$P > 0.05$），显著性效率（Sig. =

---

① ③ 李雨潜. "互联网＋"背景下师范大学教师信息化教学能力现状调查 ［J］. 中国大学教学，2016（7）：87 – 91.

② 张一春，王宇熙. 高职教师信息化教学能力现状及提升对策：基于江苏省74所高职院校的调查 ［J］. 职业技术教育，2015，36（36）：70 – 74.

④ JANG S J, CHANG Y H. Exploring the technological pedagogical and content knowledge（TPACK）of Taiwanese university physics instructors ［J］. Australasian journal of educational technology，2016，32（1）：107 – 122.

0.22）>0.05，说明方差具有齐性，通过 Least-significant difference 进行各组均值配对比较，方差结果显示 $P = 0.000 < 0.001$，说明不同学历背景教师的能力水平存在显著性差异，获得博士学位教师水平最高（均值为 3.64），与本科学历（均值 3.37）和硕士学历（均值 3.46）教师都存在显著性的水平差异，这一结论与 Syh – Jong Jang 的研究结果一致[1]。

（三）不同学科教师信息化教学能力呈现差异

按照哲学、医学、文学语言、军事、法学、理学、经济学、管理学、教育学、工学、艺术学、历史和农学等进行方差齐性检验（$P > 0.05$），显著性效率（Sig. = 0.43）>0.05，说明方差具有齐性，通过 Least-significant difference 进行各组均值配对比较，方差结果显示 $P = 0.000 < 0.001$，说明不同学科教师的信息化教学能力水平存在显著性差异，具体为工学、艺术学、理学和医学的教师表现出更好的能力水平，均值分别为 3.60、3.58、3.55 和 3.54，而法学、语言学和军事学能力水平较低，均值为 3.28、3.29 和 3.30。

（四）不同性别、地区、职称的教师教学能力水平不存在明显差异

笔者将男女性别作为分组变量，对男教师（$N = 373$）和女教师（$N = 774$）进行 T 检验，结果显示男教师能力均值为 3.49，标准差 0.51，女教师能力均值为 3.45，标准差 0.45，t-test 值为 1.34，$P = 0.18 > 0.05$，说明不存在显著性差异。这与 Syh-Jong Jang 的研究结果有差别，他们发现男教师比女教师在技术支持的教学专业知识和信息化学习环境对学习者学习的理解等两个维度上表现出更高的能力水平[2]。

按照四个不同地区进行方差齐性检验（$P > 0.05$），显著性效率（Sig. = 0.032）<0.05，说明方差不具有齐性，通过 Tamhane's T2 进行各组均值配对比较，方差分析结果显示 $P = 0.453 > 0.05$，不同地域教师不存在显著性差异。

按照初级、中级、副高和高级职称进行方差齐性检验（$P > 0.05$），显著性效率（Sig. = 0.042）<0.05，说明方差不具有齐性，通过 Tamhane's T2 进行各组均值配对比较，方差分析结果显示 $P = 0.105 > 0.05$，说明不同职称教师不存在显著性差异。

---

[1][2] JANG S J, CHANG Y H. Exploring the technological pedagogical and content knowledge (TPACK) of Taiwanese university physics instructors [J]. Australasian journal of educational technology, 2016, 32 (1)：107 – 122.

四、本科教师和高职教师信息化教学能力的水平差异分析

对本科教师（$N = 465$）和高职教师（$N = 682$）进行独立样本 T 检验，结果发现：

（1）本科教师和高职教师整体信息化教学能力不存在显著性差异，本科教师整体水平能力均值为 3.49，标准差 0.45，高职教师整体水平能力均值为 3.45，标准差 0.48，t-test 值为 1.58，$P = 0.12 > 0.05$。

（2）本科教师与高职教师在研究维度的能力存在显著性差异，本科与高职教师在研究维度的能力均值为 2.82 ± 0.51 和 2.55 ± 0.59，t-test 值为 8.01^{***}；而在意识、素养和能力三个维度均值水平不存在显著性差异，分别为 4.12 ± 0.65 与 4.20 ± 0.66、3.88 ± 0.67 与 3.80 ± 0.65、3.25 ± 0.64 与 3.31 ± 0.60，t-test 值分别为 -1.89、1.85 和 -1.57。

（3）对本科教师与高职教师四个能力维度的具体指标项进行独立样本 T 检验分析，结果发现：研究维度的所有 5 个指标、素养维度 10 个指标中的 6 个、能力维度 10 个指标中的 2 个和意识维度 3 个指标中的 1 个存在显著性的水平差异（如表 8 - 2 所示）。

表 8 - 2　本科教师与高职教师四个能力维度具体指标的独立样本 T 检验结果

能力维度	具体指标	类型	均值	t-test 值
研究	A24：我利用数据分析学生的知识与技能掌握程度的情况	本科	2.71	6.45^{***}
		高职	2.42	
	A25：我利用电子评价或分析系统提取分析学生学习行为与效果的应用效果	本科	2.78	6.34^{***}
		高职	2.51	
	A32：我对自身信息化教学实践进行反思、改进的实施状况	本科	2.80	5.87^{***}
		高职	2.56	
	A33：我同本学科专业的教师就信息化教学问题进行交流的频率	本科	2.79	6.63^{***}
		高职	2.49	
	A36：我利用各种技术、方法策略丰富自身专业研究能力的情况	本科	3.03	5.72^{***}
		高职	2.80	

能力维度	具体指标	类型	均值	$t-test$ 值
素养	A2 我使用信息化办公工具软件的熟练程度	本科	3.90	2.59**
		高职	3.78	
	A6 我根据教学需要选择合适技术去呈现不同内容的应用效果	本科	3.87	2.48**
		高职	3.76	
	A7 我使用知识管理工具（如思维导图软件）的熟练程度	本科	3.87	2.79**
		高职	3.74	
	A17 我为自己课程进行混合教学设计的应用程度	本科	3.91	2.27**
		高职	3.80	
	A27 我使用网络教学平台上传微视频、文本等教学资源的熟练程度	本科	3.88	2.02**
		高职	3.79	
	A28 我使用网络教学平台添加讨论区、小调查等教学活动的熟练程度	本科	3.92	2.65**
		高职	3.80	
意识	Aw3 我应用适当信息化教学方法提升效率与质量	本科	4.14	-1.98**
		高职	4.23	
能力	A26 我在自己课程中针对项目合作任务实施多元评价的应用状况	本科	3.20	-1.99**
		高职	3.30	
	A30 我在自己教学中开展合作学习或项目化教学的应用状况	本科	3.24	-3.73***
		高职	3.41	

注：＊＊＊代表在 0.001 显著性水平下显著相关，＊＊代表在 0.01 显著性水平下显著相关。

五、高校教师信息化教学能力中四维度回归分析

本研究采用多元回归来分析四个能力维度对于教师信息化教学能力水平的影响，即将信息化教学意识、信息化教学素养、信息化教学能力和信息化教学研究等四个因素作为自变量，将教师信息化教学能力水平作为因变量，运用多元回归，来构建高校教师信息化教学能力预测性的最佳回归分析模型。

由上述四个自变量及因变量"教师信息化教学能力水平"之间的相关分析，我们发现四个自变量之间呈现显著的正相关关系（$P<0.001$），相关系数未见大于 0.7 的，说明这四个自变量之间没有共同线性问题，回归分析结

果如表8-3所示。

表8-3　教师信息化教学能力水平回归分析表

预测变量	多元相关系数	R Square	增加量	F 值	净 F 值	B	Beta
截距						57.979	
能力（A）	0.436	0.192	0.191	134.444***	134.444***	5.938	0.265
素养（T）	0.463	0.224	0.129	89.992***	23.999***	3.019	0.148
研究（R）	0.478	0.228	0.014	78.737***	18.737***	2.897	0.159
意识（Aw）	0.485	0.237	0.011	65.898***	10.004***	2.009	0.138

注：＊＊＊代表在0.001显著性水平下显著相关。

由表8-3可以看出，这四个自变量对于教师信息化教学能力具有显著性的预测，可以作为预测教师信息化教学能力水平状况的四个主要归因要素，其中它们的多元相关系数是0.485，决定系数（R Square）为0.237，整体性检验的 F 值为65.898（$P = 0.000 < 0.05$），这四个变量有效解释"教师信息化教学能力水平"48.5%的变异量。由此，从模型的预测力中的高低水平来看，信息化教学能力对教师信息化教学能力水平的预测力最高，解释变异量达到了19.1%；其次是信息化教学素养的预测力，解释变异量为12.9%；而信息化教学研究和信息化教学意识的预测力指标分别为1.4%和1.1%。

由此，非标准化回归方程如下：

教师信息化教学能力水平 $= 57.979 + 5.938 \times A + 3.019 \times T + 2.897 \times R + 2.009 \times Aw$。

标准化回归方程如下：

教师信息化教学能力水平 $= 0.265 \times A + 0.148 \times T + 0.159 \times R + 0.138 \times Aw$。

上述四个自变量的标准化回归系数均为正值，代表这四个自变量对于教师信息化教学能力水平的影响是正向的，能够积极显著预测教师信息化教学能力水平状况。从回归结果的分析来看，说明这四个子能力指标可以作为教师信息化教学能力水平预测的显著性指标，与前面的预测性研究的结果是一致的。高校教师信息化教学能力水平可以从意识、素养、能力和研究等四个有代表性的维度进行框架和绩效指标的建设，来对高校教师信息化教学能力水平发展进行实证性研究。

第五节　研究初步总结

　　基于上述调查分析，我们将研究结果初步总结如下：

　　第一，高校教师具备了一定的信息化教学能力，在四个不同维度能力上差异显著。整体来看，绝大多数抽样教师（比例大约在85.7%）已经初步具备信息化教学的基本能力，但是具备较高应用水平的教师比例偏低，只有14.3%，特别是教师借助信息技术创新教学模式的能力，以及信息化教学研究的能力还有很大提升空间。从信息技术融入教学的意识、素养、能力和研究等四个维度能力水平的调查来看，教师对在信息化环境下开展教学改革的必要性持有较高的认同感；教师具备信息技术工具使用的基本技能，技术不再是制约教师开展信息化教学的"鸿沟障碍"；教师在"互联网＋教育"背景下开展有效教学的能力不足，仍是制约信息化教学发展的核心因素；教师对于课程教学的研究还停留在面授环境下的备课、反思等经验总结层面，缺乏基于网上数据开展学习分析、教学优化和即时评价反馈等方面的研究能力，成为信息化教学改革与创新可持续发展的制约因素。整体来看，目前高校教师在信息化教学能力方面距离国家提出的"信息技术与课程教学深度融合"的目标仍有不小的差距。

　　第二，高校教师信息化教学能力在某些人口学变量和学校类型上存在差异。不同教学年限、学科和学历的样本教师在信息化教学能力水平上存在显著性差异，主要表现为：理工科和医科教师的信息化教学能力水平较高，而文科教师的信息化教学能力水平偏弱；新入职教师的信息化教学能力水平要明显高于在职教师；获得博士学位的教师在信息化教学能力水平上要显著高于硕士和本科的教师。本科院校和高职院校教师的差异主要表现在：本科教师在教学研究的能力方面显著高于高职教师，同时在信息化工具软件、知识管理工具、知识呈现工具、网络教学平台资源应用和线上线下混合教学设计等方面表现出较高的能力水平；而高职教师在关信息化改善教学质量的意识与项目化教学能力方面表现更优。

　　第三，高校教师信息化教学能力呈现出"从意识到素养到能力再到研究"的发展过程。高校教师将信息技术融入课程教学的过程经历了由开始意识到逐渐领悟与深层理解，再到具备创新变革教学的阶段性特征，是一个应用、研究和创新的系统性发展变革过程，反映了教师教学是一个反思性的实践，体现了一种以学术积累为导向的教学实践性智慧的发展变化。

第九章　高校教师信息化教学能力培训效果的实证分析

有效的教师专业发展项目应该至少包括两个潜在的结果：一是改变教师的课堂教学实践，二是改变教师的信念和态度①。衡量培训项目对教师教学能力的提升作用，有必要对教师在参加培训之后能否将习得的知识与技能迁移到教学实践应用能力进行判定，教师能否有效改变课程教学实践成为衡量教师培训作用是否显著的关键。本章通过对参与培训后教师开展混合教学应用实践能力的分析和课程应用数量的量化数据统计，以及针对 A 院校 12 名教师信息化教学能力水平发展进行质性研究分析，以此来进一步验证高校教师信息化教学培训项目对教师信息化教学能力的提升作用。

第一节　教师培训后信息化教学能力发展效果的量化分析

一、判断教师培训后能否开展混合教学应用的标准

笔者从院校教师在网络教学平台建设混合课程的在线数据入手，构建判断教师在培训项目后能否开展混合教学应用的评价指标，详见表9 – 1。

---

① JONES E V, LOWE J. Changing teacher behavior: effective staff development [J]. Adult learning, 1990, 1 (7): 8 – 10.

表 9 – 1　教师开展混合教学应用的在线课程评价指标

一级指标	二级指标		具体说明
1. 课程建设	1 – 1　课程导学		课程学习说明的导学文档、视频等
	1 – 2　学生 PC 或手机 APP 在线学习指南		帮助学生掌握平台技术的帮助性文档、课程或视频
	1 – 3　课程结构栏目		课程必备栏目建设完成
	1 – 4 学习单元建设指标	1 – 4 – 1　微视频资源知识点	课程学习单元进行合理划分； 学习单元下的所有内容全部建设完成； 学习单元建设内容体现教学流程
		1 – 4 – 2　网页、PPT 文档知识点	
		1 – 4 – 3　在线测试、作业	
		1 – 4 – 4　在线讨论区	
		1 – 4 – 5　在线调查、投票	
		1 – 4 – 6　单元下的学习导学	
	1 – 5 混合课程学习评价考核指标		混合课程学习考核的标准
2. 课程运行	2 – 1　教师登录的次数、时长		课程中有教师登录记录
	2 – 2　教师发布课程学习通知		课程有教学进程性通知
	2 – 3　教师发布在线作业或测试		课程作业或测试中有内容
	2 – 4　教师在讨论区发布与回复话题		讨论区有教师话题记录
	2 – 5　学生登录次数、时长		课程有学生登录记录
	2 – 6　学生文档、微视频、课件等资源学习时长		课程有学生在线学习记录
	2 – 7　学生在线测试、作业完成比例		发布作业的学生完成记录
	2 – 8　学生参与讨论区话题		讨论区有在线学习记录

二、三轮培训后教师开展混合教学的量化比较分析

笔者根据"教师开展混合教学应用的在线课程评价指标"（表 9 – 1），对传统培训、第一轮培训和第二轮培训三个阶段培训后教师开展混合教学应

用的课程数量进行了对比分析：

（1）传统培训项目跟踪了 2015 年 2 月—12 月开展培训院校 386 名教师的混合课程应用状况；第一轮培训跟踪了 2016 年 1 月—8 月开展培训院校 351 名教师的混合课程应用状况；第二轮培训跟踪了 2016 年 10 月—2017 年 1 月开展培训院校 223 名教师的混合课程应用状况。

（2）对上述三个阶段教师课程应用情况进行了比较分析，具体如表 9 – 2 所示，三个阶段教师开展混合教学应用的课程人数分别为 102 人、142 人和 113 人。

表 9 – 2　三个阶段教师课程应用情况的比较分析

类型	参加培训 教师人数/人	开展混合教学 应用的教师人数/人	开展应用 的比例/%
传统培训	386	102	26.42
第一轮培训	351	142	40.46
第二轮培训	只完成在线培训：223	113	50.67
	完成全部培训：132		85.61

从上述课程对比分析数据，可以看到：传统培训下混合课程的应用率在 26.42%；设计的第一轮培训项目后混合课程应用率达到 40.46%；第二轮培训项目后混合课程应用率又得到了进一步提升，按照参与在线培训的教师人数来计算比例为 50.67%，按照参与全部培训的教师人数来计算比例达到了 85.61%。

由此，可以说明本研究设计的培训项目对促进教师有效开展混合教学应用作用显著，培训项目能够较为有效地提升教师的信息化教学能力水平。

三、不同培训迁移效果作用下的教师信息化教学能力水平比较

在第二轮培训中，有 9 所院校的 551 名教师参与了"混合课程设计与建设"在线培训，其中 223 名教师最终完成了在线培训的自主学习任务。培训完成后，223 名教师在培训结束阶段填写了"数字时代高校教师信息化教学能力测量问卷"，于是笔者取得了上述 223 名教师开展混合教学应用之前的初始能力感知数据。随后，笔者根据教师的课程是否开展了混合教学应用，对 223 名教师进行了跟踪，评价是否产生了教学应用迁移效果。最后，笔者发现：有 113 名教师开展了混合教学应用实践，产生了培训迁移效果；有 110 名教师未开展混合教学应用实践，没有产生培训迁移效果。

按照上述以是否开展教学实践应用作为界定是否产生培训迁移效果的标准来进行分组，分为已开展教学应用和未开展教学应用两个类别，对两类不同教师的信息化教学能力水平进行均值和独立样本 T 检验，结果如表 9-3 所示。

表 9-3　未应用与已应用教师的信息化教学能力水平比较

维度水平	两个类别（本科和高职）			$t-test$ 值
	类型	均值	标准差	
意识	已应用（113）	4.29	0.61	1.09
	未应用（110）	4.05	0.69	
素养	已应用（113）	4.17	0.63	2.60**
	未应用（110）	3.87	0.61	
能力	已应用（113）	3.25	0.58	-0.15
	未应用（110）	3.24	0.59	
研究	已应用（113）	2.69	0.49	1.52
	未应用（110）	2.62	0.55	
整体	已应用（113）	3.50	0.45	1.90
	未应用（110）	3.44	0.41	

注：**代表在 0.01 显著性水平下显著相关。

从表 9-3 的数据中，我们可以看到：第一，未开展教学应用的教师同已开展教学应用的教师，在信息化教学能力测量水平的素养维度存在显著性差异；开展教学应用的教师在信息化教学能力的素养维度感知方面要明显高于未开展教学应用的教师感知水平。第二，已开展教学应用教师的信息化教学能力整体均值测量水平要明显高于未开展教学应用的教师水平均值。

为了清楚描述这种均值差异，将 113 名开展教学应用的教师的测量能力数值同 110 名未开展教学应用的教师的各个能力指标测量均值进行可视化对比处理，形成两组整体测量趋势分析，如图 9-1 所示。从图 9-1 中，我们可以清楚看出：已开展教学应用的教师在素养维度的整体测量水平要明显高于未开展教学应用的教师；同时已开展教学应用的教师在研究维度"A32 我对自身信息化教学实践进行反思、改进的实施状况""A36 我利用各种技术、方法策略丰富自身专业研究能力的情况"以及能力维度"A34 我自己设计运行一门在线课程的熟练程度"等具体指标中也表现出明显的优势。

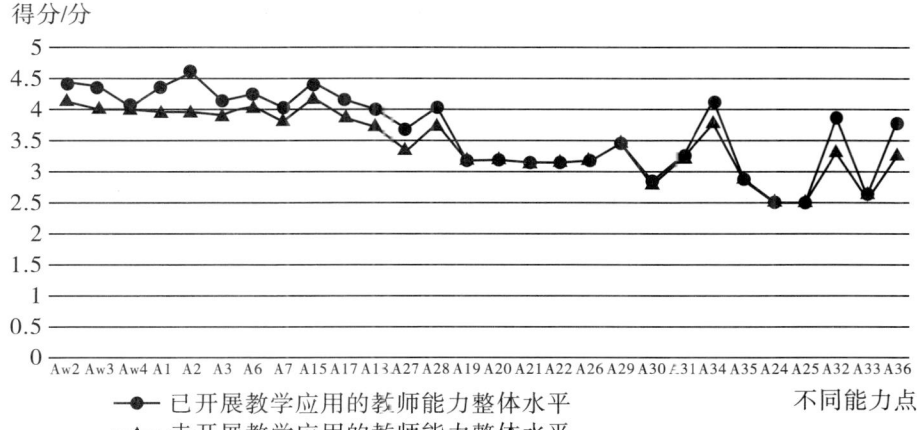

图9-1 已开展教学应用与未开展教学应用教师的能力整体测量趋势图

因此，从上述初步结论，可以说明笔者研制的"数字时代高校教师信息化教学能力测量问卷"对于预测教师能否开展课程教学应用的结果具有正向预测性分析作用，主要预测核心指标表现在素养维度的 A1、A2、A3、A6、A7、A15、A17、A18、A27、A28，能力维度的 A34 和研究维度的 A32、A36（详见附录 A）。

第二节　A 院校 12 名教师信息化教学能力发展的质性分析

A 院校在 2015 年 10 月成为"清华教育在线"混合教学改革实验院校，笔者研究团队分别在 2016 年 1 月和 2016 年 7 月对 A 院校开展了两次教师信息化教学能力培训。我们对 A 院校参与混合教学改革前后两个年度教师应用网络教学平台的访问数据进行了对比，基本数据如下：

（1）2015 年 2 月—2016 年 2 月，教师访问网络教学平台 6 207 次，学生访问 176 665 次。

（2）2016 年 2 月—2017 年 2 月，教师访问网络教学平台 10 182 次（比上一年度增长 64.04%），学生访问 288 891 次（以上一年度增长 63.52%）。

从上述量化数据可以看出，新设计的教师混合教学能力提升培训项目对教师开展在线学习和学生在线学习起到了正向促进作用。为了进一步揭示基于"高校教师混合教学能力培训阶段知识循环"的培训项目对教师混合教学

能力发展的变化作用，笔者重点对 A 院校 2016 年 1 月首批参加培训项目的 12 名教师进行了一年的跟踪，12 名教师的基本信息如表 9-4 所示。

表 9-4　12 名教师的基本信息

序号	教师	学科专业	性别	年龄段	职称
1	教师 ZLT	文学	男	50~60	教授
2	教师 WYE	思想政治学	女	45~50	副教授
3	教师 ZWD	农学	男	40~45	副教授
4	教师 CXA	管理学	男	45~50	教授
5	教师 BJH	数字媒体技术	女	30~35	讲师
6	教师 CJ	语文教育	女	30~35	讲师
7	教师 LSQ	数字媒体技术	男	45~50	副教授
8	教师 QYJ	管理学	女	25~30	讲师
9	教师 QY	化学	女	30~35	讲师
10	教师 WZH	小学教育	女	35~40	副教授
11	教师 ZY	电子与信息工程	女	35~40	副教授
12	教师 ZC	数字媒体技术	男	30~35	讲师

笔者主要以个体访谈和集体访谈的方式，对 12 名教师在面授培训、第一学期教学应用和第二学期教学应用等三个阶段进行了访谈和实地观察，所有访谈均在被访者同意的情况下录音，后转化为文字，用来进行质性分析，具体访谈提纲见附录 J。

一、培训阶段教师混合教学能力水平

2015 年 12 月，笔者在对 A 院校开展混合教学能力提升培训项目期间，对 12 名教师进行了个体访谈，访谈内容主要包括：以往课程是如何进行教学的；对于自己课程进行混合教改的想法；参加培训后对自己混合教学能力水平的评价。笔者结合对 12 名教师应用汇报和交流分享环节的实地观察，对教师参加培训后对混合教学的理解程度进行了归纳。

（一）访谈分析

（1）针对"以往课程是如何进行教学的"的访谈，发现过去教学状况可以归纳为以下三种情况。

一是使用网络教学平台来发布作业、测试或为学生提供课件资源的下载，主要处于一种网络辅助课堂教学的应用。例如，教师 BJH 反馈说："我教授的课程过去将考试转变成了无纸化的考试，平时作业占60%，期末考试占40%。课程主要是课堂上机实践练习，在网络课程中会设置了一些供学生讨论的话题。"教师ZWD反馈说："我将课程资料上传到网络教学平台上，在每个学期课上用一个小时讲课程评价的规则，如课堂旷课、网上学习评价等的考核比例如何进行换算。我的课程注重对考试和作业库的使用，每个章节按照课程进度进行发布。"教师ZY反馈说："我过去主要是使用网络教学平台给学生发布一些课程资料，比如实验的一些操作流程等，学生对我上传的资源很感兴趣，我也会使用讨论区和学生进行一些问题交流。"教师QYJ反馈说："我过去就是使用网络教学平台同我的学生分享一些资料，主要是把它当成网盘在用。"

二是基本不使用网络教学平台或使用效果不佳。例如，教师CXA反馈说："我过去基本就是PPT为主的传统授课，基本没有使用网络教学平台，主要还是以前学生基本没有网络学习的习惯，而且我感觉过去网络教学平台主要还是做作业和测试，同我传统授课的区别不大。"教师WYE反馈说："我过去一直也在使用网络教学平台，在讨论区也发布了一些讨论话题，在每次课后把我的课件上传到网络教学平台中，但是学生基本不用，效果不是很好。"教师QY反馈说："我的课程是进行化工制图，过去的网络教学平台基本支持不了我的课程教学，我需要将很多制图的技巧交给学生，主要还是课堂手把手教学生。"

三是使用网络教学平台开展一些在线学习活动。例如，教师LSQ反馈说："我的课程是现代教育技术应用，是一门面向全校的公共课程，所有学生主要通过网络教学平台提交每次课程的作业任务，我们教师进行网上批阅。我团队的老师课堂主要是对学生进行实践讲解和指导，网络教学主要是用于评价，期末考试采用传统笔试考试，整体来看学生访问量和关注度一直排在学校第一。我这个学期针对一个教学内容，使用研究型教学模块发布了一个小组的在线学习合作任务。学生反馈觉得这种互评的方式对学习很有帮助，但是学生合作学习的操作比较复杂。"

（2）针对"对于自己课程进行混合教改的想法"的访谈，发现教师对于混合教学的理念普遍非常认同，而且听过专家报告和案例介绍后，对自己课程开展混合教学应用已经有了初步的想法。例如，教师BJH反馈说："我觉得混合教学的方式非常好，我打算将我课程中每次课堂讲解的操作用录屏软件录制成教学视频，放在网络教学平台，采用翻转课堂的模式，让学生在课程中用更多的实践进行实验练习，这样我的指导也更有针对性，教学负担也会相应减轻了。我打算下个学期就开始尝试应用。"教师ZWD反馈说：

"我觉得混合教学需要考虑如何分配课程线上与线下的比例问题，我觉得课程中有些内容就可以让学习者采用网上学习的方式进行，课堂自己教学时可以适当减少，增加学生研讨和讨论的时间，这样对于发展学生的能力有好处。"教师 CXA 反馈说："我从 1997 年开始教管理学这门课，课程主要包括基础讲授、企业案例，过去采用的是讲授式的讲课发生，以前学校也让我使用网络教学平台，但是我感觉意义不大。这次混合教学对我触动很大，特别是线上教学能够为课程教学带来活力，这样我的课堂可以采用讨论式教学，让学生互动起来。混合教学结合我这门课程，可以采用项目教学法，按照'计划—组织—领导—激励'，让学生自己设计活动。我目前的困惑是，作为一门文科的课程，发现网上上传的资料的呈现方式不好。我希望得到视频录制方面的指导。"教师 WYE 反馈说："我觉得微视频这种方式特别好，我想学习后，用于我的课程教学中，采用翻转课堂的方式改革我的课堂。"教师 ZLT 反馈说："我的课程主要面向大学一年级学生，对电脑不熟悉，我觉得这回手机版挺好的，没有电脑的同学也可以在线学习，我打算在课程中采用基于手机版的混合教学模式。混合教学最重要的启示就是培养学生提出问题、分析问题和解决问题的能力，我们老师要思考教学模式转变的重要作用。"

（3）针对"参加培训后对自己混合教学能力水平的评价"的访谈，发现教师对于自己开展混合教学应具备的能力主要是普遍认为还有很多工作要进行。例如，教师 CXA 反馈说："这次培训对我教学理念的转变尤为重要，自己初步具备了综合运用线上线下各种媒体技术工具和进行线上线下教学组织安排的能力，但是感觉目前自己要实施一门混合课程还有很多工作要做。"还有其他反馈，如："这是一种很有效的教学模式。过去主要使用了网络教学平台的作业与测试功能，感觉只是一种工具，这次从课程结构入手建设一门全新的混合式课程，我觉得收获很大，特别是这两个试点单元建设完成之后，我打算在下个学期就进行初步应用，剩下的单元随着教学进度边做边调整。""这次培训通过与培训老师合作，课程教学设计与教学应用思路已经非常清楚，目前主要工作是课程建设，这次培训给我们提供的很多资源制作小技术我觉得非常实用。由于我们学校对于教师微课制作没有专门的部门进行技术支持，因此在后面课程建设中我自己在微视频制作方面有大量的工作要做，我也已经开始制订了初步的计划。""混合式教学能够充分发挥网络资源优势，同时保留传统课堂教学的优势，我觉得将在线课程部分建设完成好后，有些知识传授的内容可以放到线上让学习者自学，课堂教学中我可以给学生讲更多有深度的学习内容，这对于讲授过去我一直感觉在课上给学生讲授不清楚的内容有很大帮助。目前感觉自己通过参与这次培训，基本具备了课程设计与课程建设的能力，两个试点单元已经全部建设完成，特别是最后同专家和教师讨论、汇报时感觉非常好，让我自己理清了课程教学的应用思路，而且又帮我形成了很多新的教学设计想法。"

（二）培训应用汇报的观察总结

我们在培训应用汇报中，将12名教师分成了两个教师小组，每个教师汇报完自己的课程后，专家会进行点评，之后让大家相互总结自己的教学特点与优势，最后每个小组进行总结。

（1）两个小组总结归纳。

第一个教师小组（CXA、WYE、ZWD、BJH、QYJ、LSQ）的总结是：课程采用形成性和过程性评价；合作学习的方式有利于分组讨论，调动学生的积极性；采用翻转课堂模式可以更好地完成课前预习任务；适当呈现案例，可以更好地改进教学。第二个教师小组（ZLT、CJ、QY、WZH、ZY、ZC）的总结是：课前、课中和课后作为混合教学改革的主线，课前预习要充分，课中采用小组讨论式教学，课后注重总结反思；要建立适合自己课程的过程化，注重建立课程过程化考核评价体系，结合不同类型的课程；课程资源建设结合微课视频的制作，增加课程资源的互动性和趣味性。

（2）培训专家同两个小组（12名教师）的互动。

大家谈到的课程评价体系与思考课程教学模式应用问题都非常重要。我们在课程应用中可能会碰到如何呈现教学资源材料，以及课堂与在线教学组织活动的分配等问题，大家还是需要在实践中逐渐体会混合教学过程。另外从学生视角来看，四分之一的学生是特别积极主动的，四分之一的学生是积极性比较差的，二分之一的学生是中立的，混合教学改革是期望将更多中立学习者带入课程教学，让积极性较差的学习者更多参与进行，这个过程是需要我们教师持续付出的。

（三）培训后教师混合教学能力初步判断

教师基本具备了初步开展混合教学应用的能力，设计完成，试点课程建设完成。后续工作，包括其他学习单元建设，如何有效组织教学过程，这些都是重点内容。

二、第一个学期教师混合教学应用水平

这一部分主要通过对混合教学应用状况分析、对教师课程应用的反馈建议和2016年7月对教师的进一步访谈，来对12名教师第一学期混合教学应

用水平的发展状况进行说明。

（一）混合教学应用状况

笔者对 12 名教师混合教学的应用状况进行了分析，主要状况如下：

（1）教师 ZLT：教师的"中国当代文学"课程的绪论和七个单元教学内容已经建设完成，资源主要为文本和图片，课程在每个单元设置了作业，讨论区的添加没有采用"话题引用"的方式，所有讨论问题都在一个大讨论区中，课程主要引导学生用手机 APP 进行翻转课堂教学，课堂较上个学期增加了学生的讨论和互动。课程网址为 http://61.134.47.201/meol/jpk/course/layout/newpage/index.jsp?courseId=15735。

（2）教师 WYE：教师的"思想道德修养与法律"课程五个单元的内容全部上线并开始教学应用，同时在课程导学栏目做了课程知识点结构图和课程导学视频，为学生提供了非常好的知识路径导航，课程在讨论区设计了很多与社会结合的话题。课程网址为 http://61.134.47.201/meol/jpk/course/layout/newpage/index.jsp?courseId=14558。

（3）教师 ZWD：教师的"工厂化育苗与无土栽培"课程前三个单元的内容全部上线并开始教学应用，课程设计了完善的过程化评价体系，在答疑讨论中开展了良好的线上互动。课程网址为 http://61.134.47.201/meol/jpk/course/layout/sch/index.jsp?courseId=15538。

（4）教师 CXA 和 QYJ：两个教师主讲一门"管理学"课程，全部单元的内容已经上线。教师团队精心录制了微视频，在线上开展了比较好的答疑讨论互动；采用了多种内容相结合的模式，某些单元采用了翻转课堂的模式，某些单元采用了在线自学的模式，某些知识点比较晦涩的单元采用了教师讲授与在线辅助相结合的模式，具备混合课程的一定特点。课程网址为 http://61.134.47.201/meol/jpk/course/layout/newpage/index.jsp?courseId=16367。

（5）教师 LSQ、BJH 和 ZC：三位教师主讲一门"现代教育技术"课程，全部单元的内容已经上线。教师团队将视频、文本资源和讨论话题、作业、测试、调查等活动进行了良好的设计，并鼓励学生使用手机版进行泛在化学习，增加课程教学的灵活性。课程网址为 http://61.134.47.201/meol/jpk/course/layout/newpage/index.jsp?courseId=18039。

（6）教师 QY：教师主讲一门"化工制图与 CAD"课程，前四个单元的内容已经上线。教师主要采用翻转课堂的模式进行课程教学应用，上传了视频、Flash、课件等资源帮助学生利用网络教学平台进行自主学习，课堂上教师和学生对制图过程的技巧进行研讨和练习，学生向教师反馈制图技能有了明显进步。课程网址为 http://61.134.47.201/meol/jpk/course/layout/newpage1/index.jsp?courseId=19451。

（7）教师 ZY：教师主讲"通信原理"课程。该门课程建设完成了一个单元，就一个单元开展了翻转课程的教学应用，主要是基于任务驱动式的教学过程，课程最后需要每个学生提交一份单元作业。课程网址为 http://61.134.47.201/meol/jpk/course/layout/newpage/index.jsp?courseId=18526。

（8）教师 WZH：教师主讲的"小学教育科研方法"课程建设了一个单元的线上学习内容，采用在线研讨与课堂研讨相结合的方式针对田野调查的方法进行深入研究，引导学生对于研究方法的深入思考。课程网址为 http://61.134.47.201/meol/jpk/course/layout/newpage/index.jsp?courseId=19120。

（9）教师 CJ：教师主讲"儿童文学"课程。该门课程建设完成了一个单元，这个学期还没有开展应用。课程网址为 http://61.134.47.201/meol/jpk/course/layout/newpage/index.jsp?courseId=19122。

通过对 12 名教师课程教学应用状况的分析，发现：7 名教师对整门课程开展了混合教学应用，2 名教师将部分重点单元进行了混合教学应用，2 名教师对一个单元进行了混合教学应用，1 名教师没有开展应用。

（二）对教师课程教学的指导反馈

针对 12 名教师第一个学期混合教学应用现状，笔者研究团队对教师提供了课程优化的指导意见，具体为：

（1）教师 ZLT 课程建议：对课程界面呈现效果进一步优化；讨论区采用单个话题添加的方式，这样讨论内容更集中，方便学生在手机端进行讨论交流；建议后期录制一些微视频资源，增加教学互动性；可以加入一份对课程教学效果和满意度的调查问卷，帮助进一步改善教学。

（2）教师 WYE 课程建议：课程资源呈现效果要进一步优化；课程要提供明确的混合评价考核指标，帮助学生明确学习要求；可以增加一些更加生活化的案例，使讨论话题能够集中；可以加入一份对课程教学效果和满意度的调查问卷，帮助进一步改善教学。

（3）教师 ZWD 课程建议：课程资源呈现效果要进一步优化；最好将每个单元的考试评价放入一个学习单元下进行，按照学习进度对学生进行测评；另外在第二章"营养液配置"，可以上传一些实验小视频，帮助学生更好地掌握实验操作。

（4）教师 CXA 和 QYJ 课程建议：对于下一个知识点的很多小视频，用播课单元在线编辑加入一个微视频学习的说明，方便学习者的学习导航；建议教师将课程作业模块设为可以关闭，让学生主要使用学习单元进行课程学

习；有些视频的声音噪声很大，后期让教师对音频进行降噪处理。

（5）教师 LSQ、BJH 和 ZC 课程建议：对课程页面的呈现效果进一步优化；对课程在线合作任务进行有针对性的教学设计，设计一个支持合作任务的评价指标体系，这样能够对合作任务的效果进行多维度的测量；建议组织课程团队录制一些出镜的视频，因为是面向全校的公共课程，教师出镜能增强学习者学习体验。

（6）教师 QY 课程建议：增加课程教学说明，包括课程安排、考核评价方式等；增加开展课程学习质量与满意度调查，进一步改进课程质量，监控课程实施效果；将制图作业使用在线方式进行提交，可以分享优秀作业，让学习者之间借鉴。

（7）教师 ZY 课程建议：增加课程教学说明，包括课程安排、考核评价方式等；将课程所有单元建设完成；进一步优化课程显示效果；增加开展课程学习质量与满意度调查，进一步改进课程质量，监控课程实施效果。

（8）教师 WZH 课程建议：课程全部内容尽快上线完成，希望在下个学期开展教学应用；增加开展课程学习质量与满意度调查，进一步改进课程质量，监控课程实施效果。

（9）教师 CJ 课程建议：课程栏目建设不清晰，建议突出学习单元，将活动和资源融入每个学习单元下，给学习者良好的学习体验；课程全部内容尽快上线，建设完成；增加开展课程学习质量与满意度调查，进一步改进课程质量，监控课程实施效果。

（三）第一个学期课程应用后对教师再次访谈

2016 年 7 月 12 日，笔者在去 A 院校进行第二期教师混合教学能力提升培训期间，主要针对教师开展教学所遇到的问题，对 12 名教师进行了教学访谈。

（1）教师 ZLT 的访谈要点。

①对课程教学情况进行了介绍，如："我这学期课程主干内容都上传上去了，主要针对两个单元进行了混合教学改革的实践。主要是让学生通过手机来进行在线学习，课堂中采用更多讨论、活动的方式，将过去课堂由我来主讲，逐渐变为学生参与性比较强的互动性课堂，通过这学期的实践，在评教满意度调查中反映这种新的授课方式是比较受学生欢迎的。我觉得混合教学这种方式打破了过去封闭式的课堂教学，能够形成一种多元、互动、网络化的教学结构。""我的这门课程还没有做微视频，主要是采用文字材料，利用电子文档和 PPT，结合小测试与作业，让学生主动通过手机来进行文学阅读，事实证明这种方式非常好。过去学生读经典往往要到图书馆借书，图书

馆没有就得自己买，现在我把电子书放到平台上，学生就可以通过手机来阅读了，并可以利用笔记做标记，非常有助于文学课程的学习。"

②对影响课程教学的阻碍因素进行了总结，如："对于手机版功能使用的建议：资料通过文档上传上去，学生在手机端不能下载，有些学生反映手机 APP 装不上，如果微信里能够使用手机版就好了。手机版本看讨论区的问题，由于帖子多后，看起来很快就刷到上面去了，学生发言，教师查看回复不是很方便。""另外就是教师目前一个人来做课程，准备投入的工作量非常大，如何给教师认定工作量，激发大家的积极性，是切实推动混合教学改革的关键。"

（2）教师 WYE 的访谈要点。主要对课程教学问题进行了反思，如："目前学生进行在线学习，网速是一个问题。还有就是录制微视频对于我们文科年纪大的老师是一个技术问题，能否像有些学校一样有专门的技术部门提供教师录制微视频的专用教室？""目前混合教学进行到这个阶段，我也使用了翻转课堂的方式，但是感觉有些单元的内容是不需要或者不适合翻转的，这些课程还没有使用过去的教学方法好。""针对讨论区学生不爱发言的问题，我曾经跟学生聊过这个问题，学生跟我说觉得提问题会显得比较无知，建议将问题改成匿名的方式，这样会好很多。"

（3）教师 ZWD 的访谈要点。对课程教学问题进行了反思，如："我从上一个版本的平台就一直在用，主要是应用了在线考试和作业的功能，一直用下来对我们教学工作也起到了很大的帮助，但这就像葛老师在培训中讲到的，这是一种辅助式的网络教学。目前我们做混合教学，要考虑如何借助网络教学平台解决或提升我们的课堂教学质量和效果。我觉得这里首先是要考虑如何增加在线讨论，解决课堂当中学生参与性不高、回答问题不主动的问题，同时老师也要给学生提前说明这门课程该如何去上，评价方式是什么，这非常关键。""课程建设的工作量比较大，像我这门课程有很多实验，我打算把实验做成微视频，能够给学生提供很直观的实验教学，对于实验非常有帮助，但是工作量确实很大，缺少团队的支持。"对教师支持性因素的建议，如："我觉得教务处在这里面还要起到更多的主导作用，比如经常组织我们参加一些混合教学的工作坊，并且也给学生做一些相关的指导培训，这样能减轻我们教师的压力。"

（4）教师 CXA 和 QYJ 的访谈要点。对课程教学应用进行了总结，如教师 CXA 提出："目前进行混合式教学对学生的自主性学习能力要求比较高，同时对于教师信息化教学方法应用程度要求更高；目前我的课程进过第一期培训，将重要的知识点做成了微课视频，针对每个单元采用测试和作业进行

评价，学生学习效果比较好。""学生参加测试和提交作业非常积极，学生反映这种学习方式为管理专业学生带来了更大的便利。""我分享一个我教学的经验，我对于在线学习时间是有下限要求的，要求每个学生必须完成1 200分钟的在线学习，达到90%才能参加最后的期末考核。""同时在线教学必须同我们课堂教学相结合，我主要采用了翻转课堂的教学方式，以前课堂没有时间开展的教学活动，现在有时间让大家进行练习和讨论，这样能否切实增强学生的学习深度和应用能力。"教师 QYJ 提出："学生比较喜欢看微视频，但是在线作业学生不太喜欢做，如何要求是个问题。设置了讨论的话题，但是学生不爱参与讨论，没有起到预期的教学效果。"对课程建设与平台优化提出了建议，如教师 CXA 提出："课程建设要耗费很大的精力，我们目前还没有形成一个比较完整的教学团队，基本上都是一两个人来做一门课程，制作工作量比较大，这方面学校能否考虑提供一些技术方面的支持，成立现代教育技术中心？"教师 QYJ 提出："还有就是录制微视频缺乏专用教室，自己在家里录往往环境比较嘈杂，学校如果能够提供一个录课教室会给大家带来很多方便；在线考试的功能还有一些欠缺，题目选项中不能增加图片，希望这一方面能够改进。"还有，教师 CXA 对教学管理支持性因素的思考，如："针对教师的工作量如何评价，现在文件还没有出台，我们付出这么多，也希望学校能给予相应的回报。"

（5）教师 LSQ、BJH 和 ZC 的访谈要点。对课程教学问题的反思，如教师 LSQ 提出：我们这门课程有一个问题，班级是大班授课，课堂活动组织起来比较困难。""目前结合混合式教学改革，采用任务驱动的方式，让大学针对每一个任务进行有针对性的学习，这学期实施效果还可以，学生也反映比以前学习要有针对性了。""我们设计的合作任务感觉效果还是不大好，需要专家能够给予有针对性的合作学习活动评价的指导。"教师 BJH 提出："我课程中也会采用小组合作完成一个任务，如何组织组内的讨论交流，这方面需要指导。"对平台技术问题的优化建议，如教师 BJH 提出："课程使用的讨论区和作业功能非常多，咱们的编辑器和作业没有办法防止粘贴和复制的功能，如何避免作弊是个问题。"

（6）教师 QY 的访谈要点。

①对课程建设问题进行了反思，如："这学期我的课程做了 4 个单元，首先是工作量比较大，确实录制微视频，要占据比较多的课程教学设计时间。""我这门课程有很多作图的内容，在 PPT 里面做了很多动画效果，这种效果学生在电脑上看是没有问题的，但在手机上看只有静态的效果，没办法去看动态的效果，只能转录成为一个微视频，这需要再花费我们的时间，技

术上该如何解决这个问题呢?"

②对课程教学应用的总结,如:"目前讨论区应用得不是很好,学生使用的积极性不高,要请教专家给予相应的指导。""作业功能,采用排分后看不到,作业怎么进行排序?""混合教学这种方式,学生确实通过教学实践,变得更加积极,课堂也能够活跃起来了,但是学生也跟我反映:老师现在学习您这一门课程花费的精力相当于其他三门课程,确实学习有了很大的提升,但是比起以前课程学习要难了很多。针对我们这种'二本'学校,学生恐怕会有畏难情绪,该怎么解决,这也是个难题。"

(7)教师 ZY 的访谈要点。对课程教学应用的总结,如:"从课程评教满意度看出,学生对混合课程教学方式评价很高,但是存在一个比较大的问题:学生对于平台的某些功能不太熟悉,有些内容由于技术操作的问题会影响学习效果。""我利用网络教学平台讨论区组织学生进行话题讨论,如何对学生参与讨论的情况进行评价,纳入最后的形成性评价的成绩?另外针对学生的课程评价是不是要把在线学习时长纳入基本评价指标里面?可能会出现有些学生访问次数很多,时间很长,但可能存在不看,播放挂机的现象,如何去避免这个问题呢?""课程中会有小组合作完成一个作业的情况,如何设置成为一人提交作业,小组内所有学员共享一个分数?"

(8)教师 CJ 的访谈要点。教师自己总结未教学应用的原因:"我这个学期由于没有这门课程,所有还没有进行教学应用,总体感觉课程建设工作量比较大,我这个学期家庭负担比较重,所以投入教学的时间不够。我这个学期计划建设完成其他的单元,在下个学期投入应用。"

(四)对第一个学期教师混合教学应用能力发展的总结

从上述对 12 名教师课程应用现状和访谈要点的总结,我们可以看出教师在混合教学应用过程中面临如下几个方面的挑战:

(1)微课件和微视频资源成为混合课程建设中重要的资源类型,教师开发课程资源方面比以往要付出了更多的时间和精力,并且资源还要随着教学内容调整不断进行修改,这就使得对混合课程不能按照以往课程进行管理评价,这就为教学管理方面提出了挑战。

(2)教师在应用网络教学平台开展混合教学过程中,发现教师对于平台技术的应用不仅仅是平台功能的简单应用,在具体教学实践中会衍生出很多新的技术策略性问题,而教师如果得不到及时的支持,会出现打击教学积极性或对平台应用失去耐心的状况。这就要求技术服务上要做到持续跟进,反应及时。

(3)教师在混合课程设计和建设上还需要进一步摸索和提升,专家在教

师应用课程教学一个学期后的及时总结，并对教师反馈改进策略，对于教师深入持续开展混合教学工作的意义重大，说明：要确保教师成功使用技术，混合课程设计与建设的有针对性反馈指导有重要作用。

从上述第一个学期对教师教学应用总结的问题，可以发现同 Hofmann 在2014 年提出的混合教学在技术、教学和管理上面临挑战的研究结论相一致[①]，说明：研究教师信息化教学能力的发展问题，随着教学应用的深化，要对课程教学实践性的因素进行重点关注。

三、第二个学期教师混合教学应用水平

笔者主要通过对课程应用状况分析和 2016 年 12 月与教师的座谈交流，来对 12 名教师第二学期混合教学应用水平的发展状况进行说明。

（一）教师课程应用状况发展分析

（1）教师 ZLT：教师开设了一门新课程"中国现代文学"，从课程建设质量来看，比上个学期"中国当代文学"在资源选择、页面呈现效果上有了很大提升，并按照学习单元来组织讨论话题，使得学习者利用手机进行在线讨论导航更加清楚，一个学期师生共交互 1 268 次，说明课程交互质量明显提升，学生已经逐步习惯这种混合教学方式。课程网址为 http://61.134.47.201/meol/jpk/course/layout/newpage/index.jsp?courseId = 14684。

（2）教师 WYE：教师对上学期的"思想道德修养与法律"各个单元内容从呈现效果上进行了优化，增加了课程导学的微视频和课程知识点地图，并且教师在课程讨论和作业模块增加了更多社会化案例的讨论和作业，使课程与社会产生了更紧密的联系。课程网址为 http://61.134.47.201/meol/jpk/course/layout/newpage/index.jsp?courseId = 14558。

（3）教师 ZWD：教师这个学期又建设了两门课程"食品安全与健康"和"植物生长发育与调控"，课程单元内容全部上线并开展教学应用，说明教师已经能够成熟应用混合课程模式和方法来开展教学了。课程网址分别为 http://61.134.47.201/meol/jpk/course/layout/sch/index.jsp?courseId = 11573 和 http://61.134.47.201/meol/jpk/course/layout/newpage1/index.jsp?courseId = 20282。

（4）教师 CXA 和 QYJ：教师 CXA 在这个学期又建设了"创业管理"课程，课程单元内容全部上线并开展教学应用，在微视频制作中视频类型更加

① HOFMANN J. Recording-managing the blend：Top 10 Challenges of Blended Learning ［EB/OL］. ［2014 – 05 – 28］. https://blog. insynctraining. com/modern – learning – resource – library/recording – managing – the – blend – top – 10 – challenges – of – blended – learning.

丰富，并且在课程中增加了一个合作学习活动任务，教师对混合课程教学应用更加熟练了。课程网址为 http://61.134.47.201/meol/jpk/course/layout/newpage/index.jsp?courseId=22094。

（5）教师 QYJ：教师 QYJ 在这个学期自己独立开设了"生产运营与管理"课程，课程单元内容全部上线并开展教学应用，课程资源制作类型比较丰富，而且设计了合理的案例学习、作业和投票等学习活动，在课程教学模式上更多采用了翻转课堂的模式，在课堂教学中加强同学生就问题的讨论、分享，并且每一个章节都添加了供学生进行学习知识测评的小测试。课程网址为 http://61.134.47.201/meol/jpk/course/layout/newpage/index.jsp?courseId=18099。

（6）教师 LSQ、BJH 和 ZC：教师 LSQ 主讲的"现代教育技术"课程在课程资源的类型上进行了进一步丰富，并且这个学期逐步一个人承担了整门课程的教学任务；教师 BJH 和 ZC 在这个学期建设并开始应用自己的课程"传播学"和"虚拟现实技术"。课程网址分别为 http://61.134.47.201/meol/jpk/course/blended_module/index.jsp?courseId=18579 和 http://61.134.47.201/meol/jpk/course/blended_module/index.jsp?courseId=16834。

（7）教师 QY：教师将上个学期的"化工制度与 CAD"课程八个单元的全部内容建设完成，并持续进行翻转课堂模式的课程教学应用，同时在本学期课程中加入了针对不同知识内容和学习满意度的调查问卷。

（8）教师 ZY：教师将"通信原理"课程七个单元内容全部建设完成。课程采用了翻转课堂模式开展教学实践，每个单元学生课前和课后都有一个作业或测试，并尝试在课堂中让学生利用手机完成测试。

（9）教师 WZH：教师将"小学教育科研方法"全部单元建设完成，在学习单元下加入了自己制作的微视频资源，并且在课程呈现效果上进行了优化；同时教师添加了课程满意度调查问卷，对课程质量进行调查。

（10）教师 CJ：教师主讲的"儿童文学"这门课程只建设完成了一个单元的内容，并没有把这门课程的全部单元建设完成；这个学期教师将建好的一个单元进行了教学应用，采用了翻转课堂的模式，收到了一定的教学成效。但总体来看，教师 CJ 的混合教学应用程度同其他教师相比还有比较明显的差距。

通过对 12 名教师第二学期课程教学应用状况的进一步分析，发现：团队合作共建课程的方式，对于团队教师教学能力提升非常显著，而且团队教师之间能够形成教学研究共同体，对于混合教学应用质量也具有帮助；在教师参加培训完成后，教师将培训所学知识迅速转化为课程应用能力具有时效

性，要在第一个学期积极促使教师建设完成课程任务并开展应用。

（二）与 12 名教师座谈进一步揭示问题

2016 年 11 月 22 日，12 名教师来京参加 THU 教育信息化论坛，笔者与 A 院校教务处领导和 12 名教师进行了座谈交流。座谈中，部分教师提出的意见要我们针对信息化教学深入应用，并提出了新的问题，如："我觉得学校参与混合教改教师的热情很高，大家基本也在自己原有课程基础上形成了混合教学模式，但是我们现在发现在数字化环境下教学方法的知识是欠缺的，不是开展混合教学实践就能弥补的。我们现在继续实践更多技术支持教学内容方法的策略，而在我们教师之间的交流中，发现大家都存在类似的困惑，譬如说我们大多数教师基本上都是参照翻转课堂模式进行了混改，但是实际教学中翻转课堂的模式并不适合所有的知识内容。""还有现在我们身处大数据时代，如何利用自己的课程教学数据来给我们的教学提供决策，这方面知识也是欠缺的。还有就是需要更多针对课程教学进行实验研究的方法，这方面也是需要 THU 专家进一步给予支持的。""目前我们大家都开展混合教学，但是开展的好坏还没有一个标准来衡量，因此我觉得学校应出台一个混合教学质量评价标准，这样才能知道自己课程教学的位置，并且评选出的优秀课程可以进行全校的经验推广。"

（三）深入推进 A 院校教师开展混合教学应用的进一步举措

（1）本研究团队支持院校 A 教务处建立微视频录课教室，由教务处统一管理，教师可以预约来集中录制一些课程需要的微视频资源。

（2）支持院校 A 教务处联合人事处出台了"混合课程教学改革管理办法"，从工作量奖励、参与培训项目方面给予在线学时认定，对于优秀课程的评价奖励等方面做出了规定。

（3）笔者所在研究团队同 A 院校教务处领导协同开展工作，研究适合 A 院校的混合课程质量评价指标体系。

从 2016 年 12 月开始，经过两个月的协同工作，初步制定了一份"A 院校混改课程评价指标"，经过全校公开征求教师意见，进一步进行了修订，于 2017 年 2 月 28 日在学校颁发正式文件。评价指标体系如表 9 - 5 所示，由教师教学的在线支持行为、学生在线行为与学习投入、混改课程课堂教学和教师针对混合课程教学模式改革的汇报答辩等四个一级维度组成。指标体系详见 http://jwc.aku.edu.cn/system/resource/code/auth/ipauth.htm。

表9-5 A院校混合教学改革课程评价指标

一级指标	二级指标		权重
1. 教师教学的在线支持行为	1.1	教师登陆的次数、时长	5%
	1.2	教师发布课程学习通知次数	5%
	1.3	在线作业或测试次数	5%
	1.4	使用讨论区发布话题与回复话题的次数	5%
2. 学生在线行为与学习投入	2.1	学生登录次数、时长	5%
	2.2	学生学习文档、微视频等内容学习时长	5%
	2.3	学生在线测试、在线作业完成情况	3%
	2.4	学生参与讨论区话题的次数	2%
3. 混改课程课堂教学	3.1	课堂教学设计（教学设计方案）	5%
	3.2	课堂教学实施	25%
	3.3	误堂教学效果	10%
4. 教师针对混合课程教学模式改革的汇报答辩（结合任务书考察）	4.1	介绍课程采用的混合教学模式	5%
	4.2	介绍课程教学资源的情况	5%
	4.3	误程教学活动的情况	5%
	4.4	介绍课堂面授教学中组织与活动安排	5%
	4.5	介绍课程教学的评价改革方式	5%
5. 加分	5.1	学生对混合课改教师的课程满意度	3%
	5.2	教师发表突出性的混合教学戍果	2%

四、教师教学能力感知水平的发展过程变化

笔者使用"数字时代高校教师信息化教学能力测量问卷"，在2016年6月和2016年12月前后两个阶段对A院校跟踪的12名教师进行测量，对教师信息化教学能力发展过程变化进行了分析。为了保证数据的有效性，第二次调查的问卷中的题项顺序被随机打乱，来深入分析和揭示教师信息化教学能力发展过程变化。

（一）教师个体的能力感知水平变化

将12名教师参与"数字时代高校教师信息化教学能力测量问卷"中28个题目的测量感知数值进行数据可视化处理，以雷达图形式来呈现前后两个阶段教学能力水平发展变化的过程。

（1）教师ZLT：在Aw4、A21、A22、A29、A31、A33、A34和A36等能

力水平感知明显提升，其中 Aw4 属于意识维度，A21、A22、A29、A31 和 A34 属于能力维度，A33 和 A36 属于研究维度，如图 9-2 所示。

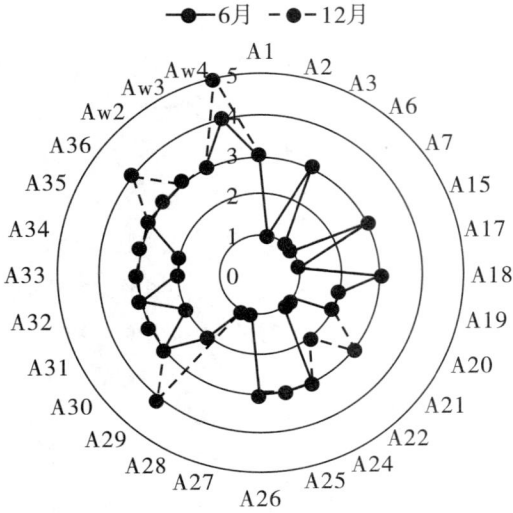

图 9-2　教师 ZLT 两个阶段教学能力感知水平比较

（2）教师 WYE：在 A24、A25、A30、A31、A32、A33 和 A36 等能力水平感知明显提升，其中 A30、A31 属于能力维度，A24、A25、A32、A33 和 A36 属于研究维度，说明感知在研究维度得到了普遍的提升，如图 9-3 所示。

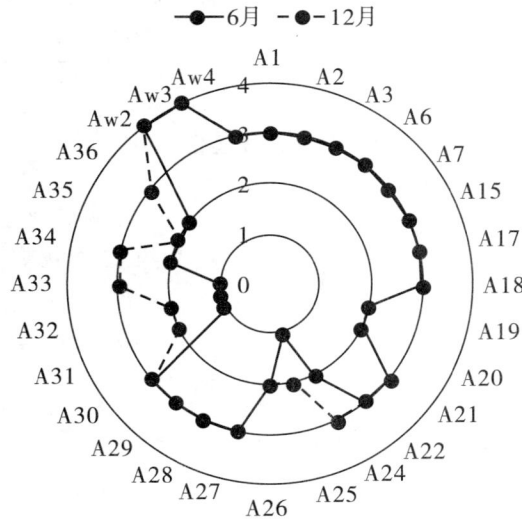

图 9-3　教师 WYE 两个阶段教学能力感知水平比较

（3）教师 ZWD：在 A20、A25、A30、A31、A32 等能力水平感知明显提

升，其中 A20、A30 和 A31 属于能力维度，A25 和 A32 属于研究维度，说明教师通过面授培训项目和教学应用实践后，教师自己感知在能力和研究的某些点上得到了一定程度的提升，如图 9－4 所示。

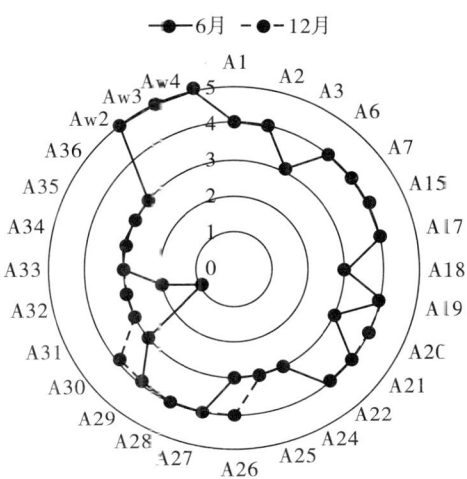

图 9－4　教师 ZWD 两个阶段教学能力感知水平比较

（4）教师 CXA：在 A19、A21、A30、A32、Aw4 等能力水平感知明显提升，其中 A19、A21 和 A30 属于能力维度，A32 属于研究维度，Aw4 属于意识维度，如图9－5所示。

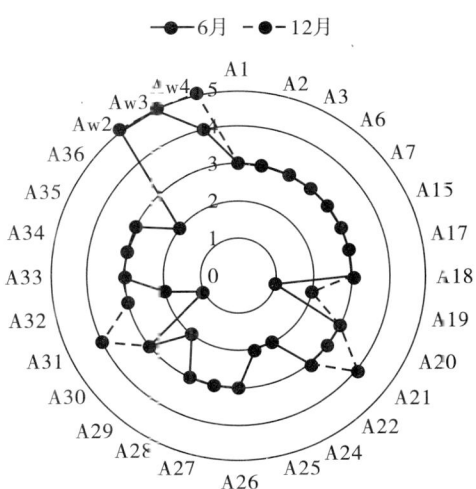

图 9－5　教师 CXA 两个阶段教学能力感知水平比较

（5）教师 BJH：在 A21、A24、A25、A32、A33 和 A36 等能力水平感知明显提升，其中 A21 属于能力维度，A24、A25、A32、A33 和 A36 属于研究

维度，说明教师通过培训项目和教学应用实践后，教师自己感知在研究维度得到了加强和提升，如图9-6所示。

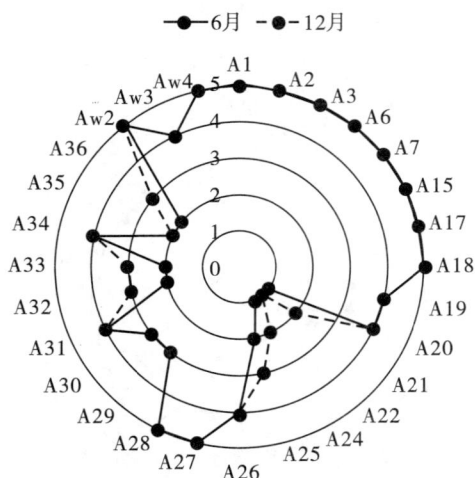

图9-6　教师 BJH 两个阶段教学能力感知水平比较

（6）教师 CJ：在 A2、A3、A6、A7、A17、A18、A27 和 A28 等素养维度和 A20、A26 等能力维度感知明显提升，在 A35 能力维度和 A24、A33 研究维度感知降低，说明教师通过培训项目和教学应用实践后感知在素养维度提升明显，如图9-7所示。

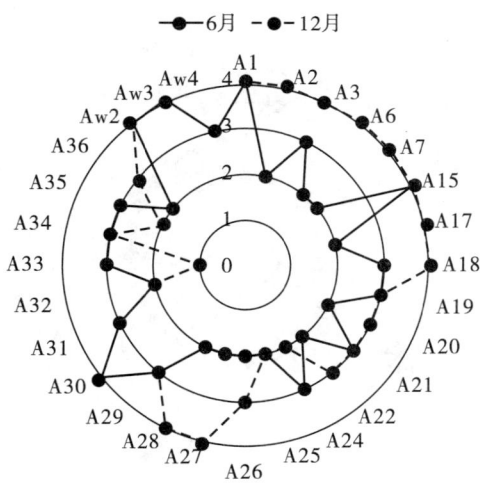

图9-7　教师 CJ 两个阶段教学能力感知水平比较

（7）教师 LSQ：在 A18、A21、A30、A33、A36 和 Aw4 等能力水平感知明显提升，其中 A18 属于素养维度，A21 和 A30 属于能力维度，A33 和 A36

属于研究维度，Aw4 属于意识维度，如图 9 - 8 所示。

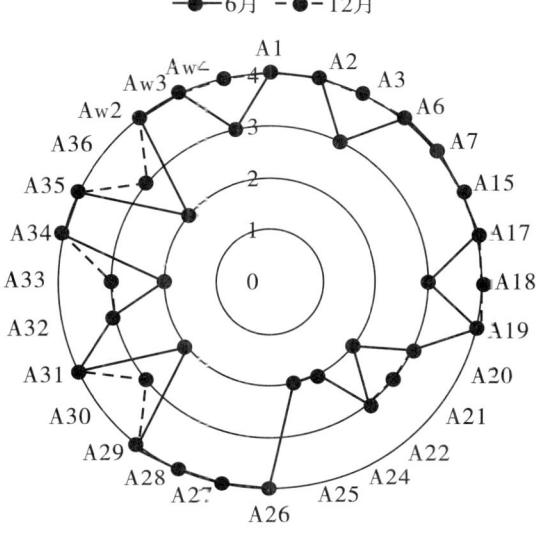

图 9 - 8 教师 LSQ 两个阶段教学能力感知水平比较

（8）教师 QYJ：在 A2、A6、A7、A17、A27、A28 和 A32 等能力水平感知提升，在 Aw4 能力水平感知降低，其中 A2、A6、A7、A17、A27、A28 属于素养维度，A32 属于研究维度，Aw4 属于意识维度，如图 9-9 所示。

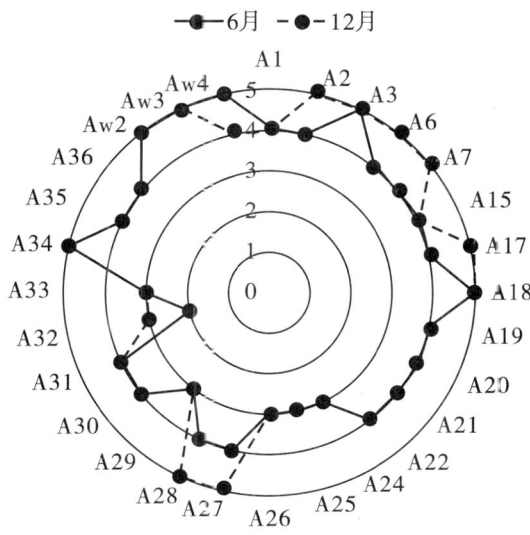

图 9 - 9 教师 QYJ 两个阶段教学能力感知水平比较

（9）教师 QY：在 A24、A26、A31 和 A33 等能力水平感知提升，在 Aw4 能力水平感知降低，其中 A26 和 A31 属于能力维度，A24 和 A33 属于研究维度，Aw4 属于意识维度，如图 9 - 10 所示。

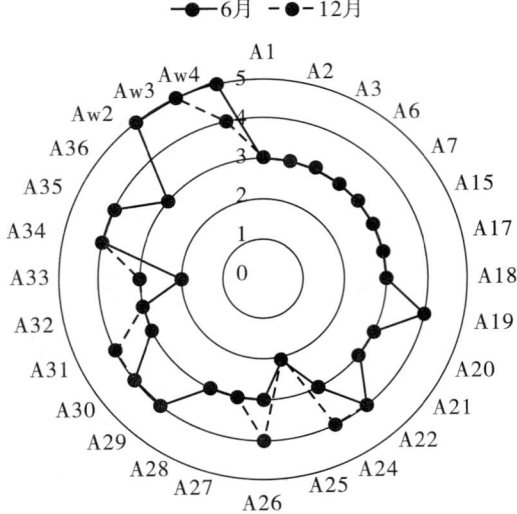

图 9 - 10　教师 QY 两个阶段教学能力感知水平比较

（10）教师 WZH：在 A3、A18、A22 和 A24 等能力水平感知提升，在
Aw4 能力水平感知降低，其中 A3 和 A18 属于素养维度，A22 属于能力维度，
A24 属于研究维度，Aw4 属于意识维度，如图 9 - 11 所示。

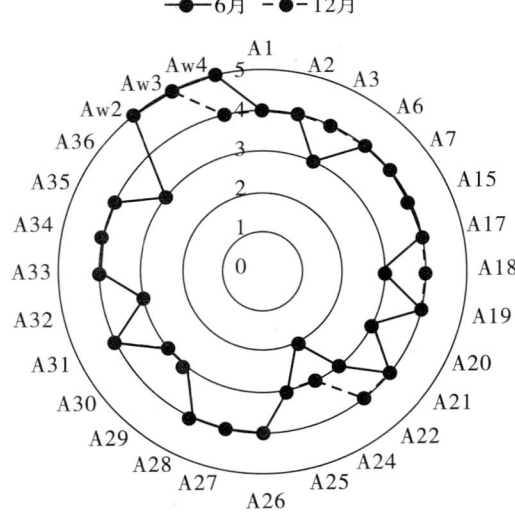

图 9 - 11　教师 WZH 两个阶段教学能力感知水平比较

（11）教师 ZY：在 A1、A15、A21 和 A30 等能力水平感知提升，其中
A1 和 A15 属于素养维度，A21 和 A30 属于能力维度，A24 属于研究维度，

如图 9 - 12 所示。

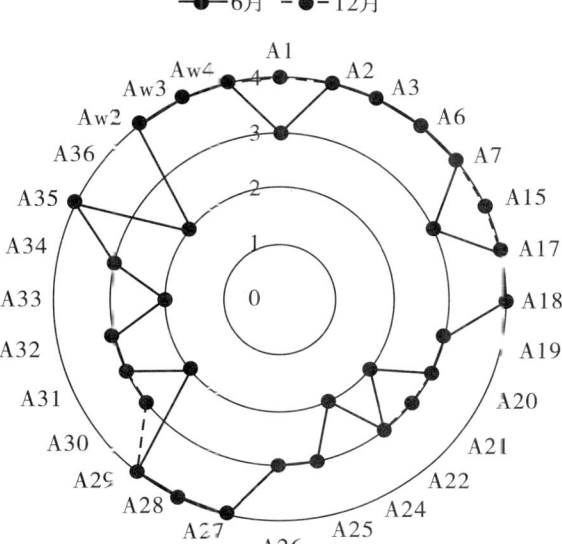

图 9 - 12　教师 ZY 两个阶段教学能力感知水平比较

（12）教师 ZC：在 A22、A29 和 A33 等能力水平感知提升，其中 A22 和 A29 属于能力维度，A33 属于研究维度，如图 9 - 13 所示。

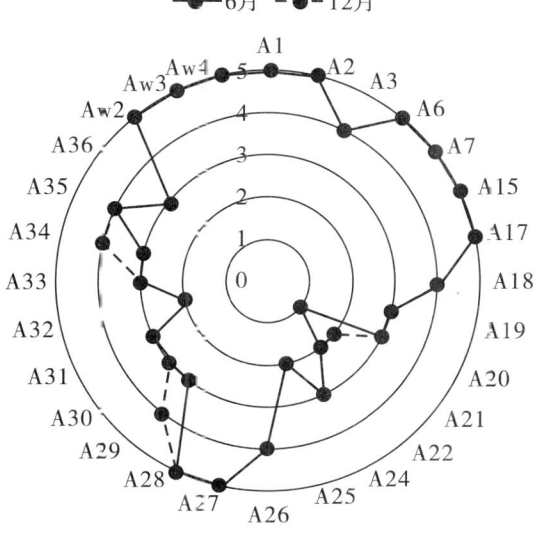

图 9 - 13　教师 ZC 两个阶段教学能力感知水平比较

（二）教师群体的能力感知水平变化

（1）从 12 名教师整体的能力水平感知变化来看，教师群体在研究维度

上的感知提升最为明显，提升感知度在25.0%～41.7%之间，具体如表9-6所示。

表9-6 研究维度上教师感知变化

题序	A24	A25	A32	A33	A36
升高数量	4	3	5	5	5
（百分比）	（33.33%）	（25.00%）	（41.67%）	（41.67%）	（41.67%）
降低数量	1	0	0	1	0
（百分比）	（8.33%）	（0.00%）	（0.00%）	（8.33%）	（0.00%）

（2）教师群体在能力维度上的感知提升幅度也比较大，提升感知度在-8.33%～41.7%之间，其中在"A35 我使用社交媒体组织学习交互的效果"上出现了负感知表现，具体如表9-7所示。

表9-7 能力维度上教师感知变化

题序	A19	A20	A21	A22	A26
升高数量	1	2	5	4	2
（百分比）	（8.33%）	（16.67%）	（41.67%）	（33.33%）	（16.67%）
题序	A29	A30	A31	A34	A35
升高数量	1	5	4	2	-1
（百分比）	（8.33%）	（41.67%）	（33.33%）	（16.67%）	（-8.33%）

（3）教师群体在素养维度上的感知提升幅度一般，提升感知度在8.33%～25%之间，具体如表9-8所示。

表9-8 素养维度上教师感知变化

题序	A1	A2	A3	A6	A7
升高数量	1	2	2	2	2
（百分比）	（8.33%）	（16.67%）	（16.67%）	（16.67%）	（16.67%）
题序	A15	A17	A18	A27	A28
升高数量	1	2	3	2	2
（百分比）	（8.33%）	（16.67%）	（25.00%）	（16.67%）	（16.67%）

（4）教师群体在意识维度上的感知度没有发生变化。

五、对12名教师教学能力发展的分析结果

通过对A院校12名教师教学能力发展跟踪，我们发现：

（1）培训阶段教师混合课程设计与建设的能力水平，是影响教师能否开展教学应用的关键性因素，需要将混合课程设计与建设作为第一阶段教师有效开展教学应用的先决性内容，因此在培训阶段要重点提升教师的课程设计与建设能力水平。

（2）在教学应用阶段，从 12 名教师研究维度能力感知水平变化来看，通过实施混合教学教师在研究维度自我感知能力提升的幅度最大，说明教师的研究能力在教学应用实践中不断提升，因此在教师开展混合教学应用过程中要对教师及时给予研究方法上的指导。

（3）从提升教学应用能力的效果来看，在第一个学期后及时给予教师课程教学的反馈指导，对于教师第二学期课程教学质量提升作用非常显著，这也就说明教师教学应用能力需要在同领域专家的不断对话与交流中来进行提升，因此构建支持教师教学实践生知识发展的平台显得极为重要。

（4）教师在培训后意识维度能力的感知水平没有明显的变化，说明在支持教师开展教学应用的阶段，初期培训中专家到校引领性的报告对于教师教学意识的形成具有显著的帮助，是培训中重要的环节。

（5）从参加培训后到两个学期课程教学实践应用的不同阶段，12 名教师教学能力水平的变化发展揭示出 ICT 在融入课程教学实践中有典型阶段性发展深化的特征，从 12 名教师参与能力水平问卷的测量结果可以看出教师的四个不同维度在不同阶段的变化发展过程，由此说明本研究提出的四个维度的高校教师信息化教学能力的结构框架对教师教学发展研究具有实践可行性。

通过上述分析结果，可以初步说明本研究基于能力结构框架提出的四阶段教师信息化教学能力培训模式，对于教师信息化教学实践应用发展具有积极的促进提升作用。同时，笔者设计开发的"数字时代高校教师信息化教学能力测量问卷"可以有效反映和预测高校教师信息化教学能力水平的发展程度。

第十章　研究结论与未来展望

　　技术的不断创新为数字时代高校教师的教与学带来了智慧基因，如何深入研究和发展教师信息化教学能力标准实践，成为高校教师发展探索的不断追求。随着"互联网＋"时代在线学习技术的不断发展，我们需要从学习测评的起点出发思考教与学的核心价值，由此来构建更加注重交互性、体验感和个性化的学习模式。本章针对未来在线学习发展提出了一些前瞻性的思考分析。

第一节　研究结论

一、数字时代高校教师信息化教学能力的结构框架

　　通过比较分析教师教学能力结构要素和专业标准，提出高校教师要顺应"数字智慧"生存技能的时代变革，在基于"教育＋信息技术"思维方式下做出能力要素的扩充，以及在基于"互联网＋教育"思维方式下进行能力要素的重组，由此提出了数字时代高校教师信息化教学能力结构框架。能力结构框架从 ICT 融入教学的意识、素养、能力和研究等四个维度对高校教师面向数字化学习环境不同问题情境的教学实践能力进行了描述。其中：ICT 融入教学的意识指向教师要具有信息化教学的应用意识，对政策与能力要求具有敏锐感知度；ICT 融入教学的素养指向教师能适时适当应用各种智能技术工具，开展有效数字化工作与学习；ICT 融入教学的能力指向将技术与课程教学有效整合方面，并逐步形成问题解决性教学和创新技术支持教学的模式、方法和策略；ICT 融入教学的研究指向对教学开展精细化研究分析，通过教育研究实验方法对教师教学实践的有效程度进行证伪，科学创新出各种教学模式、方法与策略。能力框架还从教师发展连续性的应用、深化和创新等三个阶段，为开展高校教师信息化有效教学实践提供了理论支撑。

二、数字时代高校教师信息化教学能力的测量工具

研究从数字时代高校教师信息化教学能力的内涵出发，以能力结构框架提出的 ICT 融入教学的意识、素养、能力和研究等四个维度设计开发了"数字时代高校教师信息化教学能力测量问卷"，通过对 231 名教师的试测和对 1 147名教师的样本调查，初步检验了该问卷具有较好的信效度，并通过探索性和验证性因素分析方法构建了"意识—素养—能力—研究"四维度因子模型，验证能力结构框架的合理性；此外，通过对 1 147 名教师样本数据的正态性分布检验，验证了测试问题具有较好的区分度。

在此基础上，通过测量问卷的实际应用，对全国 28 所高校（14 所本科院校，14 所高职院校）的 1 147 名教师从四个不同能力维度调查分析了信息化教学能力水平的差异；通过对参与培训的 464 名教师的信息化教学能力测量数据分析，初步揭示了高校教师信息化教学能力培训发展的阶段路径；通过对一个院校 12 名教师在信息化教学实践前后两个阶段的测量，对教师四个维度不同能力水平的发展程度进行了分析和说明。从上述实际应用效果来看，本研究开发的测量问卷能够为揭示和预测高校教师信息化教学能力水平发展提供工具支持。

三、基于能力结构框架的高校教师信息化教学培训项目

经过前期培训需求分析，以能力结构框架为理论依据构建了高校教师混合教学能力提升培训项目，经过两轮 24 所院校的迭代实践应用，对培训模式和内容进行了改进和优化。

与此同时，依据本书提出的"教师开展混合教学应用的在线课程评价指标"，对采用传统培训模式、第一轮培训模式和第二轮培训模式等三个阶段教师参与培训后开展混合教学应用的课程数量比例进行了量化比较分析，证明了设计的培训项目对教师混合教学应用能力提升实践效果比较显著。最后，通过对一所高校 12 名教师两个学期开展混合教学实践的跟踪，从能力结构框架提出的四个维度对教师信息化教学能力水平发展进行了质性研究分析，进一步揭示出：本研究提出的四个维度的高校教师信息化教学能力的结构框架对教师教学发展研究具有实践可行性。

第二节　研究局限

　　本书从数字信息社会对教师教学的变革视角，提出了数字时代高校教师信息化教学能力的结构框架，从 ICT 融入教学的意识、ICT 融入教学的素养、ICT 融入教学的能力和 ICT 融入教学的研究等四个维度描述了数字时代教师教学能力的结构特征，拓展了高校教师教学能力结构的理论研究。这里所指的数字时代高校教师信息化教学能力的结构框架，是一个面向教师教学不同能力水平和不同发展阶段的灵活框架，可以用来指导教师信息化教学发展实践。

　　本研究由于研究条件和时间限制，不免还存在一些研究的局限性：

　　（1）从实验过程来看，测量问卷样本选取院校范围集中在"清华教育在线"混合教学改革合作高校，数据主要来自 28 所合作高校，尽管从样本抽取环节尽量覆盖了院校的不同地域和类型，但是受制于样本院校选取范围的局限，并不能全面代表中国高校教师教学能力的整体状况，本书提出的数字时代高校教师教学能力的结构框架和测量问卷还需要在更大范围做进一步检验。

　　（2）基于能力结构框架设计与建设的教师培训项目，经过为期一年 24 所院校的应用实践，通过调查问卷、教师实际应用效果等实证数据，初步证明了培训项目对教师信息化教学能力提升发展具有促进作用，但是对于教师实际教学工作的表现与成就等实证性或绩效性的研究分析不足，同时这也是高校教师教学发展研究中的难点，还需要在未来研究中不断深入挖掘。

　　（3）需要进一步对高校教师信息化教学能力结构框架开展更加深入的研究，逐步完善构建教师信息化教学实践性知识体系，开发关联模块化知识点的信息化教学专家知识库，以教师真实能力与教学期望的绩效分析测量为起点，实现支持高校教师自主发展的适应性学习系统。在此基础上，通过对教师不同学习路径的数据挖掘，从更加实证和科学的方面探索教师教学实践性知识与能力发展的有效提升路径。

　　（4）需要进一步探索适应未来在线学习特点的测评系统，教师需要更多基于教学评价数据来开展有效的信息化教学实践，需要对不同的学习测评理论价值与模式进行深入研究，从评价视角来研究如何构建有效的教与学的模式。

第三节 未来展望

进入 21 世纪，随着社会对人才技能与发展的日益关注，教育更注重对沟通交流能力、问题解决能力、批判性思维和全球化胜任力的培养。经济合作与发展组织（OECD）在其近期发布的 *The Future of Education and Skills：Education* 2030 中，提出要关注面向终身学习、全人教育的未来学习能力建设[1]。一方面，这种发生在人才评价本质层面上的改变，让面向传统学习方式的测评体系难以有效应对；另一方面，互联网技术所催发的 MOOCs、Micro-lecture、Flipped Learning 等新型学习方式的涌现，也促使针对在线学习测评的研究再度受到关注。当前，面对在线学习时代的教学，我们要更加关注学习测评技术的有效应用，从理论价值和应用模式方面来进行有效的探索。

一、从学习成果认证分类视角思考学习测评的核心价值

"互联网＋"时代的技术进步促使教育环境发生了显著变化，在线学习变得越来越普遍，正式与非正式情境下的学习研究也日益引发关注。作为知识与文化传承重要途径的学校一直以固定时间和场所的方式存在，而网络大学、虚拟大学等在线教育形式的出现使得学习可以跨越时空界限，同时也改变了我们对于学校的传统认知。特别是信息时代的到来，使得知识呈现出爆炸式增长的态势，人们对学习的认知不再局限于记忆知识，更强调对知识的理解以及如何产生新知。这也引发了对学习测评认知上的改变，并使得以传统学校考试和职业资格考试为代表的、强调"知道什么"的知识本位认证体系逐渐难以满足学习的基本需求[2]。一种强调"能做什么"的能力发展型认证开始受到关注，其不再强调标准的唯一性，而更重视个体在任务处理和问题解决过程中的能力表现，并强调采用档案评估、报告访谈和技能展示等更加多元化的测评方式[3]。

---

① OECD. The Future of Education and Skills：Education 2030 ［EB/OL］. (2019 – 02 – 16) ［2020 – 08 – 30］. http://www. oecd. org/education/2030/OECD% 20Education% 202030% 20Position% 20Paper. pdf.

② DOVON H A, BLOCK M E, MOYLE-WRIGHT P, et al. A Psychometric Toolbox for Testing Validity and Reliability ［J］. Journal of nursing scholarship, 2007, 39 (2)：155 – 164.

③ STEVENS B, HYDE J, KNIGHT R, et al. Competency-based training and assessment in Australian postgraduate clinical psychology education ［J］. Clinical psychologist, 2017, 21 (3)：174 – 185.

　　互联网的发展引发了学习方式的数字化变革，使得学习者的学习时间变得更加灵活。与此同时，学习成果认证体系的价值导向也正发生着显著的变化，这使得我们有必要对学习成果认证和测评体系进行重新认知①。因此，笔者从认证方式和时间安排两个维度构建四象限空间的学习成果认证分类框架（见图10－1），并以此解释技术驱动下的学习成果认证的历史变迁及其特点，进而凸显在线学习测评技术在此过程中所呈现的重要价值。

　　　时间灵活的知识掌握型学习成果认证　　　时间灵活的能力发展型学习成果认证

认证方式

　　　时间固定的知识掌握型学习成果认证　　　时间固定的能力发展型学习成果认证

时间安排

图 10 － 1　四象限空间的学习成果认证分类框架

（一）时间固定的知识掌握型学习成果认证

　　时间固定的知识掌握型学习成果认证是学校教育中最为传统和普遍的学习成果认证方式。早在康德1798年发表的《系科之争》和纽曼1873年发表的《大学的理念》中就将教育的价值功能界定为人才培养，而对于人才的评价主要通过学校颁发的学历与学位来进行认证②。学校按照学科、专业所组织的学历和学位认证，通过固定的学业年限和课程设置来要求学生完成认证所需的学时并获得学分，而考试则被作为检验学生知识掌握程度的主要手段。知识经济与全球化进程促使学习成果认证不再局限于某一个国家或地区，以博洛尼亚进程为标志的"欧洲高等教育资格框架"实现了学校间采用固定学习时长和知识掌握度的认证工作标准化③。特别是"欧洲学分转换系

　　① SIEMEN G，GASEVIC D，DAWSON S. Preparing for the digital university：a review of the history and current state of distance，blended，and online learning［EB/OL］.（2015－02－16）［2020－08－30］. https：//www. researchgate. net/profile/Dragan － Gasevic/publication/284023691_Preparing_for_the_digital_university_a_review_of_the_history_and_current_state_of_distance_blended_and_online_learning/links/564b087708ae9cd9c827dadb/Preparing － for － the － digital － university － a － review － of － the － history － and － current － state － of － distance － blended － and － online － learning. pdf.

　　② 葛文双，韩锡斌，何聚厚. 在线学习测评技术的价值、理论和应用审视［J］. 现代远程教育研究，2019，31（6）：52－60，77.

　　③ 刘宝存. 博洛尼亚进程的最新进展与未来走向[J]. 比较教育研究，2009（10）：1－6.

统"的实施，使得 29 个国家实现了不同教育体系之间的学位互认①，也进一步促进了面向知识掌握度的认证体系的发展，让学习测评得以实现标准化和规模化。

（二）时间灵活的知识掌握型学习成果认证

英国开放大学于 1969 年开创了开放教育的学习模式，这让学校集中组织学习者在固定时间和地点进行学习的方式得以改变，也让学习者对学习时间的掌控变得更加灵活②。从 20 世纪末到 21 世纪初期，互联网的迅速普及使在线学习成为可能，基于网络远程教育的学位项目随之兴起，主要采用的是时间灵活的知识掌握型学习成果认证方式③。相对于传统的学习成果认证方式，这种认证方式对于学习者完成学业的年限要求更为宽松，给予了学习者更大的学习自由度，允许学习者按照自己的步调来控制课程的学习进度。同时，这种学习成果认证方式也为不同背景的学习者提供了更多的学习机会。然而，由于网络远程教育的入学门槛相对传统学历教育项目要低得多，社会对其的认可度也远不及传统学历教育，且师生在时空上的分离使其教育质量难以控制，加之对分层教学和个性化学习的"过度关注"进一步影响了其教育质量，因而网络远程教育毕业证书的含金量饱受社会质疑。直到 MOOCs 的出现在高等教育领域引发了新一轮的在线教育热潮，许多知名高校也开始关注基于 MOOCs 的在线学习方式，这为高质量的、时间灵活的知识掌握型学习成果认证提供了新机遇。目前，edX、Coursera 和 FutureLearn 等 MOOCs 平台都通过在线开放学习的方式为学习者提供更具竞争力的学位认证项目。例如美国佐治亚理工学院计算机科学硕士学位项目就是其中杰出的代表，其被视为高品质在线学位认证的典范④。

（三）时间固定的能力发展型学习成果认证

时间固定的能力发展型学习成果认证方式起源于传统的学徒制教育实践，其言传身教的教学方式要求师傅根据学生的特点来分阶段提升他们的技能水平。随着社会经济转型对技术人才需求的激增，工程技术类院校借鉴学

---

① GASTON P L. The challenge of Bologna：what United States higher education has to learn from Europe，and why it matters that we learn It ［M］．Virginia：Stylus Publishing，LLC，2010：256.

② The Open University. Exhibition：the OU story ［EB/OL］．（2017 - 11 - 05）［2020 - 08 - 30］．http://www. open. ac. uk/library/digital - archive/exhibition/53/theme/5/page/1.

③ 韩锡斌，王玉萍，张铁道，等. 远程、混合与在线学习驱动下的大学教育变革：国际在线教育研究报告《迎接数字大学》深度解读 ［J］．现代远程教育研究，2015（5）：3 - 11，18.

④ BAKER R，PASSMORE D L，MULLIGAN B M. Inclusivity instead of exclusivity：the role of MOOCs for college credit ［M］//STEVENSON C N. Enhancing education through Open Degree Programs and Prior Learning Assessment. Pennsylvania，IGI Global，2018：109 - 127.

徒制的特点，在固定学制时间内培养学生从业所需的职业技能，这使得时间固定的能力发展型学习成果认证在职业教育中最先出现。随着信息社会对互联网人才需求的快速增长，一种全新的时间固定的能力发展型学习成果认证项目开始出现。针对互联网行业新型技术人才短缺的现状，美国在线教育机构 Udacity 于 2014 年推出了"纳米学位"（nano degree）项目，提供网站开发、移动程序设计、数据分析等微学位认证课程，并通过与 AT&T、Google、Amazon、Facebook 和 IBM 等知名企业的合作，设计了与公司对技术人才的需求相匹配的课程内容①。在"纳米学位"项目中，学习者可以通过编译程序、设计案例和创造作品来展现自己的能力水平，这使得"纳米学位"成为一种新型的职业能力证明。截至 2019 年 5 月，已经有 75 000 名学习者通过 Udacity 的"纳米学位"项目获得了认证学位，并且有 84% 的毕业者在学业结束后的半年内找到了更好的职位，平均年薪达 24 000 美金，这使得"纳米学位"被视为高含金量的新型学位②。与此同时，高等院校也开始探索能力发展型的学位认证。例如，密涅瓦大学从 2014 年开始面向全球推出了能力发展型的本科学位项目。该项目依托互联网实施创新型的教学模式，采用在线学习互动平台对学习者的电子档案进行记录，并在四年内对学生各个维度的能力发展进行跟踪，以确保每个学生在毕业时都会形成自己独特的能力证明③。这种基于固定时间的能力发展型的学习成果认证越来越受到重视，其使得学习测评能够更好地反映出学习者真实的能力水平。

（四）时间灵活的能力发展型学习成果认证

能力发展型学习成果认证也受到了传统教育机构的关注，他们开始尝试从学习时间维度对学习者的能力认证进行创新，于是一种强调时间灵活的能力发展型学习成果认证开始出现。基于灵活时间的能力发展型学习成果认证强调对学习者先前学习经验和能力的测评，也就是说，若学习者到达了获取学位所规定的相关课程的能力要求，就可以对其能力进行认证，并将其转换成相应课程的学分④。时间灵活的能力发展型学习成果认证借鉴了胜任力模型的理念，关注学习者已有社会经验和学习经历的价值，不再要求已具备相

① GEE S. Udacity offers nanodegrees [EB/OL]. (2014 – 06 – 17) [2020 – 08 – 30]. https://www. i – programmer. info/news/150 – training – a – education/7438 – udacity – offers – nanodegrees. html.

② THRUN S. Taking Udacity to new heights [EB/OL]. (2019 – 05 – 01) [2020 – 08 – 30]. https:// blog. udacity. com/2019/05/udacity – new – heights. html.

③ Minerva University [EB/OL]. (2019 – 01 – 05) [2020 – 08 – 30]. https://www. minerva. kgi. edu/academics/.

④ SHAPIRO J. Competency-based degrees：coming soon to a campus near you [EB/OL]. (2014 – 02 – 17) [2020 – 08 – 30]. http://chronicle. com/article/Competency – Based – Degrees – /144769/.

关能力的学习者重复修读已掌握的课程，这就使得学生不必按照规定的课程来获得学分。美国西部州长大学最先采用这种时间灵活的能力发展型学习成果认证方式，其对学生的测评并不完全按照课程的学习时间和进度安排来组织，也允许学生通过先前测评或经验证明材料来获得课程的学分①。这使得学习成果认证变得更加灵活和方便，也更趋向于测评学习者的真实能力水平。

从学习成果认证的发展趋势可以发现：随着课程教学愈发强调以学习为中心，测评技术的价值和作用更加突出；在线学习测评促使学习成果认证越来越灵活开放，其功能特征也从诊断性、终结性走向过程性、系统性。以课堂教学为中心的传统测评体系正在被以学习服务为中心的测评体系所取代，这一转变从在线学习测评技术的发展过程可以窥见：随着计算机技术被引入以纸笔为主的传统考试，电子化测评（e-assessment）开始兴起；随着互联网技术介入教学过程，基于学习管理系统的过程性评价被广泛采用，在线测评（online assessment）开始流行；人工智能技术使学习服务与分析变得更加智能，具有"智慧基因"的在线测评技术开始关注面向学习者能力发展的真实化测评（authentic assessment）。因此高校教师未来面对的信息化教学将进一步拓展到课程教学层面的有效测评数据应用能力的实践研究。

二、学习目标分类下的知识本位与能力本位的测评

（一）学习目标分类的重要价值：指向深度理解的过程化测评

作为一种具有目的性的活动，学习测评本身带有价值判断的功能。传统教学更多通过考试来测评学习者的外显行为，用以判断学习者的知识掌握程度。这种方式虽然能为学习者带来"惰性知识"，却无法帮助其实现对于知识的深度理解。从互联网时代学习成果认证的分类和发展特点来看，学习测评越来越注重对学习者真实能力的评价，其价值导向也更加指向深度学习。能力发展型测评对学习目标的分类提出了更高要求，因而有必要对其理论和框架进行系统解读。安德森和克拉斯沃尔等对布鲁姆的教学目标分类理论进行了补充，提出从人的认知过程和知识类型两个维度来构建分类框架，对学习、教学、评价以及三者之间的关系进行了重新梳理②。

由此，本书基于学习目标分类框架，从学习者的新知产生、知识关联和

---

①　韩锡斌，王玉萍，张铁道，等. 迎接数字大学：纵论远程、混合与在线学习——翻译、解读与研究 [M]. 北京：清华大学出版社，2016：96 - 104.

②　安德森，克拉斯沃尔，艾雷辛，等. 学习、教学和评估的分类学：布卢姆教育目标分类学修订版 [M]. 皮连生，译. 上海：华东师范大学出版社，2007：36.

知识的应用迁移等不同认知阶段出发，从实现学习者深度学习和促进能力发展的视角，构建了基于学习目标分类的过程化测评技术框架（见图10-2）。该框架可为实现学习测评从关注知识掌握到关注能力发展的体系变革提供支撑，进而促进学习测评技术从提供外部支持向嵌入学习本质的根本性转变。

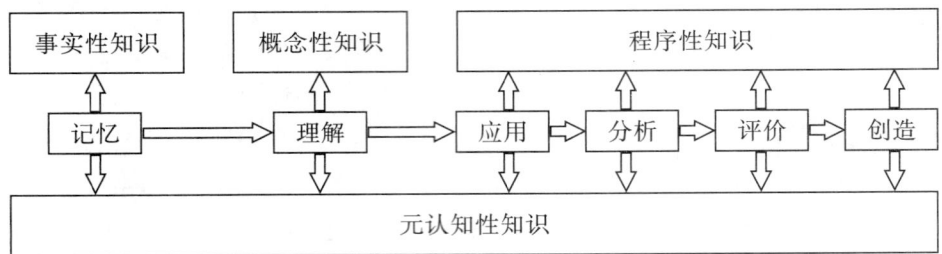

图10-2　基于学习目标分类的过程化测评技术框架

（二）知识本位的掌握度测评：行为主义指向的程序教学

知识本位的掌握度测评作为行为主义理论视角下的典型测评方法，其主要理论基础为行为主义下的程序教学。程序教学最早发源于普莱西设计的教学测验和计分机器，随后斯金纳从行为主义的视角对程序教学进行了论证。程序教学论认为学习是刺激、反应之间联结的强化过程，强调教学要关注外部刺激，要将复杂的学习过程分解为详细方案，因而技术支持的教学系统要遵循积极反应、小步子、即时反馈和自定步调的原则，要具有清晰的教学模式或组织流程[①]。

基于直线式、衍枝式和莫菲尔德式等典型程序教学模式，笔者构建了基于程序教学的知识掌握型测评技术框架（见图10-3），其可以作为开展客

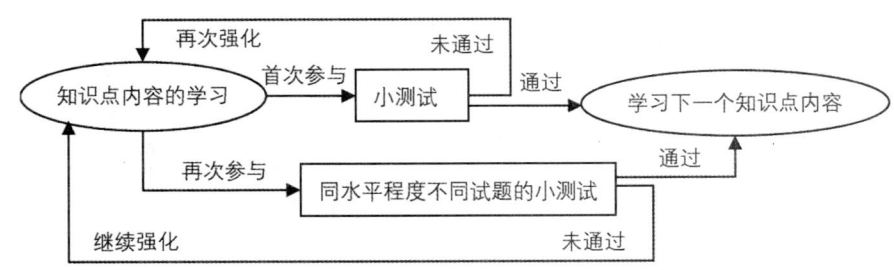

图10-3　基于程序教学的知识掌握型测评技术框架

---

① 韩锡斌，刘英群，周潜. 数字化学习环境的设计与开发 ［M］. 北京：中央广播电视大学出版社，2012：18-21.

观知识测评技术研究的基础。该测评系统框架已在教学实践中经过长期检验：在计算机多媒体教学时代，基于程序教学的计算机辅助测评与自动化阅卷系统得到了长足发展；在信息技术与课程整合时代，程序教学支持的电子应答系统为课堂教学提供即时的反馈性测评，促使知识掌握度测评进一步发展；在"互联网＋"学习时代，xMOOCs 的测评模式成为程序教学的典型应用，其实现了客观知识掌握度测评的规模化应用。

（三）能力本位的发展性测评：认知建构指向的主动学习

能力本位的发展性测评更适合于针对主观理解、问题解决和批判性思考等高阶思维能力的测评，其主要理论基础为认知主义和建构主义。认知主义重视以往经验的作用，强调对个体复杂思维过程的解释和激活图式的特殊意义，即教师要把知识组织成为对学生有意义的样式，以促进知识的掌握和迁移[①]。美国学者梅耶（Mayer）认为：基于这种认知信息加工模型，各种强调练习、游戏、模拟与人机对话的早期计算机专家系统被开发出来。乔纳森的建构主义进一步将知识获取分为入门、熟练和精通三个阶段，并指出建构性的学习环境对熟练阶段的学习者最为有效[②]。因此，基于建构主义设计的学习系统更关注促进学习者在分析、处理和解决问题等方面的知识建构，这为能力发展性测评提供了理论支撑。随着计算机支持的协作式、个性化学习管理系统的问世，在线学习测评技术愈发关注社会化学习，也更为强调针对学习者主动学习能力的测评。基于建构主义的 ICAP 模型将学习者的认知投入模式按照其学习活动的外显行为和产出分为互动性、建构性、主动性和被动性等四种类型，其中主动性认知投入所产生的学习效果要明显优于被动性认知投入，而互动性认知投入更能引发深度学习[③]。基于上述分析，笔者以促进学习者主动学习为目标，将情感态度、学习过程和学习结果作为学习者能力发展的测评维度，对主动学习所引发的学习者思维深度发展进行了不同程度的划分，由此构建了基于主动学习的能力发展型测评技术框架（见图 10 - 4）。该框架强调激励学习者的主动学习行为，可从学习方式变革的视角为实施多维度、多元化的能力发展型测评提供支持。

---

① DRISCOLL M P. Psychology of learning for instruction [M]. 3rd ed. Edinburgh: Pearson Education Limited, 2004: 74 - 76.

② MAYER R E. Educational psychology's past and future contributions to the science of learning, science of instruction, and science of assessment [J]. Journal of educational psychology, 2018, 110 (2): 174 - 179.

③ CHI M T H, ADAMS J, BOGUSCH E B, et al. Translating the ICAP theory of cognitive engagement into practice [J]. Cognitive science, 2018, 42 (6): 1777 - 1832.

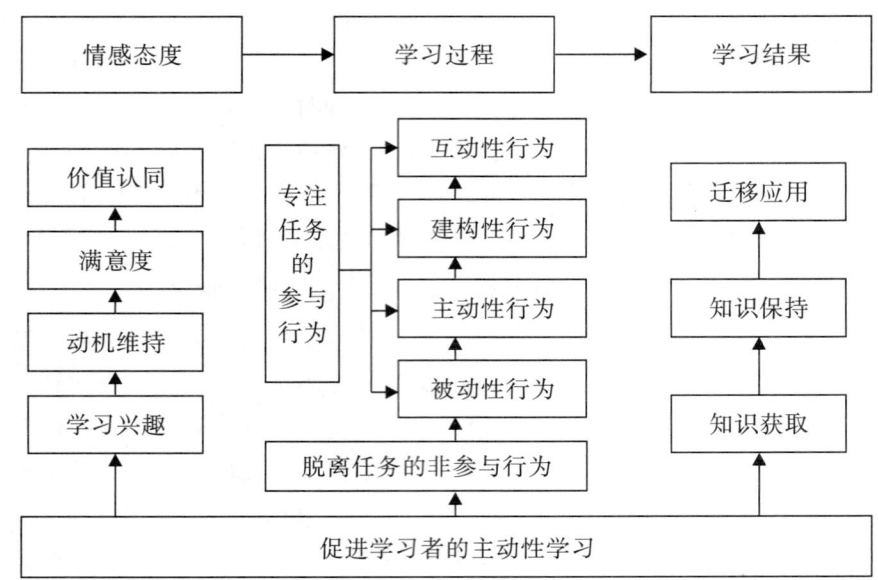

图 10 – 4　基于主动学习的能力发展型测评技术框架

三、未来时代高校教师要深入应用的学习测评技术

在线学习测评技术的发展为学习评价提供了更加便捷、灵活的手段与方式，促使学习变得更加开放和多元。面向未来，高校教师要深入思考如何将智能化的技术有效应用于课程教学实践之中。本书从当前学习测评技术的发展视角，提出高校教师要深度掌握的四项核心技术能力。

（一）自动测试与实时反馈

在线学习中的自动测试技术主要针对客观性和主观性两类试题来进行基于计算机的自动化评价。面向客观性试题的自动测试主要采用自动标记的多项选择和短文字简答方式，通过对答案的自动检查来自动评价学习者的知识掌握程度①。学习者在参与这类测试任务时，系统会自动判定他们的答案是否正确，并针对答案给出简单的提示与分析信息。这类自动测试技术最初被应用于传统课堂的形成性评价环节，主要采用电子应答系统对学习者的概念性知识掌握情况进行诊断。例如英国开放大学的 OpenMark 系统，其对测试

---

① ADMIRAAL W，HUISMAN B，PILLI O．Assessment in massive open online courses ［J］．Electronic journal of e-learning，2015，13（4）：207 – 216.

的交互性和反馈的即时性进行了加强，并实现了断点测试的功能①。

目前这类技术在 MOOCs 中有着广泛应用，其通过小测试或阶段性考试的形式来进行过程化评价，以帮助学习者更好地了解自己的学习状况，同时也将教师从繁重的阅卷工作中解放出来，使其能够有更多的时间关注课程教学本身。面向主观性试题的自动测试主要利用自然语言处理技术，将学习者答案与参考答案进行基于语义相似度的文本特征比对，以此来评判学生者的回答是否正确②。面向主观性试题的自动测评最初被用于短文本简答题，如 OpenMark 和 Moodle 系统针对简答题都提供了基于关键词和同义词匹配的测评功能，以对学习者的回答进行语义文本分析性评判③。而潜在语义分析技术的出现，使在线测评系统的信息检索功能可以对文本概念、文字风格和语法结构进行更为精准的分析④，这促使 E-rater、Intelligent Essay Assessor 和 Open Essayist 等写作类自动测试系统得到了大范围应用。在上述两类自动测试技术中，实时反馈技术的即时性和有效性是关键。已有的实时反馈技术主要是通过智能导师模块来实现，其往往对于事实性、概念性和程序性知识的测评比较有效，而对于思维策略性知识测评的效果则并不显著⑤。

（二）同伴互评

为弥补上述测评技术在思维策略性知识测评上的不足，同伴互评被引入课堂教学和在线教学过程，其已被证实是替代传统评价的一种较为有效的测评技术⑥。同伴互评的主要实现机制如下：第一步，教师通过系统发布互评任务和评价量规；第二步，学习者按照规定的时间提交任务；第三步，系统根据互评机制将需要评价的任务分发给学习者，学习者要在规定时间内完成评价，并给出评分和评语意见；第四步，系统对成绩进行审核，并公布学习者成绩和评语意见。通过分析上述互评机制可以发现，互价者的信赖程度（即内在信度）以及互评者与教师评价间的相似性（即聚合效度）是互评有

---

①③ JORDAN S. E-assessment：past，present and future［J］. New directions in the teaching of physical sciences，2013，9（1）：87 – 106.

② 刘伟，元子森，王目宣. 主观题自动测评研究［J］. 北京邮电大学学报（社会科学版），2016，18（4）：108 – 116.

④ WARSCHAUER M，WARE P. Automated writing evaluation：defining the classroom research agenda［J］. Language teaching research，2006，10（2）：157 – 180.

⑤ BATES T. The strengths and weaknesses of MOOCs：Part2：learning and assessment［EB/OL］. （2014 – 11 – 07）［2020 – 08 – 30］. https://www. tonybates. ca/2014/11/07/the – strengths – and – weaknesses – of – moocs – part – 2 – learning – and – assessment/.

⑥ FORMANEK M，WENGER M C，BUXNER S R，et al. Insights about large-scale online peer assessment from an analysis of an astronomy MOOC［J］. Computers & education，2017（113）：243 – 262.

效的关键保证①。例如，Coursera、edX 等主流 MOOCs 平台都采用了基于匿名随机分组的互评机制，其将学习者分为四至五人一组，确保学习者可参与的评价任务数量一致，并规定学习者要严格根据评价量规进行互评②。又如加利福尼亚大学的标准化同伴互评系统（Calibrated Peer Reviews），其要求参与互评的学习者先对教师评价过的论文或作品进行评价，再根据学习者评价与教师评价间的相似程度对前者进行信度赋值，并将其作为同伴互评成绩的计算依据③。此外，同伴互评中用于学习者之间相互评分的评价量规对于互评的有效性也极为关键。一个有效的互评量规要包含明确的指标、权重和评分内容，并需要对其信效度进行验证。例如，美国大学协会针对论文、学习项目、口头报告和课堂合作等主观性任务提供了经过检验校正的 VALUE 评价量规④，为在线学习中同伴互评任务的设计提供了借鉴。

（三）基于学习分析的测评

计算机自适应测试技术的引入促使在线学习测评系统变得更加智能。基于项目反应理论（Item Response Theory）构建的适应性测试模型可以将学习者能力和试题难度进行关系映射，从而根据学习者能力水平的不同来调整试题难度和选择试题的类型，从而初步实现了对学习者知识掌握程度的分析与助学功能，这为规模化学习测评创造了条件⑤。但这类学习测评系统所存储的学习时长、行为特征和成绩等数据均为反映学习者客观行为的痕迹型数据，缺少能够反映学习者参与度、投入度的状态型数据，而学习分析技术的出现正好弥补了这一不足。美国教育部教育技术办公室在其发布的《通过教育数据挖掘和学习分析技术来优化教学》（*Enhancing Teaching and Learning Through Educational Data Mining and Learning Analytics*）报告中提出：学习分析可以利用更为广泛的教育大数据来开展学术性分析、行为性分析和预测性分析；学习分析要综合运用信息科学、社会学、计算机科学、统计学、心理学及学习科学中的理论、技术、方法和模型，去解释和分析对学习者学习有

① BOUZIDI L，JAILLET A. Can online peer assessment be trusted？ ［J］．Journal of educational technology & society，2009，12（4）：257－268.

② BRIGGS L L. Assessment tools for MOOCs［EB/OL］．（2013－09－05）［2020－08－30］．http://campustechnology. com/articles/2013/09/05/assessment－tools－for－moocs. aspx.

③ 郑燕林，李卢一. 超越大规模，追求大智慧：MOOC 学习同伴评价的实施路径选择［J］．电化教育研究，2015（9）：42－48.

④ RHODES T，FINLEY A. Using the VALUE rubrics for improvement of learning and authentic assessment ［EB/OL］．（2013－08－15）［2020－08－30］．https://commission. fiu. edu/helpful－documents/competency－based－courses－degrees/using－the－value－rubrics－for－improvement. pdf.

⑤ ROSSANO V，PESARE E，ROSELLI T. Are computer adaptive tests suitable for assessment in MOOCs？［J］．Journal of e-learning and knowledge society，2017，13（3）：71－81.

影响的各种重要问题；从更为全面和系统的视角来看，不仅要对学习者的学习行为表现进行测评，也要为其学习提供适应性的反馈支持①。

学习分析技术在测评中的应用一般不是孤立的，需要将其同已有的在线学习系统及其他管理系统进行关联，从而构建更加完善的基于学习分析技术的测评体系。学习分析涉及数据采集、数据存储、数据分析、数据表示与应用服务等五个环节，这五个环节构成了学习分析的核心组成要素②。为强化学习分析与预测过程的有效性，应做到以下三点：第一，需要保证分析模型的适切性；第二，数据采集不能只针对课程属性、学生成绩等表层数据，更需要关注学习过程中的事务级数据（Transaction-level Data）；第三，在处理和分析事务级数据时，要更有针对性地运用技术和方法，不能以简单的维度性指标来呈现分析结果，而需要就学习者的知识差距与特殊需求提供详细的分析报告③。

总体而言，当前较为有效的基于学习分析的测评更多是从课程层面对学习评价和学习服务的重构，并将学习目标、学习活动、学习评价和学习反馈进行了关联，进而为学习者、教师和管理者提供不同视角的分析报告。

（四）数字徽章

数字徽章（digital badge）作为一种以图标或徽标表征学习成果的数字标记（digital tokens），被用于学习者在正式和非正式学习中的成就或能力认证④。数字徽章的用途主要有以下三点：一是用于激励学习者的学习动机，即采用奖励的方式来激励学习者获取学习积分，而这些积分可被用于学习身份升级和礼物兑换⑤；二是用于标识学习成就，即采用不同的徽章去代表各类学习成就，如小徽章用于标识学习单元或知识点，大徽章用于标识课程，

① BIENKOWSKI M，FENG M，MEANS B. Enhancing teaching and learning through educational data mining and learning analytics ［EB/OL］. (2018 – 10 – 20)［2020 – 08 – 30］. http://tech. ed. gov/learning – analytics/.

②③ 李艳燕，马韶黄，黄荣怀. 学习分析技术：服务学习过程设计和优化［J］. 开放教育研究，2012，18（5）：18 – 24.

③ NYLAND R，DAVIES R S，CHAPMAN J，et al. Transaction – Level Learning Analytics in Online Authentic Assessments ［J］. Journal of Computing in Higher Education，2017 (29)：201 – 217.

④ EDUCAUSE. 7 things you should know about badges ［EB/OL］. ［2018 – 06 – 11］. https://library. educause. edu/ – /media/files/library/2012/6/eli7085 – pdf. pdf.

⑤ NEWBY T，WRIGHT C，BESSER E，et al. Passport to designing，developing and issuing digital instructional badges ［M］//IFENTHALER D，BELLIN N，MAH D K. Foundations of digital badges and micro-credentials：demonstrating and recognizing knowledge and competencies. New York：Springer，2016：179 – 201.

更大的徽章则作为职业技能资质的标识①；三是用于识别学习者的学习路径，即不同的数字徽章代表不同等级的知识水平和技能经验，通过分析学习者取得的徽章，便可以追踪其学习过程②。目前，数字徽章已经在技术应用层面确立了标准和规范，例如美国谋智基金会（The Mozilla Foundation）的开放徽章基础架构、数字化承诺联盟（Digital Promise）的"微证书"，这些标准和规范推进了数字徽章的标准化应用③。目前应用数字徽章的全球性学习项目数量尚较为有限，其中IBM的开放徽章项目（Open Badging Program）的成功预示了该技术光明的应用前景，已被全球超过40个学习项目所采用，通过开放徽章认证获得了职业发展和晋升的学习者超过168 000名④。可以预见，未来数字徽章的规模化应用将为在线学习与混合式学习的发展带来契机。

四、高校教师数据测评素养能力将成为未来教学的关键挑战

技术的发展使得教学、学习与评价间的边界变得模糊，未来教育将从"经验主义"走向"数据主义"⑤。借助测评工具和测评系统提供的数据来分析和理解学习者的问题意识、知识储备和学习状态，成为教师需具备的关键能力。而当前教师在对测评系统数据的认识和应用素养上存在不足，这对未来如何基于测评数据开展有效教学提出了挑战，具体表现在以下几个方面：

一是教师需要具备基于测评数据开展有效教学设计的能力。教师往往习惯从传统教学流程出发，将测评系统应用于知识诊断、阶段测试和总结考试等环节，而并不善于借助测评数据对教学过程进行设计和优化。未来教师需

① ELLIS L E, NUNN S, AVELLA J T. Digital badges and micro-credentials：historical overview，motivational aspects，issues，and challenges ［M］//IFENTHALER D, BELLIN N, MAH D K. Foundations of digital badges and micro-credentials：demonstrating and recognizing knowledge and competencies. New York：Springer，2016：3－21.

② WEST D, LOCKLEY A. Implementing digital badges in Australia：the importance of institutional context ［M］//IFENTHALER D, BELLIN N, MAH D K. Foundations of digital badges and micro-credentials：demonstrating and recognizing knowledge and competencies. New York：Springer，2016：467－482.

③ The Mozilla Fundation，Peer 2 Peer University. Open badges for lifelong learning：exploring an open badge ecosystem to support skill development and lifelong learning for real results such as jobs and advancement ［EB/OL］. ［2018－11－23］. https://wiki. mozilla. org/images/b/b1/OpenBadges－Working－Paper_092011. pdf.

④ IMS GLOBAL. Mapping digital transformation：identifying and understanding pragmatic trends in the application of technology to improve learning impact ［EB/OL］. （2018－12－10）［2020－08－30］. https://www. imsglobal. org/sites/default/files/2017LearningImpactReport. pdf.

⑤ 余胜泉. "互联网＋"时代的未来教育 ［J］. 人民教育，2018（1）：34－39.

要基于测评系统所提供的数据来进行教学决策，从准确把握学习起点、个性化定制学习目标、动态组织教学内容、灵活调整教学策略、即时评价反馈和推荐个性化资源等六个维度来开展有效的教学设计①。

二是教师需要具备基于测评数据对教学过程进行有效监管的能力。教师在数据素养上的欠缺，使其难以基于测评数据来对教学进行有效干预并调整教学策略，更无法实现即时性的反馈，这成为将测评数据应用于教学的障碍。教师需要具备依靠测评数据来有效监管教学过程的能力，这种能力主要表现为：能通过"表现预测"来驱动学习者有效学习，能通过"迭代监测"促进个性化教学，能通过"质量预警"对教学和学习过程进行优化②。

三是教师需要具备基于测评数据对教学实践进行有效反思的能力。在基于测评数据的教学反思方面，目前教师更多是将阶段测验或结业考试数据用于总结性教学反思，而这类教学反思的作用较为有限。教师需要基于测评数据开展更多针对教学过程的教学反思，通过数据驱动对教学的不断迭代和优化，从而形成与未来学习相适应的"互联网＋"教学模式。

综上所述，学习测评可以更好地促进学习者的发展，使得教育更加回归本质。对于在线学习测评技术的探索不应仅停留在技术层面，应不断促进测评的价值导向转变。针对在线学习测评技术的研究需要以一种全新的思维来重新认识学习测评的角色，并将云计算、情境感知和人工智能等新兴技术有效融入其中，使得高校教师在有效的混合教学实践过程中能够契合学习的内在本质，这将是未来学习研究的重要方向。与此同时，从测评的视角构建教育大数据，并挖掘其背后的知识表征和协同决策价值，进而为学习者提供更加主动和个性化的学习服务支持，为教学者开展有效的教学决策提供科学数据支撑，这将是未来信息化教学发展的价值追求。

---

① 陈明选，耿楠. 测评大数据支持下的有效教学研究 [J]. 远程教育杂志，2019 (3)：95 – 102.
② 吴忠. 大数据支持下学习评价的价值逻辑 [J]. 清华大学教育研究，2019，40 (1)：15 – 18.

参 考 文 献

一、著作类

［1］BERGMAN. Advances in mixed methods research: theories and applications ［M］. Landon: Sage, 2008.

［2］BLESSING L T M, CHAKRABARTI A. DRM, a design research methodology ［M］. London: Springer – Verlag, 2009.

［3］BOYER E L. Scholarship reconsidered: priorities of the professoriate ［M］. Princeton: Princeton University Press, 1990.

［4］CRESWELL J W, CLARK V L P. Designing and conducting mixed methods research ［M］. London: Sage, 2007.

［5］DRISCOLL M P. Psychology of learning for instruction ［M］. 3rd ed. Edinburgh: Pearson Education Limited, 2004.

［6］FALLOW S, STEVENS C. Integrating key skills in higher education: employ ability, transferable skills and learning for life ［M］. London: Kogan Page, 2000.

［7］GASTON P L. The challenge of bologna: what United States higher education has to learn from Europe, and why it matters that we learn it ［M］. Virginia: Stylus Publishing, LLC, 2010.

［8］GUSTAFSON K L, BRANCH R M. Survey of instructional development models ［M］. 4th ed. Syracuse: ERIC Clearinghouse on Information & Technology, 2002.

［9］HERRING M C, KOEHLER M J, MISHRA P. Handbook of Technological Pedagogical Content Knowledge (TPACK) for educators ［M］. New York: Routledge, 2008.

［10］HOWLAND J L, JONASSEN D, MARRA R M. Meaningful learning with technology ［M］. 4th ed. New York: Pearson Education Inc. , 2012.

［11］IFENTHALER D, BELLIN N , MAH D K. Foundations of digital badges and micro-credentials: demonstrating and recognizing knowledge and competencies ［M］. New York: Springer, 2016.

［12］MANNING R C. The teacher evaluation handbook: step-by-step techniques & forms for improving instruction ［M］. Englewood Cliffs: Prentice Hall, 1988.

［13］MCKENNEY S, REEVES T C. Conducting educational design research ［M］.

London：Routledge Taylor & Francis Group，2012.

［14］O'NEIL H F，PEREZ R S. Web-based learning：theory，research，and practice［M］. Mahwah，NJ：Lawrence Erlbaum Associates，2006.

［15］SPENCER L，SPENCER M. Competence at work：sodels for superior performance［M］. New York：John Wiley & Sons，Inc.，1993.

［16］STEVENSON C N. Enhancing education through open degree programs and prior learning assessment［M］. Pennsylvania：IGI Global，2018.

［17］克莱因，等. 教师能力标准：面对面、在线及混合情境［M］. 顾小清，译. 上海：华东师范大学出版社，2007.

［18］安德森，克拉斯沃尔，艾雷辛，等. 学习、教学和评估的分类学：布卢姆教育目标分类学修订版［M］. 皮连生，译. 上海：华东师范大学出版社，2007.

［19］奥恩斯坦，贝阿尔 – 霍伦斯坦，帕荣克. 当代课程问题［M］. 杭州：浙江教育出版社，2004.

［20］波曼. 4C 法颠覆培训课堂：65 种反转培训策略［M］. 杨帝，译. 北京：电子工业出版社，2015.

［21］韩锡斌，刘英群，周潜. 数字化学习环境的设计与开发［M］. 北京：中央广播电视大学出版社，2012.

［22］韩锡斌，王玉萍，张铁道，等. 迎接数字大学：纵论远程、混合与在线学习——翻译、解读与研究［M］. 北京：清华大学出版社，2016.

［23］派克. 重构学习体验：以学员为中心的创新性培训技术［M］. 孙波，庞涛，胡智丰，译. 南京：江苏人民出版社，2015.

［24］潘懋元. 高等学校教学原理与方法［M］. 北京：人民教育出版社，1996.

涂金堂. 量表编制与 SPSS［M］. 台湾：五南图书出版社，2012.

［25］吴明隆. 结构方程模型：AMOS 的操作与应用［M］. 2 版. 重庆：重庆大学出版社，2010.

［26］吴明隆. 问卷统计分析实务：SPSS 操作与应用［M］. 重庆：重庆大学出版社，2010.

二、期刊类

［1］ABDOUS M. A process-oriented framework for acquiring online teaching competencies［J］. Journal of computing in higher education，2011，23（1）.

［2］ADMIRAAL W，HUISMAN B，PILLI O. Assessment in massive open online courses［J］. Electronic journal of e-learning，2015，13（4）.

［3］AGYEI D D，VOOGT J. Exploring the potential of the will, skill, tool model in Ghana：predicting prospective and practicing teachers' use of technology［J］. Computers & education，2011，56（1）.

［4］AGYEI D D，VOOGT J. Pre-service teachers' TPACK competencies for spreadsheet

integration: insights from a mathematics-specific instructional technology course [J]. Technology, pedagogy and education, 2015, 24 (5).

[5] ANGELI C, VALANIDES N. Epistemological and methodological issues for the conceptualization, development, and assessment of ICT – TPCK: advances in technological pedagogical content knowledge (TPCK)[J]. Computers & education, 2009 (52).

[6] ANGELI C, VALANIDES N. Technology mapping: an approach for developing technological pedagogical content knowledge [J]. Journal of educational computing research, 2013, 48 (2).

[7] ANGELI C. Transforming a teacher education method course through technology: effects on preservice teachers' technology competency [J]. Computers & education, 2005 (45).

[8] ARCHAMBAULT L, CRIPPEN K. Examining TPACK among K – 12 online distance educators in the United States [J]. Contemporary issues in technology and teacher education, 2009, 9 (1).

[9] BARAN E, CORREIA A P, THOMPSON A. Transforming online teaching practice: critical analysis of the literature on the roles and competencies of online teachers [J]. Distance education, 2011, 32 (3): 421 – 439.

[10] BAYLOR A L, RITCHIE D. What factors facilitate teacher skill, teacher morale, and perceived student learning in technology-using classrooms? [J]. Computers & education, 2002 (39).

[11] BEAUCHAMP G. Teacher use of the interactive whiteboard in primary schools: towards an effective transition framework [J]. Technology, pedagogy and education, 2004, 13 (3).

[12] BOUZIDI L, JAILLET A. Can online peer assessment be trusted?[J]. Journal of educational technology & society, 2009, 12 (4): 257 – 268.

[13] BOWER M. Synchronous collaboration competencies in web-conferencing environments: their impact on the learning process [J]. Distance education, 2011, 32 (1).

[14] BRUSH T, SAYE J. Strategies for preparing preservice social studies teachers to integrate technology effectively: models and practices [J]. Contemporary issues in technology and teacher education, 2009, 9 (1).

[15] BUCHANAN T, SAINTER P, SAUNDERS G. Factors affecting faculty use of learning technologies: implications for models of technology adoption [J]. Journal of computing in higher education, 2013 (25).

[16] CHAI C S, KOH J H L, HO H N J, et al. Examining preservice teachers' perceived knowledge of TPACK and cyberwellness through structural equation modeling [J]. Australasian journal of educational technology, 2012, (28).

[17] CHANG C Y, CHIEN Y T, CHANG Y H, et al. MAGDAIRE: a model to foster

pre-service teachers'ability in integrating ICT and teaching in Taiwan [J]. Australasian journal of educational technology, 2012, 28 (5).

[18] CHI M T H, ADAMS J, EOGUSCH E B, et al. Translating the ICAP theory of cognitive engagement into practice [J]. Cognitive science, 2018, 42 (6).

[19] COLLINS A, HALVERSON R. Rethinking education in the age of technology. The digital revolution and schooling in America [J]. Educational technology research and development, 2010, (58).

[20] DISESSA A A, COBB P. Ontological innovation and the role of theory in design experiments [J]. Journal of the learning sciences, 2004, 13 (1).

[21] DONG Y, CHAI C S, SANG G-Y, et al. Exploring the profiles and Interplays of pre-service and inservice teachers' technological pedagogical content knowledge (TPACK) in China [J]. Educational technology & society, 2015, 18 (1).

[22] DOVON H A, BLOCK M E, MOYLE-WRIGHT P, et al. A psychometric toolbox for testing validity and reliability [J]. Journal of nursing scholarship, 2007, 39 (2).

[23] ERAUT M. Concept of competence [J]. Journal of inter professional care, 1998, 12 (2).

[24] FISHER J, KINNEAR M, REID F, et al. What supports hospital pharmacist prescribing in Scotland? A mixed methods, exploratory sequential study [J]. Research in social and administrative pharmacy, 2018, 14 (5).

[25] FORMANEK M, WENGER M C, BUXNER S R, et al. Insights about large-scale online peer assessment from an analysis of an astronomy MOOC [J]. Computers & education, 2017 (113).

[26] GEORGINA D A, OLSON M R. Integration of technology in higher education: a review of faculty self perceptions [J]. Internet and higher education, 2008, 11 (1).

[27] GHAZALI R, SOON C C, HAS Z, et al. The effectiveness of blended learning approach with student's perceptions in control systems engineering course [J]. International journal of human and technology interaction, 2018, 2 (2).

[28] GILIS A, CLEMENT M, LAGA L, et al. Establishing a competence profile for the role of student-centred teachers in higher education in Belgium [J]. Research in higher education, 2008, 49 (6).

[29] GOKTAS Y, DEMIREL T. Blog-enhanced ICT courses: examining their effects on prospective teachers' ICT competencies and perceptions [J]. Computers & education, 2012, 58 (3).

[30] GOODYEAR P, SALMON G, SPECTOR J M, et al. Competences for online teaching: a special report [J]. Educational technology research and development, 2001, 49 (1).

[31] GRAHAM C R, BURGOYNE N, CANTRELL P, et al. Measuring the TPACK

confidence of inservice science teachers [J]. TechTrends, 2009, 53 (5).

[32] GUASCH T, ALVAREZ I, ESPASA A. University teacher competencies in a virtual teaching/learning environment: analysis of a teacher training experience [J]. Teaching and teacher education, 2010, 26 (2).

[33] GUPTA K, LEE H. A practical guide to needs assessment [J]. Performance improvement, 2001, 40 (8).

[34] GUZMAN A, NUSSBAUM M. Teaching competencies for technology integration in the classroom [J]. Journal of computer assisted learning, 2009, 25 (5).

[35] HARRIS J, HOFER M. Instructional planning activity types as vehicles for curriculum-based TPACK development [J]. Research highlights in technology and teacher education , 2009.

[36] HAYDN T, BARTON R. "First do no harm": developing teachers' ability to use ICT in subject teaching: some lessons from the UK [J]. British journal of educational technology, 2007, 38 (2).

[37] ION G, CANO E, CABRERA N. Competency assessment tool (CAT): the evaluation of an innovative competency-based assessment experience in higher education [J]. Technology, pedagogy and education, 2016, 25 (5).

[38] JAMIESON-PROCTOR P, ALBION R, FINGER G, et al. Development of the TTF TPACK survey instrument [J]. Australian educational computing, 2013, (13).

[39] JANG S L, CHANG Y H. Exploring the technological pedagogical and content knowledge (TPACK) of Taiwanese university physics instructors [J]. Australasian journal of educational technology, 2016, 32 (1)

[40] JOHNSON R B, ONWUEGBUZIE A J. Mixed methods research: a research paradigm whose time has come [J]. Educational researcher, 2004, 33 (7).

[41] JONATHAN E, GRAHAM. Online teaching competencies in observational rubrics: what are institutions evaluating? [J]. Distance education, 2019, 40 (1).

[42] JONES E V, LOWE J. Changing teacher behavior: effective staff development [J]. Adult learning, 1990, 1 (7).

[43] JORDAN S. E-assessment: Past, present and future [J]. New directions in 3the teaching of physical sciences, 2013, 9 (1).

[44] KADIJEVICH D , HAAPASALO L. Factors that influence student teacher's interest to achieve educational technology standards [J]. Computers & education, 2006 , 50 (1).

[45] KADIJEVICH D. Achieving educational technology standards: the relationship between student teacher's interest and institutional support offered [J]. Journal of computer assisted learning, 2006, 22 (6).

[46] KAN Aü, MURAT A. Examining the self-efficacy of teacher candidates' lifelong learning key competences and educational technology standards [J]. Education and information

technologies, 2020, 25 (2).

[47] KONAK A, CLARK T K, NASEREDDIN M. Using Kolb's experiential learning cycle to improve student learning in virtual computer laboratories [J]. Computers & education, 2014, 72 (1).

[48] Kong S C. Developing information literacy and critical thinking skills through domain knowledge learning in digital classrooms: an experience of practicing flipped classroom strategy [J]. Computers & education, 2014, 73 (1).

[49] KOSTER B, BREKELMANS M, KORTHAGEN F, et al. Quality requirements for teacher educators [J]. Teaching and teacher education, 2005, 21 (2):.

[50] LAN Y J, CHANG K E, CHEN N S. CoCAR: an online synchronous training model for empowering ICT capacity of teachers of Chinese as a foreign language [J]. Australasian journal of educational technology, 2012, 28 (6).

[51] LIM C P, PANNEN P. Building the capacity of indonesian education universities for ICT in pre-service teacher education: a case study of a strategic planning exercise [J]. Australasian journal of educational technology, 2012, 28 (6).

[52] LONG C S, IBRAHIM Z, KOWANG T O. An analysis on the relationship between lecturers' competencies and students' satisfaction [J]. International education studies, 2014, 7 (1).

[53] LOOI C K, SUN D, SEOW P, et al. Enacting a technology-based science curriculum across a grade level: the journey of teachers' appropriation [J]. Computers & education, 2014, 71 (1).

[54] MAYER R E. Educational psychology's past and future contributions to the science of learning, science of instruction, and science of assessment [J]. Journal of educational psychology, 2018, 110 (2).

[55] PARRISH A H, SADERA W A. Teaching competencies for student-centered, one-to-one learning environments: a delphi study [J]. Journal of educational computing research, 2020, 57 (8).

[56] PRESTON B, KENNEDY K J. The national competency framework for beginning teaching: a radical approach to initial teacher education [J]. Australian educational researcher, 1995, 22 (2).

[57] PULHAM E, GRAHAM C R. Comparing K-12 online and blended teaching competencies: a literature review [J]. Distance education, 2018, 39 (3).

[58] ROMEO G, LLOYD M, DOWNES T. Teaching teachers for the future (TTF): building the ICT in education capacity of the next generation of teachers in Australia [J]. Australasian journal of educational technology, 2012, 28 (6).

[59] ROSENKRANZ S K, WANG S Y, HU W. Motivating medical students to do research: a mixed methods study using self-determination theory [J]. BMC medical education,

2015, 15 (1).

［60］ROSSANO V, PESARE E, ROSELLI T. Are computer adaptive tests suitable for assessment in MOOCs? ［J］. Journal of e-learning and knowledge society, 2017, 13 (3).

［61］Sánchez J, SALINAS A. ICT & learning in Chilean schools: lessons learned ［J］. Computers & education, 2008, 51 (4).

［62］SCHIFFERDECKER K E, REED V A. Using mixed methods research in medical education: basic guidelines for researchers ［J］. Medical education, 2009, 43 (7).

［63］SCHMID E C. Developing competencies for using the interactive whiteboard to implement communicative language teaching in the English as a foreign language classroom ［J］. Technology, pedagogy and education, 2010, 19 (2).

［64］SCHMIDT D A, THOMPSON D, MISHRA P, et al. Technological pedagogical content knowledge (TPACK): the development and validation of an assessment instrument for preservice teachers ［J］. Journal of research on technology in education, 2009, 42 (2).

［65］SHAVELSON R J, PHILLIPS D C, TOWNE L, et al. On the science of education design studies ［J］. Educational researcher, 2003, 32 (1).

［66］SHULMAN L S. Those who understand: knowledge growth in teaching ［J］. Educational researcher, 1986, 15 (2).

［67］SIMPSON R D, SMITH K S. Validating teaching competencies for graduate teaching assistants: a national study using the delphi method ［J］. Innovative higher education, 1993, 18 (2).

［68］STEVENS B, HYDE J, KNIGHT R, et al. Competency-based training and assessment in Australian postgraduate clinical psychology education ［J］. Clinical psychologist, 2017, 21 (3).

［69］STOOF A, MARTENS R, MERRIENBOER J J G W, et al. The boundary approach of competence: a constructivist aid for understanding and using the concept of competence ［J］. Human resource development review, 2002 (1).

［70］TAI S J D. From TPACK-in-action workshops to classrooms: call competency developed and integrated ［J］. Language learning & technology, 2015, 19 (1).

［71］TIGELAAR D, DOLMANSI, WOLFHAGENI, et al. The development and validation of a framework for teaching competencies in higher education ［J］. Higher education: the international journal of higher education and educational planning, 2004, 48 (2).

［72］TOKMAK H S, YELKEN T Y, KONOKMAN G Y. Pre-service teachers' perceptions on development of their IMD competencies through TPACK-based activities ［J］. Educational technology & society, 2013, 16 (2).

［73］TONDEUR J, AESAERT K, PRESTRIDGE S, et al. A multilevel analysis of what matters in the training of pre-service teacher's ICT competencies ［J］. Computers & education, 2018, 122 (1).

［74］ TONDEUR J, AESAERT K, PYNOO B, et al. Developing a validated instrument to measure preservice teachers' ICT competencies: meeting the demands of the 21st century ［J］. British journal of educational technology, 2017, 48 (2).

［75］ TONDEUR J, BRAAK J V, VALCKE M. Curricula and the use of ICT in education: two worlds apart? ［J］. British journal of educational technology, 2007, 38 (6).

［76］ TONDEUR J, BRAAKD J V, SIDDIQ F, et al. Time for a new approach to prepare future teachers for educational technology use: its meaning and measurement ［J］. Computers & education, 2016 (94).

［77］ VAZIRANI N. Review paper competencies and competency model: a brief overview of its development and application ［J］. SIES journal of management, 2010, 7 (1).

［78］ VILLAR L M, ALEGRE O M. Measuring faculty learning in curriculum and teaching competence online courses ［J］. Interactive learning environments, 2008, 16 (2).

［79］ VOGT F, ROGALLA M. Developing adaptive teaching competency through coaching ［J］. Teaching and teacher education, 2009, 25 (8).

［80］ VOOGT J, ERSTAD O, DEDE C, et al. Challenges to learning and schooling in the digital networked world of the 21st century ［J］. Journal of computer assisted learning, 2013, 29 (5).

［81］ VOOGT J. Teacher factors associated with innovative curriculum goals and pedagogical practices: differences between extensive and non-extensive ICT-using science teachers ［J］. Journal of computer assisted learning, 2010, 26 (6).

［82］ WANG Y, HAN X, YANG J. Revisiting the blended learning literature: using a complex adaptive systems framework ［J］. Educational technology & society, 2015, 18 (2).

［83］ WANG Y, WANG Y X, STEIN D, et al. Examining Chinese beginning online instructors' competencies in teaching online based on the activity theory ［J］. Journal of computers in education, 2019, 6 (3).

［84］ WARIN B, KOLSKI C, SAGAR M. Framework for the evolution of acquiring knowledge modules to integrate the acquisition of high-level cognitive skills and professional competencies: principles and case studies ［J］. Computers & education, 2011, 57 (2).

［85］ WARSCHAUER M, WARE P. Automated writing evaluation: defining the classroom research agenda ［J］. Language teaching research, 2006, 10 (2).

［86］ WESTERA W. Competences in education: a confusion of tongues ［J］. Journal of curriculum studies, 2001, 33 (1).

［87］ YANG Y T C, CHUANG Y C, LI L Y, et al. A blended learning environment for individualized English listening and speaking integrating critical thinking ［J］. Computers & education, 2013, (63).

［88］ YANG Y T C. Virtual CEOs: a blended approach to digital gaming for enhancing higher order thinking and academic achievement among vocational high school students ［J］.

Computers & education, 2015 (81).

[89] YOUNG S S C. Integrating ICT into second language education in a vocational high school [J]. Journal of computer assisted learning, 2003, 19 (4).

[90] ZHAO Y, CZIKO G A. Teacher adoption of technology: a perceptual control theory perspective [J]. Journal of technology and teacher education, 2001, 9 (1).

[91] 陈明选, 耿楠. 测评大数据支持下的有效教学研究 [J]. 远程教育杂志, 2019 (3).

[92] 杜玉霞. 基于"互联网+"的中小学教师信息化教学能力提升研究 [J]. 中国电化教育, 2017 (8).

[93] 方明建. 基于成人学习理论的教师信息化教学能力培养原则和模式研究 [J]. 现代教育技术, 2012, 22 (10).

[94] 冯璐, 冷伏梅. 共词分析方法理论进展 [J]. 中国图书馆学报, 2016 (2).

[95] 高瑜珊, 汪琼. 教师教学能力提升类 MOOC 的探索与实践 [J]. 电化教育研究, 2017 (10).

[96] 葛文双, 韩锡斌. 数字时代教师教学能力的标准框架 [J]. 现代远程教育研究, 2017 (1).

[97] 葛文双, 韩锡斌, 何聚厚. 在线学习测评技术的价值、理论和应用审视 [J]. 现代远程教育研究, 2019, 31 (6).

[98] 葛文双, 韩锡斌. 数字时代高校教师教学能力测量问卷研究 [J]. 电化教育研究, 2017, 38 (6).

[99] 顾小清. 信息时代的教师专业发展：理念、方法 [J]. 电化教育研究, 2005 (2).

[100] 郭绍青, 张乐, 陈莹. 网络环境支持的参与式教师培训策略研究 [J]. 中国电化教育, 2011 (12).

[101] 郭绍青. 《中小学教师信息技术应用能力培训课程标准（试行）》解读 [J]. 电化教育研究, 2015, 36 (9).

[102] 韩锡斌, 程建钢. 教育技术学科的独立性与开放性：斯坦福大学学习科学兴起引发的思考 [J]. 北京大学教育评论, 2013, 11 (3).

[103] 韩锡斌, 王玉萍, 张铁道, 等. 远程、混合与在线学习驱动下的大学教育变革：国际在线教育研究报告《迎接数字大学》深度解读 [J]. 现代远程教育研究, 2015 (5).

[104] 韩锡斌, 葛文双. 中国高校教师信息化教学能力调查研究 [J]. 中国高教研究, 2018 (7).

[105] 何克抗. 关于《中小学教师教育技术能力标准》 [J]. 电化教育研究, 2005 (4).

[106] 姜蔺, 韩锡斌. 高校教师信息化教学能力培训迁移的分析框架 [J]. 中国电化教育, 2018 (4).

［107］孔晶，赵建华. 教师信息技术应用能力发展模型及实现路径［J］. 开放教育研究，2017，23（3）.

［108］李芒，周溪亭，李子运. '互联网＋"时代高校教师的教学新理念［J］. 中国电化教育，2017（2）.

［109］李爽，林君芬. "互联网＋教学"：教学范式的结构化变革［J］. 中国电化教育，2018（10）.

［110］李晓东. "慕课"对高校教师教学能力的挑战与对策［J］. 南京理工大学学报（社会科学版），2014，27（2）.

［111］李艳燕，马韶茜，黄荣怀. 学习分析技术：服务学习过程设计和优化［J］. 开放教育研究，2012，18（5）.

［112］李颖. 高校外语翻转课堂中的教师教学能力研究［J］. 中国外语，2015，12（6）.

［113］李雨潜. "互联网＋"背景下师范大学教师信息化教学能力现状调查［J］. 中国大学教学，2016（7）.

［114］李中国，黎兴成. 我国高校教师教学研究的热点状况分析：基于2005—2015年 CNKI 文献的共词分析［J］. 教育研究，2015（12）.

［115］梁云真，蒋玲，赵呈领，等. 职业院校教师信息化教学能力现状及发展策略研究：以 W 市 5 所职业院校为样本［J］. 电化教育研究，2016（4）.

［116］林一钢，张根福. 基于教学评价改革的高校教师教学能力发展系统研究［J］. 浙江师范大学学报（社会科学版），2008，33（6）.

［117］林永柏. 浅谈高校教师教学能力的构成及其养成［J］. 教育与职业，2008（9）.

［118］刘宝存. 博洛尼亚进程的最新进展与未来走向［J］. 比较教育研究，2009（10）.

［119］刘伟，亓子森，王月宣. 主观题自动测评研究［J］. 北京邮电大学学报（社会科学版），2016，18（4）.

［120］吕纪增，张予英. 高校教师教学能力分析［J］. 河南教育学院学报（哲学社会科学版），2002，21（3）.

［121］马宁，陈庚，刘俊生，等.《国家高校教师教育技术能力指南》的研究［J］. 远程教育杂志，2011（6）.

［122］毛洪涛. 高校教师教学能力提升的机制探索［J］. 中国高等教育，2011（23）.

［123］莫甲凤. MOOC 时代如何提升大学教师教学能力［J］. 中国地质大学学报（社会科学版），2014，14（3）.

［124］任友群，闫寒冰，李笑樱.《师范生信息化教学能力标准》解读［J］. 电化教育研究，2018（10）.

［125］申继亮，王凯荣. 论教师的教学能力［J］. 北京师范大学学报（人文社会科

学版），2000（1）．

[126] 沈文淮，谢幼如，柯清超，等．高校教师教学发展中心促进教师教学能力发展的机制与模式 [J]．中国电化教育，2012（12）．

[127] 陶祥亚，江卫东，樊华．高校教师教育技术能力评价体系研究 [J]．中国大学教学，2010（11）．

[128] 王少良．高校教师教学能力的多维结构 [J]．沈阳师范大学学报（社会科学版），2010，34（1）．

[129] 王胜清，冯雪松．面向教师教育技术能力提升的 MOOC 培训课程体系设计与实践 [J]．中国远程教育，2015（2）．

[130] 王卫军．教师信息化教学能力发展策略研究 [J]．电化教育研究，2012（5）．

[131] 王文静．"基于设计的研究"在美国的兴起与新发展 [J]．比较教育研究，2009，31（8）．

[132] 王竹立，李小玉，林津．智能手机与"互联网＋"课堂：信息技术与教学整合的新思维、新路径 [J]．远程教育杂志，2015（4）．

[133] 魏非，闫寒冰，祝智庭．基于微认证的教师信息技术应用能力发展生态系统构建研究 [J]．电化教育研究，2017（12）．

[134] 吴虑．大数据支持下学习评价的价值逻辑 [J]．清华大学教育研究，2019，40（1）．

[135] 徐继红，董玉琦．我国高校教师发展研究现状与进展分析 [J]．中国高教研究，2012（4）．

[136] 闫寒冰，褚文培．教师远程培训模式的研究与实践 [J]．中国电化教育，2004（11）．

[137] 闫寒冰，李笑樱，任友群．师范生信息技术应用能力自评工具的开发与验证 [J]．电化教育研究，2018（1）．

[138] 严文蕃，李娜．互联网时代的教学创新与深度学习：美国的经验与启示 [J]．远程教杂志，2016（2）．

[139] 杨琳．基于 Web2．0 的高校教师教育技术能力评价指标体系研究 [J]．中国电化教育，2013（1）．

[140] 杨宁．面向信息化的教师专业知能现状调查与培训思考：基于福建省中小学骨干教师教育技术能力现状的调查 [J]．电化教育研究，2009（4）．

[141] 尹睿，张文朵，何靖瑜．设计思维：数字时代教师教学能力发展的新生长点 [J]．电化教育研究，2018（8）．

[142] 余承海，姚本先．论高校教师的教学能力结构及其优化 [J]．高等农业教育，2005（12）．

[143] 余承海，姚本先．高校教师教学能力形成及发展的影响因素探析 [J]．高等农业教育，2006（3）．

[144] 余胜泉．"互联网＋"时代的未来教育 [J]．人民教育，2018（1）．

［145］鱼霞，毛亚庆. 论有效的教师培训［J］. 教师教育研究，2004（1）.

［146］张波. 论教师的教学能力［J］. 锦州师范学院学报（哲学社会科学版），2002，24（2）.

［147］张广君. "互联网＋教学"的融合与超越［J］. 教育研究，2016（6）.

［148］张绘. 混合研究方法的形成、研究设计与应用价值：对"第三种教育研究范式"的探析［J］. 复旦教育论坛，2012，10（5）.

［149］张晓娟，胡承军，侯建民. TfU 在高校教师教育技术能力培训中的应用研究［J］. 现代教育技术，2012，22（9）.

［150］张一春，杜华，王琴，等 高校教师教育技术能力标准的模型建构之研究［J］. 中国电化教育，2004（5）.

［151］张一春，王宇熙. 高职教师信息化教学能力现状及提升对策：基于江苏省 74 所高职院校的调查［J］. 职业技术教育，2015，36（36）.

［152］张屹，陈蓓蕾，范福兰，等. 基于实证测评的教师信息技术应用能力提升发展规划研究：以广东省惠州市某区为例［J］. 中国电化教育，2017（4）.

［153］张屹，马静思，周平红，等. 中小学教师信息技术应用能力现状及培训建议［J］. 中国电化教育，2015（1）.

［154］赵健，郭绍青. 信息化教学能力研究综述［J］. 现代远距离教育，2010（4）.

［155］郑旭东，魏志慧. 高等教育信息化及其发展趋势：访美国高等教育信息化协会主席戴安娜·亚伯林格博士［J］. 开放教育研究，2014，20（6）.

［156］郑燕林，李卢一. 超越大规模，追求大智慧：MOOC 学习同伴评价的实施路径选择［J］. 电化教育研究，2015（9）.

［157］钟启泉. 教师的"教学能力"与"自我教育力"［J］. 上海教育科研，1998（9）.

［158］钟启泉. 从 SECI 理论看教师专业发展的特质［J］. 全球教育展望，2008（2）.

［159］衷克定，王慧敏. 基于在线平台数据分析的教师教学能力发展阶段探究［J］. 现代远程教育研究，2019，3（3）.

［160］周东岱，匡哲君，于颖，等. 基于新标准的师范生信息技术应用能力现状与提升策略［J］. 中国电化教育，2017（7）.

［161］祝智庭，黎加厚. 走向中国教育改革实践的英特尔未来教育［J］. 电化教育研究，2003（4）.

［162］祝智庭，闫寒冰.《中小学教师信息技术应用能力标准（试行）》解读［J］. 电化教育研究，2015，36（9）.

［163］左明章，卢强，雷励华. 困惑与突破：区域教师信息化教学能力培训实践研究［J］. 中国电化教育，2016（5）.

三、论文类

［1］MCKENNEY S. Computer-based support for science education materials developers in Africa：exploring potentials ［D］. Enschede：University of Twente，2001.

［2］葛文双. 陕西省教师 ICT 能力培训的推进策略研究 ［D］. 西安：陕西师范大学，2009.

［3］吕勇江. 哲学视野中的能力管理 ［D］. 北京：中共中央党校，2006.

［4］王宪平. 课程改革视野下教师教学能力发展研究 ［D］. 上海：华东师范大学，2006.

［5］徐继红. 高校教师教学能力结构模型研究 ［D］. 长春：东北师范大学，2013.

附　　录

附录 A　数字时代高校教师信息化教学能力测量问卷（修订版）

一、基本信息

A4 性别	A. 男　B. 女
A5 民族	A. 汉　B.（填写）：＿＿＿＿＿＿
A8 教龄	A. 1～5 年　B. 6～10 年　C. 11～15 年　D. 15 年以上
A9 学历/学位	A. 本科　B. 硕士　C. 博士　D. 其他：＿＿＿＿＿
A10 职称	A. 初级　B. 中级　C. 副高　D. 正高
A11 是否获得教学荣誉	A. 国家级教学名师　B. 省级教学名师　C. 校级名师　D. 无
A12 任教学科、专业	（填写）：＿＿＿＿＿＿＿＿＿＿
A13 电子邮箱	（填写）：＿＿＿＿＿＿＿＿＿＿
A14 学校	（填写）：＿＿＿＿＿＿＿＿＿＿

二、测量维度和题项

A. ICT 融入教学的意识	程度水平				
Aw2 我愿意应用信息通信技术（ICT）来改善自身的教学	1	2	3	4	5
Aw3 我应用适当信息化教学方法提升效率与质量	1	2	3	4	5
Aw4 我设计开发的混合课程对学生的培养作用显著	1	2	3	4	5

B. ICT 融入教学的素养	程度水平				
A1 我利用互联网检索、查询教学资源的熟练程度	1	2	3	4	5
A2 我使用信息化办公工具软件的熟练程度	1	2	3	4	5
A3 我对教室多媒体数字设备的操作使用程度	1	2	3	4	5
A6 我根据教学需要选择合适技术去呈现不同内容的应用效果	1	2	3	4	5
A7 我使用知识管理工具（如思维导图软件）的熟练程度	1	2	3	4	5

A15 我使用网络教学平台建设在线课程栏目与学习单元的应用程度	1 2 3 4 5
A17 我为自己课程进行混合教学设计的应用程度	1 2 3 4 5
A18 我为自己课程设计、开发适合多种数字终端微视频资源熟练程度	1 2 3 4 5
A27 我使用网络教学平台上传微视频、文本等教学资源的熟练程度	1 2 3 4 5
A28 我使用网络教学平台添加讨论区、小调查等教学活动的熟练程度	1 2 3 4 5

C. ICT 融入教学的能力　　　　　　　　　　　　　　　　程度水平

A19 我为自己课程设计、开发适合多种数字终端课件资源熟练程度	1 2 3 4 5
A20 我使用合适技术对不同水平学生给予个性化指导的应用程度	1 2 3 4 5
A21 我在自己教学过程中及时获取学生反馈信息的应用现状	1 2 3 4 5
A22 我使用各种在线测试、作业对课程学习效果评价的应用程度	1 2 3 4 5
A26 我在自己课程中针对项目合作任务实施多元评价的应用状况	1 2 3 4 5
A29 我运用网络教学平台手机端 APP 来组织教学活动的熟练程度	1 2 3 4 5
A30 我在自己教学中开展合作学习或项目化教学的应用状况	1 2 3 4 5
A31 我在自己课堂教学中使用混合式教学、翻转课堂等方法的状况	1 2 3 4 5
A34 我自己设计运行一门在线课程的熟练程度	1 2 3 4 5
A35 我使用社交媒体组织学习交互的效果	1 2 3 4 5

D. ICT 融入教学的研究　　　　　　　　　　　　　　　　程度水平

A24 我利用数据分析学生的知识与技能掌握程度的情况	1 2 3 4 5
A25 我利用各种电子评价或分析系统提取分析学生学习行为与效果的应用效果	1 2 3 4 5
A32 我对自身信息化教学实践进行反思、改进的实施状况	1 2 3 4 5
A33 我同本学科专业的教师就信息化教学问题进行交流的频率	1 2 3 4 5
A36 我利用各种技术、方法策略丰富自身专业研究能力的情况	1 2 3 4 5

附录 B　网络教学平台功能操作简明指南

　　尊敬的＿＿＿老师，您好。欢迎您参加本次网络教学平台的培训。

一、培训目标

　　通过本次培训，您可以初步掌握在线课程建设。点击页面上方的"新建目录"按钮，建立教学资源目录，并完成课程基本信息的编辑、一个课程单元的线上录制、教学资源和教学活动的制作。

二、访问方式

网址：http://219.235.88.6/meol/homepage/common/

用户名：_____ 密码：_____

》 我们已预置了您的开课信息和选课学生，每学期初我们会更新对应的信息确保您的正常使用。

三、课程建设流程

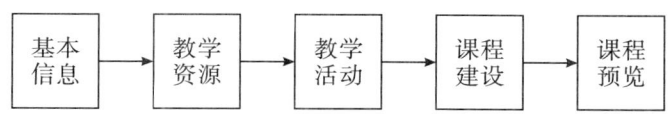

（一）基本信息

课程基本信息用来使选课学生和其他用户快速了解课程的基本情况。点击网站首页的上方导航【课程管理】，在左侧菜单中可分别对"课程介绍""教学大纲""教学日历""教师信息"进行编辑。

（二）教学资源

教学资源模块用来管理和组织课程教学过程中使用到的各种数字资源。

1. 建立教学资源目录

点击页面上的"新建目录"按钮，建立教学资源目录。

2. 添加资源

有四种方式进行添加：在线编辑、上传文件、添加 URL 和导入资源。

》 只有处于"发布"状态的目录和资源才能被选课学生看到。

》 您可以将多个教学资源压缩（zip 格式）整体上传后再在线解压。

（三）教学活动

教学活动模块用于教师和学生进行在线、线下或两者结合的教学交流活动，如问卷调查、作业、讨论、测试、研究合作学习等。

1. 作业

课程作业是教师布置作业、批阅作业，统计分析作业使用情况和学生完成情况的空间。在线布置和管理课程作业流程如下：

（1）添加作业模板。

点击页面上方导航【教学活动】，选择【课程作业】下的【作业模板管理】，添加一个新作业模板。

（2）发布作业。

点击【作业管理】，选用刚刚添加的作业模板，填写标有"必填"的项目，完成作业的布置。

2．播课单元

（1）添加播课单元。

点击上方导航【教学活动】，选择【播课单元】。点击"添加播课单元"按钮，进入添加播课单元的页面。

（2）添加视频资源。

在播课单元列表中，点击"管理"按钮，进入资源添加页面，选择【添加音视频资源】，进入视频添加页面。按照栏目名称填写对应内容，点击"确定"按钮，一个音视频资源就添加完成了。

（四）课程建设

1．添加栏目

点击页面上方导航【课程建设】，选择【栏目设置】，再点击"添加栏目"按钮，在弹出的添加栏目窗口选择上一级栏目，开始设置栏目的名称、类型，点击"确定"按钮，即可添加成功。

2．内容引用/设置

各类型栏目添加完成后，点击栏目所在行的"内容设置"按钮，进行内容设置，为栏目添加相应的教学资源或教学活动。

（五）课程预览

点击上方导航【课程预览】，在进入页面点击"进入课程"按钮，即可看到建设效果。

四、更多帮助

更多平台使用帮助信息及教学研究信息，请使用微信扫一扫获得。

附录 C　课程教学分析表

课程名称：	信息技术与教学
主讲教师：	某某某博士、浙江大学教育学院教授、博士生导师 某某某博士、浙江大学教育学院教授、博士生导师 某某某博士、浙江大学教育学院讲师 某某某博士后、浙江大学教育学院博士后

续上表

课程名称:	信息技术与教学
授课年级:	□大一 ■大二 □大三 □大四 □研究生
授课人数:	120 人
所属学科:	教育学
课程简介:	高等学校中面向教师教育的公共课程
课程目标:	培养信息时代学生的教育技术意识和态度,掌握信息化条件下教学设计、实施和评价的基本能力,熟悉各种常用教学设备的操作、数字化资源的开发和利用,从而能够运用教育技术优化学与教的过程,促进教育教学的变革
课程类型:	■知识传递为主 ■动作技能为主 □方法策略为主 □情感态度为主
课程原有问题:	1. 课时有限,训练时间少; 2. 课下训练无抓手,无法对学生课下学习做监测
原有考核方式:	■考试;□考查。成绩构成及比重如下:课堂讨论及平时表现 20%,课程作业 30%,期末开卷考试 50%
拟改革的混合学习方式:	课堂讲授 + 在线阅读和协作学习 + 课堂讨论 + 在线讨论:每位学习者必须在讨论中发言 2 次以上,并对他人的发言进行评价和质疑
课程原有课时分配:	教学计划课时【36】
混合课程学时分配:	教师课堂面授课时(包括讲授、讨论、活动、实验、上机等)【28】;教师线上指导学习课时(包括线上答疑辅导、参与在线讨论、查看学习任务表等)【8】; 学生线上学时【24】
备注:"课时"是教师投入的教学时间,"学时"是学生花费的学习时间。比如课程计划 54 课时,而教师面授可能是 36 课时,在线指导学生学习 18 课时;学生线上学时 36 学时	

附录 D　课程整体结构设计

　　设计说明：您需要列出课程整体结构框架，即您希望在线课程网站中包括哪些一级栏目、二级栏目。我们初步给出了一个课程栏目结构框架，如下所示。

课程基本信息	教学单元（章节）	特色栏目	拓展资源	常见问题（百科）	……
课程大纲、考核方式、课程介绍详见附录一。 主讲教师：盛辉、史方锐。	第三学期教学共为15课，具体内容详见附录一。 　每课的教学环节为： 　1. 背景知识介绍； 　2. 语言知识讲解； 　3. 听力练习； 　4. 分组讨论（希望部分讨论能在线上实现）； 　5. 拓展练习（希望大部分练习能在线上实现）	线上：视频讨论分析模块、问题答疑模块、在线测试模块。 线下：小组模仿、小组讨论	参考书目：参考影像资料（包括新闻、纪录片、影视剧、TV动画等）；韩国语能力考试真题	视听技巧：考级听力部分答题方法指导等	……

附录 E　学习单元划分及单元知识点设计

"化工制图与CAD"课程单元划分

序号	单元名称
单元一	投影法概述
单元二	三视图的基本概念
单元三	三视图的投影规律
单元四	平台立体三视图的画法
单元五	立体的投影分析
单元六	回转体

"平面立体三视图画法"学习单元的知识点设计

单元名称	教学目标	具体知识点	拓展知识点	拟讨论话题	拟测试题目
单元四 平面立体三视图画法	1. 平面立体三视图的概念	（1）平面立体的定义；（2）基本平面立体	基本平面立体分析	无	选择题：习题册第7页
	2. 平面立体三视图的基本画法	（1）分析三视图；（2）画底稿；（3）检查、清理并加深	三视图的画法	分析作图顺序	练习题：习题册第8页棱柱和棱锥的作图
	3. 简单挖切体和叠加体的画法	（1）挖切体的画法；（2）叠加体的画法	作图训练：分析两道例题加深理解	讨论1：作图的首要步骤是？讨论2：基本的画图步骤是？	练习题：习题册第8页2-4的作图

原传统教学中开展教学活动的思路

首先结合上节课三视图的定义引入本节内容，引入图片讲授本节平面立体的定义及基本图形，通过动画来分析并演示平面立体三视图的画法，最后进行挖切体和叠加体的例题分析，完成讲授过程。结合习题册加强学生的习题训练来加强对内容的理解。

线上教学或混合教学的初步思路

将平面立体三视图的定义和概念，平面立体三视图、挖切体和叠加体的画法制成微课视频，让学生提前在课前进行知识点预习，并要求学生学习每个微课视频后，做一个选择题的小测试。在课堂面授环节重点讲解画法的要点，并对学生安排任务，要求学生在课堂重点练习三视图等内容画法，让学生讨论总结经验方法。课后，调协话题讨论区，让学生对课程学习内容进行反思总结，提升对内容的理解。

附录 F 学习单元教学设计表

单元	单元四平面立体三视图画法	课程名称	化工制图与CAD	授课教师	某某老师
本节教学计划：2 课时				（学生）在线学习：1 学时	
（教师）线下课堂面授：2 课时		（教师）线上指导：1 课时			
学习目标及教学重难点	学习目标： ● 对平面立体三视图的基本概念进行正确描述； ● 运用平面立体三视图的基本画法进行制图； ● 运用挖切体和叠加体的画法进行制图。 教学重难点： ● 重点：平面立体三视图的概念和特征； ● 难点：平面立体三视图、挖切体和叠加体的画法				

续上表

教学模式	（备注：以下模式为教师初期设计，可不更改，可在清华大学专家到校现场培训后，或者在自己以后混合教学改革过程中再更改，放在这里有助于教师理解该案例） 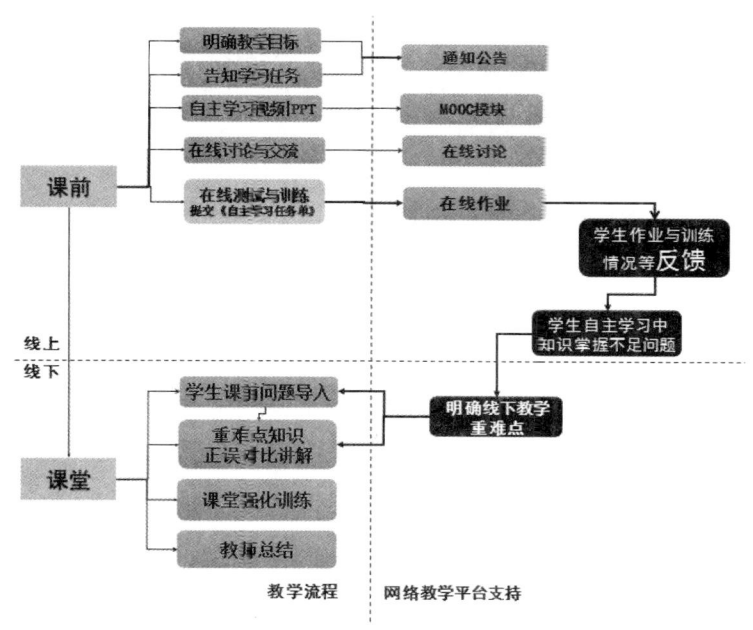
课前（线上）学习活动设计	设计说明：观看教学平台，每一个知识点明确一种媒体表现形式（视频、动画、PPT、图片、文字或其他，如果是视频，请列出时长），列出每一个需要学生掌握的知识点或技能点 （线上学习2课时） 单元知识导图：平面立体三视图这一单元以知识点概念地图的方式呈现。 1. 任务一：平面立体三视图的概念 ● 导学任务1：【文档资料】什么是平面立体？基本平面立体有哪些种类？（以生活案例方式引入基本概念） ● 资源1：【出镜讲解＋录屏讲解】平面立体与基本平面立体棱柱和棱锥的概念及区分。 ● 课前自测1【选择题】：习题册第7页试题。 2. 任务二：基本平面立体——棱柱和棱锥的画法 ● 资源2：【PPT】棱柱的形体特征；棱柱概念引入。 ● 资源3：【动画视频】棱柱三视图的具体画法。

续上表

线上线下评价与反馈	● 资源 4：【PPT】棱锥的形体特征：棱锥概念引入。 ● 资源 5：【动画视频】棱锥三视图的具体画法。 ● 讨论 1：学生在讨论区讨论棱柱和棱锥三视图画法的不同特点。 3. 任务三：简单挖切体和叠加体的三视图画法 ● 资源 6：【动画视频】简单挖切体的具体画法。 ● 资源 7：【动画视频】叠加体的具体画法。 ● 讨论 2：学生在讨论区讨论挖切体和叠加体三视图画法的不同特点。 4. 任务四：画法技巧练习 ● 作业：学生练习棱柱、棱锥、简单挖切体和叠加体三视图的画法，并将自己画的视图用手机拍照上传到技法练习任务中。 5. 任务五：单元小结与反思 ● 教师通过【讨论区】布置课后反思任务，让大家把本单元制图画法学习的重要心得发布到讨论区，进行课后总结反思，教师通过【讨论区】对学生反思进行点评。 （备注：可在【微信朋友圈】和【微信群】中分享课件和相关教学视频） 线上线下的评价： 本单元在课程学习中占总体考核的 15 分，其中：课前自测 1 占 2 分；制图画法练习占 4 分；讨论区课程发言 4 次及以上得 4 分，1 次到 3 次得 2 分，0 次得 0 分；课堂考勤占 3 分；课后反思占 2 分。 教师对学生的反馈： （1）通过查看学生在【THEOL 网络教学平台】的【在线测试】模块中的知识点"课前自测 1"的测试情况，并利用【THEOL 网络教学平台】的"后台统计"功能，了解学生对知识点视频或 PPT 的观看次数和时长，通过数据统计了解课前预习情况； （2）在【在线讨论】和【微信群】中进行讨论交流和在线指导； （3）在【线下的课堂教学】对学生进行重点讲解和一对一指导； （4）通过学生课前在【课后反思】发布的话题，了解本班学生的知识掌握程度，并进行点评和指导，加强学生的知识巩固
线下教学活动设计	设计说明：写出一节课的教学流程，包括活动序列、活动形式、活动所需学习资源、活动用时、活动成效评价方式和评价量规、应变候选方案。
	（按线下 2 课时设计） 1. 课前导入（通过课前反馈问题导入）（拟 10 分钟左右） 教师简单总结反馈学生课前（线上）学习任务，重点解析目前学生在基本平面立体三视图画法（棱柱和棱锥）、简单挖切体和叠加体三视图画法上存在的主要问题，回顾四种三视图画法的主要特点。

续上表

线下教学活动设计	2. 棱柱与棱锥三视图画法的分组练习与汇报（20分钟） 将学生分为四个小组，以小组为单位相互交流和分享两种立体三视图的画法；在讨论清楚后，由其中两组选出代表讲解两种画法的不同；教师组织同学之间进行讨论，解答疑难。 3. 画图的强化练习和教师个别化指导（10分钟） 教师在课上引入一个练习题，让所有学生自己画图，并一对一指导。 4. 挖切体与叠加体三视图画法的分组练习与汇报（20分钟） 将学生分为四个小组，以小组为单位相互交流和分享两种三视图的画法；在讨论清楚后，由剩下两组选出代表讲解两种画法的不同；教师组织同学之间进行讨论，解答疑难。 5. 画图的强化练习和教师个别化指导（10分钟） 教师在课上引入一个练习题，让所有学生自己画图，并一对一指导。 6. 复习与总结（拟10分钟左右） 教师总结本单元的重点内容。

需要录制的教学资源：

资源	知识点	视频内容	时长	技巧	场景	备注
资源1	平面立体与基本平面立体棱柱和棱锥的概念及区分	【出镜讲解＋录屏讲解】	4分钟	视频录制、PPT录屏	备课室或课堂讲台	
资源3	棱柱三视图的具体画法	【动画视频】	8分钟	画图过程动画	虚拟	
资源5	棱锥三视图的具体画法	【动画视频】	8分钟	画图过程动画	虚拟	
资源6	简单挖切体的具体画法	【动画视频】	8分钟	画图过程动画	虚拟	
资源7	叠加体的具体画法	【动画视频】	8分钟	画图过程动画	虚拟	

附录 G　对 A 院校 12 名教师混合教学应用
能力跟踪的访谈提纲

　　本研究设计了教师混合教学应用能力跟踪的访谈提纲，共包括 10 个问题。

起始问题

　　1. 您对信息化教学/混合教学有什么认识与看法？

　　2. 您对网络教学平台有什么认识？课程建设（自建水平）、应用情况如何？

　　3. 您对数字化教学资源有什么认识？资源建设（自建水平）、应用情况如何？

　　4. 您是否阅读信息化教学的专业杂志、电子刊物？是否参加相关的会议？是否有提升的机会？是否会参加相关的信息化教学比赛？

中间问题

　　5. 您对混合教学的方式、方法或模式如何理解？目前应用的情况如何？

　　6. 您对学习活动的组织与设计有什么认识？教学应用情况如何？

　　7. 您对学习评价与学习分析有什么认识？教学应用情况如何？

　　8. 您在过去课程教学中存在哪些问题？现在的混合式教学改变了多少？解决了多少？

　　9. 其他延伸、扩展问题（根据谈话具体进展提问）。

结束问题

　　10. 您对未来有什么计划和期望？

后 记

本书在研究和写作过程中，感谢清华大学教育研究院、中国高等教育学会、陕西师范大学社会科学处、陕西师范大学教师教学发展中心、陕西师范大学教师教育办公室和优慕课在线教育科技（北京）有限公司的支持。特别感谢陕西师范大学优秀出版基金项目、陕西师范大学教师教育基金项目的赞助支持。同时，陕西省哲学社会科学基金项目也对本书的出版提供了诸多帮助。

感谢清华大学教育技术研究团队各位教师对我研究工作的大力支持与帮助。感谢所有参与论文课题研究的院校领导和教师们，你们的肯定和支持是我不断前行的动力。

感谢西北农林科技大学、安康学院、内蒙古中医药大学等50多所合作院校为本研究提供了实践平台。

感谢我的爱人史婷。多年来为家庭不辞劳苦地付出，尤其是在我离家读博期间她独自一人挑起家庭重担，让我能享受儿女带给我的家庭快乐。感谢她无怨无悔为我付出的一切。

感谢我生命中的3位恩师：我的恩师、清华大学教育技术学科负责人韩锡斌教授，他严谨求实的治学态度，脚踏实地的治学作风，使我受益终身；我的恩师、清华大学教育技术学科带头人程建钢教授，他高屋建瓴的学术视野，雷厉风行的工作作风，对科研问题独到的见解和对前瞻问题的敏锐洞察力，让我独立思考；我的恩师、陕西师范大学教育技术学科带头人傅钢善教授，他犹如父亲般的关爱，对我的全力支持和帮助，让我在陕西师范大学教师教学发展研究中找到自己的位置。感谢学校各级领导为我提供的研究支持和指导帮助。在他们的帮助与带领下，我针对西北地区的高校教师信息化培训项目获得了进一步发展。

最后，感谢广东高等教育出版社的编辑老师为本书的顺利出版做了大量工作，并以此书向全国同行表达由衷的感谢！

本书为全国教育科学"十三五"规划2020年度教育部重点课题"高校

混合教改背景下教师信息化教学能力评价标准与测评工具研究"（课题编号：DCA200305），陕西省哲学社会科学规划办公室 2018 年度基金项目"互联网＋时代西部高校青年教师教学能力标准研究与发展实践创新"（课题编号：2018Q27）的研究成果，特此致谢！

葛文双于陕西西安启夏苑

二〇二〇年十月